2017 中国林业产业重大问题调查研究报告

中国林业产业重大问题调研组 主编

中国林业出版社

图书在版编目(CIP)数据

中国林业产业重大问题调查研究报告. 2017年 / 中国林业产业重大问题调研组主编. —北京：中国林业出版社，2019. 1
ISBN 978-7-5219-0163-4

Ⅰ. ①中… Ⅱ. ①中… Ⅲ. ①林业经济－经济发展－研究报告－中国－2017 Ⅳ. ①F326. 23

中国版本图书馆 CIP 数据核字(2019)第 138529 号

出版 中国林业出版社(100009 北京市西城区刘海胡同 7 号)
电话 010－83143564
发行 中国林业出版社
印刷 北京中科印刷有限公司
版次 2019 年 1 月第 1 版
印次 2019 年 1 月第 1 次
开本 889mm×1194mm，1/16
印张 10. 75
字数 350 千字
定价 90. 00 元

中国林业产业重大问题调研报告课题组

指导委员会

主　任： 贾治邦　张建龙
副主任： 封加平
委　员：（按姓氏笔画排序）

王永海　王忠武　王洪杰　王祝雄　厉建祝　刘　拓
闫　振　宋维明　张守攻　张希武　张学勤　张鸿文
李世东　李向阳　李金华　李树铭　杨　超　苏春雨
金　旻　胡章翠　周　瑄　郝燕湘　寇文正　黄正秋
程　红

编辑委员会

主　任： 王　满
副主任： 石　峰　王欲飞　陈圣林　李志伟
编　委：（按姓氏笔画排序）

田治威　白会学　吕永来　吕　斌　杜红岩　李广龙
李　近　李文军　杨燕南　吴盛富　辛相宇　沈北灵
沈守云　宋　凯　张忠涛　张森林　陈水合　陈绍志
陈瑞国　邵　岚　奉国强　周　波　周泽峰　姜喜麟
祝远虹　钱小瑜　高力力　高申奇　郭　萌　唐召群
康勇军　程受珩　温　刚　黎云昆　鞠洪波

代序 PREFACE

——中国林业产业发展回顾与展望

过去40年，我国林业产业经历了四次大的转折。第一次转折，由计划经济转向市场经济；第二次转折，由面向国内市场转向面向全球市场；第三次转折，占我国林地面积60%的集体林业由集体经营转向由家庭承包经营；第四次转折，由高速发展转向高质量发展。

这四大转折推动着包括林业产业在内的林业发展发生了四大历史性变化。

第一大历史性变化：改写了亿万农民自身无法创造资本的历史，27亿亩（1亩≈667平方米）集体林地明晰了产权，赋予了农民财产权，农民具有了林木资产的法人地位，为农民订立契约、成为股东创造了条件，激发了林业发展的活力，为农村7亿多农民脱贫致富作出了重大贡献。世界产权与资源组织总裁安迪·怀特评价说，中国集体林权制度改革是世界林业史上最大规模、最具影响、最有成效的改革。

第二大历史性变化：扭转了几百年来森林资源持续下降的局面，我国已成为世界上森林面积增长最多的国家。据联合国粮农组织《2015年全球森林资源评估报告》，1990年到2015年，全球森林面积减少了19.35亿亩，我国的森林面积增加了11.2亿亩，为维护全球生态安全作出了重大贡献。

第三大历史性变化：遏制了土地荒漠化不断扩展的趋势，我国已成为世界上防治荒漠化成效最好的国家。荒漠化土地由20世纪90年代末期年均增长10400平方公里转变为现在年均减少2424平方公里，为实现全球土地退化零增长作出了重大贡献。

第四大历史性变化：改变了林业产业十分落后的状况，基本实现了林业工业化，我国已成为世界上林业产业发展最快的国家和林产品生产、消费、贸易第一大国，为促进绿色发展作出了重大贡献。

这四大转折，使我国林业产业登上了四个大台阶。

第一个台阶：我国确立建立社会主义市场经济体制改革目标2年后的1994年，我国林业产业产值首次登上千亿级台阶，达到1337.5亿元。

第二个台阶：我国正式加入世贸组织5年后的2006年，我国林业产业产值首次登上

本文为2018年6月25日，中国林业产业联合会常务副会长封加平在2018年中国林业产业联合会理事会上的讲话。

了万亿级台阶，达到10652.22亿元。

第三个台阶：我国全面实施集体林权制度改革2年后的2010年，我国林业产业产值又登上了2万亿级台阶，达到22779.02亿元。

第四个台阶：党的十八大以后，我国从高速发展阶段进入中高速发展阶段，更加注重发展质量，到2017年我国林业产业产值再次跃上了7万亿级台阶，达到7.13万亿元，为1994年的53倍，林业产业结构也由2011年的36.14∶54.54∶9.32调整为32.8∶47.6∶19.6，产业结构明显优化，发展质量明显提升。

我国林业产业经过40年的持续高速发展，创造了世界林业产业发展史上的奇迹。那么，是不是说，我国林业产业就没有问题，已经发展到头了呢？我认为还有四大潜力：

一是林地资源的潜力。德国只有1.65亿亩森林，为我国林地面积的1/28，创造了2.4万亿人民币的林业产值。从理论上讲，我国要达到德国林业的经营水平，全国林业产值应达到68万亿元，可见我国林业产业发展还有巨大潜力。

二是物种利用的潜力。“一个物种可以决定一个国家的经济命脉，一个基因可以影响一个民族的兴衰”。我国是世界上物种资源最丰富的国家之一，比许多林业发达国家的物种资源都丰富。德国没有油茶，没有杜仲，没有山桐子，没有刺梨，没有降香黄檀，我国良好的物种资源条件超越了德国的林业发展条件。

三是精深加工的潜力。都认为我国香榧价格很好，1斤（1斤=500克）香榧可以卖到100~150元，全国香榧产区农民每年可获得10亿元的收入。可是日本仅用日本榧的青果提取物做化妆品每年产出就达到20亿元人民币。我国生产的茶油出口到日本每吨12万元人民币，60元1斤，而香港出口到日本的茶油达到每斤900元，日本进口我国的油茶饼每吨5000元人民币，经过加工提取价值要提升十几倍。

四是林产品市场的潜力，我国已由40年前的产品短缺时代进入了产品过剩时代，当前不少产业都在去产能，而林业一、二、三产业，除了极少数产品相对饱和外，都有很大的市场空间，木材50%以上靠进口，食用植物油65%以上靠进口，天然橡胶80%以上靠进口。生态优势是林业产业的最大优势，市场潜力是林业产业的最大潜力，特别是随着我国加强“一带一路”的合作，必将为我国林业产业发展提供更大的市场空间。

要发挥林业产业发展的四大潜力，应当着力解决当前存在的四大突出问题。

一是发展质量仍然不高，森林质量、产品质量、品牌质量都有很大的提升空间。

二是市场流通渠道仍然不畅。没有林产品主体流通渠道，没有林产品质量认定的裁判员，没有全球林产品的定价权，这与我国林产品生产、贸易第一大国的地位极不相称。

三是林业投资仍然严重不足。虽然我国林业投资已由改革开放初期的每年5亿元增加到2017年的4800亿元，与2016年我国涉农贷款余额28.2万亿元相比，与林业产业发展的需求相比，相差很大。特别是随着农村劳动力成本上升，对林业第一产业造成了严重影响，很不适应林业产业高质量发展的需要。

四是区域发展仍然不协调。广东、山东、广西、福建、浙江、江苏、湖南、江西、安徽、湖北、四川11个省份，林业产值达到5.3万亿元，占全国林业产值的74.33%，其它20个省份林业产值为1.8万亿元，仅占全国林业产值的25.66%，而前11个省份林地面积仅占34.26%，其它20个省份林地面积占65.74%。

要解决林业产业发展存在的四大突出问题，实现林业产业转型升级，应当抓住四个重点。

第一个重点：现代技术。优优木业生产的胶合板，不仅会吸附甲醛，还会释放负氧离子，让人们不再担心装修的污染。浙江鑫宙公司发明的竹缠绕复合材料，被专家确认是一项领跑世界的新材料技术，可以替代钢材、水泥、玻璃钢等传统材料，可以制造地下管廊、输水管道、高铁车厢、装配建筑。专家预测，这项技术有可能带来一个新的万亿级产业。中国林业产业联合会的每一个分会，每一个林业企业，都应当特别重视高新技术，特别重视研发，使每一个林业企业都有自己的核心技术，增强核心竞争力，避免出现“中兴”现象。

第二个重点：现代金融。没有金融进入的产业，是没有活力的产业，也是做不大的产业。而融资难、融资贵，是当前普遍困扰林业企业的问题。中国林业产业联合会应当积极参与完善融资政策，帮助企业拓宽融资渠道，鼓励建立林业产业专项基金，促进林业企业做大做强。

第三个重点：现代市场。山东省菏泽市，过去是一个没有树的地方，交通条件也不好，他们通过种树、建立林产品交易市场、建设电子商务城，使林业产业实现了三级跳，2017 年电子商务城上线，当年销售额达到 600 亿元，全市实现林业产值 1300 亿元。江西省赣州市南康区，通过建立实木家具园区和交易市场，实现产值 1300 亿元。山东省临沂市更是创造了世界人造板发展史上的奇迹，现在世界人造板生产的格局是：中国第一，临沂第二，美国第三。全球人造板产量 4.1 亿立方米，中国为 3 亿立方米，临沂为 3700 万立方米，美国为 3500 万立方米。临沂就是沂蒙老区，过去也是一个没有多少树的地方，他们就是靠物流起家的。为促进林业产业转型升级，中国林业产业联合会应当在实施国家森林生态标志产品建设工程，建立林产品流通主渠道上下工夫，把林区的生态优势、丰富的林产品优势转化为经济优势；应当在建立全球大宗林产品交易市场上下工夫，力争获得全球林产品的定价权；应当在促进林业碳汇市场交易上下工夫，提升林业产业发展的附加值。

第四个重点：现代林业支柱产业。在现有 7.13 万亿元林业产值中，经济林产品的种植与采集业为 1.39 万亿元，木材加工及木竹制品制造业为 1.27 万亿元，林业旅游与休闲服务业为 1.07 万亿元，木质家具制造业为 6318 亿元，木竹浆造纸及纸制品制造业为 6179 亿元。在这样大体量的基础上，如何实现转型升级和高质量发展，应当在巩固提升现有产业的基础上，培育一批具有巨大市场潜力的、基础性的、服务国家战略大局的现代林业支柱产业。这应当成为我国林业转型升级、高质量发展的主攻方向。

那么，哪些林业产业是具有巨大市场潜力、基础性、服务国家战略大局的产业呢？我认为，以下 10 大产业应当成为我国林业产业发展的主攻方向。

第一个产业：森林培育产业。这是所有林业产业的基础产业，美国把森林资源称为万能资源，谁拥有了丰富的森林资源，谁就能占领全球林业产业发展的制高点。有三个案例，值得我们深思和学习。第一个案例：新西兰。新西兰的总面积只有 4 亿亩，森林面积只有 1.24 亿亩，他们经过 70 年的努力，营造了 2781 万亩人工林，占全国森林面积的 22%，他们用这 22% 的人工林，生产了占全国 99.73% 的木材，从原木进口国变成了原木出口国。2013 年新西兰还超越俄罗斯成为全球最大的原木出口国。第二个案例：巴西。他们用占全国森林面积 1.56% 的人工林，提供了全国 70% 以上的商品材，并使巴西成为世界第四大原木生产和消费国、世界第二大木浆出口国。第三个案例：芬兰。芬兰是一个典型的靠森林发达起来的国家，在很长一个时期里，木材产品出口占全国出口总值的 50%~60%，甚至高达 80%。1920 年，芬兰全国森林蓄积量只有 14.5 亿立方米，经过 90 年的大规模采伐利用，到 2010 年，森林蓄积量上升到 22.48 亿亩，增长了 63.5%。这三个案例说明，森林经营是一个巨大的基础产业，可以为国家带来巨大的战略利益。发展森林培育业，应抓住三个关键：一是加强森林抚育，二是在现有林中种植珍贵树种，三是选择果材两用的优良树种。

第二个产业：生物质材料产业。这是一个战略性新兴产业，除了前面所说的竹缠绕复合材料以外，森林生物质还可以生产石墨烯、高性能碳和乙酰丙酸。石墨烯被称为“改变 21 世纪的神奇材料”，将会引爆新的产业革命。乙酰丙酸是世界公认的生物基平台化合物，可以合成数千种产品和材料，如生物基精细化学品、生物医用材料、3D 打印材料、智能材料、微生物降解及改性材料和先进高分子材料、先进结构材料，广泛用于各领域。

第三个产业：生物质能源、生物炭基肥和生物农药产业。这既是一项关系我国能源安全的战略性产业，又是一项关系我国防治土地污染、水污染的战略性产业；既是一项关系食品安全的产业，又是一项关系节能减排的产业。瑞典是目前全球唯一一个实现了绿色发展的国家。瑞典历史上靠进口石油，1973 年发生第一次石油危机后，瑞典经过反复论证，于 1979 年第二次石油危机时把发展森林生物质能源作为一项国家战略。经过 30 年的努力，到 2009 年，瑞典生物质能源消耗总量跃居首位，占全国能耗 31.7%，超过了石油消耗量 30.8% 的比重。令人十分振奋的是，我国已创造了世界上最先进的生物质气化多联产技术，如果把我国的农林废弃物利用起来，可发电 9000 亿千瓦时，与我国现有的水利发电量相当，可产出大量可替代农药的木醋液，可使我国的化肥使用量减少 30%，并且可使酸化、板结、污染的土地实现逆转，成为目前唯一能够有效防治土地污染的途径。这些情况，贾治邦主任、张齐生院士、周建斌教授和我联名写信向国务院领导同志提出了建议，发展和改革委已发文，将生物质气化列为重点支持项目。

第四个产业：中药材、生物质提取物、生物饲料、生物制药及保健品产业。2016 年全球十大最畅销药品中有八个是生物药，销售额占整个药品总额的 31%。目前我国的植物提取物已达 300 多种。元宝枫可提取神经酸，每千克 18 万美元，这是大脑神经细胞和神经纤维的核心成分，具有对大脑神经细胞的修复功能。红豆杉提取的紫杉醇，曾经卖到每千克 100 万美元，目前价格也在 40 万美元/千克。银杏提取的黄酮是治疗心脑血管病的优良药物。桑树已从过去养蚕变成了做饲料和保健品，母鸡吃了桑树叶饲料，生蛋的天数可从 800 天延长到 2000 天。杜仲的花、果、叶、皮都具有很高的食用和药用价值，特别是杜仲胶是一种战略物资。据专家估计，杜仲的关联产业将来可达上万亿元。构树含 80% 的植物蛋白，但要经过微生物分解，把大分子变成小分子，动物才能便于吸收，产业前景十分美好。

第五个产业：森林旅游康养产业。1980 年全球森林旅游总人数为 16.5 亿人次，2017

年中国林业旅游休闲人数为31亿人次。实际上从1982年我国建立第一个国家森林公园开始我国的林业旅游休闲产业已连续35年实现高增长。全国林业旅游与休闲服务业产值已由2003年的110.7亿元，增加到2017年的10676.02亿元，14年增加了95.4倍，2017年比2016年增加了2366亿元，增长22.16%。据国际上研究，人均GDP达到7000美元的时候，人们开始注重旅游康养，2016年我国人均GDP为9400美元。可以预见，我国森林旅游康养产业仍然处在黄金发展期，登上2万亿元产值的台阶不会遥远。

第六个产业：木本油料产业。2008年，在时任国家林业局局长贾治邦的推动下，我国油茶产业产值已由2008年的110亿元，增加到2017年的近千亿元，10年增长了近9倍。目前包括油茶在内的木本油料产量已达到600多万吨，产值2500亿元。近几年来，我国油葡萄（山桐子）产业快速发展，这是一个新的具有巨大发展潜力的木本油料树种。山桐子不是油桐，也不是小桐子，油桐是生产油漆的，小桐子是生产生物柴油的，而山桐子是生产食用油的。这个油料树种有三大特点，一是产量高。每亩可产5000斤果、500斤油，单产超过世界油王棕榈油的产量。二是品质好。亚油酸含量达70%以上，维生素E的含量达13%左右。三是价格高。一亩产油500斤，如果全部提取亚油酸，可分离300斤亚油酸，亚油酸每斤180~400元，仅此一项一亩产值9万元。随着油茶、油葡萄等木本油料产业的发展，木本油料一定会为维护我国食用植物油安全和建设健康中国作出重大贡献。

第七个产业：森林生态产品产业，我国每年要用掉6000万吨化肥，农药施用量按照14亿人口计算，相当于每年每人要吃掉2.67千克农药。而我国，46.5亿亩林地、60亿亩草地，生产数以万计的林产品，森林食品，是生态的、绿色的、无污染的。受国家林业和草原局的委托，中国林业产业联合会正在组织实施国家森林生态标志产品建设工程试点，创建可追溯体系、销售平台体系、品牌体系、认定检测体系、生产基地和产品供应体系、投融资体系、不合格产品可赔付体系和标准体系。打造无重金属污染、无农药残留、无抗生素、无激素的“四无”产品，让全社会能够买到真实的、优质的、健康的森林生态食品。这项工程的实施，可以让林区无数的优质林产品与大市场连接起来，可以让林区的生态产品由滞销变为畅销，可以铸就大量的林业品牌产品，可以使林产品由优质低价变为优质优价，可以使小规模的优质林产品变为大规模的优势支柱产业，可以为整个林业产业转型升级发挥龙头带动作用，可以把绿水青山转化为金山银山，可以带动山区、林区、沙区、革命老区、贫困地区的林农群众和林业职工走上脱贫致富之路。

第八个产业：木竹建筑产业，这是一个古老而又现代的产业。山西应县木塔已有962年的历史，世界建筑史上有一个很有趣的现象，中国古代建筑是一部“木头的史诗”，以木匠著称于世；西方古代建筑是一部“石头的史诗”，以石匠著称于世。但是到了现代，欧美日本等西方发达国家90%以上是木建筑，而我国90%以上则是砖混、水泥建筑。今天我们不去探究这里面的原因。从客观上分析，木建筑具有安全、便宜、经久耐用、绿色、舒适等特点，特别是抗震性能极强。英国木材研究发展协会做了一次竹屋的抗震试验，结果令人吃惊，发生里氏7.8级地震仍然安然无恙。加拿大已在建造20层的木建筑。我国的木竹建筑技术也有许多创新，竹缠绕装配式建筑，把地基打好后，组装一座房子只要1小时14分钟，在地震带、旅游区、广大农村和“一带一路”国家有很大的市场空间。

第九个产业：林下经济及中药材产业。集体林权制度改革后，林下经济迅速发展。到2017年，林下经济产值达7507.14亿元，正在向万亿级产业迈进。特别是在林下种植中药材，既可以提升效益，又可以保障药效。2015年，我国中药材工业总产值7866亿元，占医药产业规模的28.55%，中药出口37亿美元。令人遗憾的是，我国的中医药产业还不如日本、韩国做得好。随着我国中医药振兴计划的实施和林下经济的发展，森林中药材产业前景十分广阔。

第十个产业：碳汇产业。这是林业的衍生产业，也是未来的一项大产业，全球碳汇市场方兴未艾，目前全球有19个碳交易市场。欧洲31国建立了欧盟碳市场，美国几十个州建立了碳市场，大洋洲的新西兰、澳大利亚也建立了碳市场。我国已在北京、天津、上海、广东、深圳、湖北、重庆、福建等8省（直辖市）建立了碳市场，到2018年5月10日，全国累计交易额103.15亿元。据专家保守估计，2020年后，碳交易将达到1000亿元至1200亿元。森林碳汇是应对气候变化和碳交易的重要组成部分。日本第一个承诺期承诺减排6%，其中3.9个百分点即65%靠森林减排，2.1个百分点即35%为直接减排。10年前，在时任国家林业局局长贾治邦的推动下，森林减排成为我国应对气候变化的重要举措，成立了亚太森林组织，近年来森林碳汇又列入了碳交易试点。但是碳交易是一个十分复杂的新生事物，建议把握好以下几点：第一，要认真对待，特别是第一产业的经营者及木材加工企业，应着手研究推进，否则你形成的碳汇将得不到认可，无法产生价值而造成损失；第二，要有国家认可的专业机构指导，并经过认定、批准程序；第三，要确定国际认可的方法学；第四，要做到可测量、可报告、可核实。

过去40年，我们的党和政府，我们的林业部门，我们的行业组织，我们的林业企业家，都为林业产业发展付出了巨大的艰辛和努力，创造了无愧于改革开放时代、无愧于后人的骄人业绩。联合国指出，林业在绿色发展中处于核心地位。科学家预言，生物经济将会取代信息经济。林业产业是绿色产业、生物产业、生态产业、碳汇产业、富民产业、美丽产业，是具有巨大市场空间的富国富民的大产业。再过40年，绿水青山一定会成为金山银山，林业产业一定会为建设生态文明、维护生态安全、促进特色发展发挥出巨大的、关键作用，林业产业一定会无愧新时代。

目录 CONTENTS

第五部分　附　录

第一部分 综　述

2017年中国林业产业发展综述

2017年是国家实施"十三五"规划的第二年，是全面建成小康社会决胜阶段的关键之年。这一年，胜利召开了党的第十九次全国代表大会。这一年，全国林业产业战线在各级党、政及林业主管部门的领导下，认真学习贯彻党的十九大精神和习近平新时代中国特色社会主义思想，按照党中央、国务院的决策部署，牢固树立并积极践行"绿水青山就是金山银山"的理念，在抓生态建设的同时，林业产业也加快了发展的步伐，并取得了较好的成绩。现根据有关统计，对2017年全国林业产业发展状况分析如下。

一、林业产业规模继续扩大，产业结构调整步伐明显加快

据统计，2017年全国林业产业总产值(按现价计算，下同)为71267.07亿元，比上一年的64886.04亿元增加6381.03亿元，增长9.83%；比2015年("十二五"期末)的59362.71亿元增加11904.36亿元，增长20.05%；比2010年("十一五"期末)的22779.02亿元增加48488.05亿元，增长2.13倍(增长212.86%)，七年中平均每年增长17.7%。数字表明，全国林业产业发展是比较快的。

从产业结构来看，2017年全国林业第一、二、三产业产值分别为23365.46亿元、33952.74亿元和13948.87亿元，比上一年的21619.44亿元、32080.66亿元和11185.94亿元，分别增长8.08%、5.84%和12.7%(第三产业增幅最大)；比2015年的20207.32亿元、29893.34亿元和9262.05亿元，分别增长15.63%、13.58%和50.6%(第三产业增幅最大)；比2010年的8895.21亿元、11876.95亿元和2006.86亿元，分别增长1.63倍、1.86倍和5.95倍(第三产业增幅最大)。七年中，全国林业第一、二、三产业产值平均每年增长14.8%，16.2%和31.9%(第三产业增幅最大)。

林业第一、二、三产业产值占全部林业产业总产值的比重在不断地调整优化中，这一点从各年度一、二、三产业产值所占的比重数字中可以明显地看出来。具体来说，林业一、二、三产业产值所占的比重从"十一五"期末2010年的39.05%、52.14%和8.81%调整到"十二五"期末2015年的34.04%、50.36%和15.6%；这两年又进一步调整优化，

即林业一、二、三产业产值所占比重从2016年的33.32%、49.44%和17.24%调整到2017年的32.79%、47.64%和19.57%。从上述数字中，我们可以看出，这七年中林业一、二产业产值所占比重，分别减少6.26和4.50个百分点，而林业三产产值所占比重则增加10.76个百分点，林业产业结构调整优化取得阶段性成果(表1)。

表1 2010年与2015—2017年全国林业产业总产值及各产业产值比重

年度	项目	全国林业产业	第一产业	第二产业	第三产业
2017	产值(亿元)	71267.07	23365.46	33952.74	13948.87
	比重(%)	100.00	32.79	47.64	19.57
2016	产值(亿元)	64886.04	21619.44	32080.66	11185.94
	比重(%)	100.00	33.32	49.44	17.24
2015	产值(亿元)	59362.71	20207.32	29893.34	9262.05
	比重(%)	100.00	34.04	50.36	15.60
2010	产值(亿元)	22779.02	8895.21	11876.95	2006.86
	比重(%)	100.00	39.05	52.14	8.81

注：①总产值按现价计算；②2017年第一产业产值比2016年增长8.08%，比2015年增长15.63%，比2010年增长1.63倍(增长162.68%)，七年中平均每年增长14.8%；③2017年第二产业产值比2016年增长5.84%，比2015年增长13.58%，比2010年增长1.86倍(增长185.87%)，七年中平均每年增长16.2%；④2017年第三产业产值比2016年增长12.7%，比2015年增长50.6%，比2010年增长5.95倍(增长595.06%)，七年中平均每年增长31.9%。

二、多数产品产量有不同程度的增长

1. 木材、锯材和大径竹材产量

据统计，2017年全国木材产量为8398.17万立方米，比上一年的7775.87万立方米增加622.30万立方米，增长8%；比2015年的7218.21万立方米增加1179.96万立方米，增长16.35%，两年中平均每年增长7.9%。在全国木材产量中，广西壮族自治区的木材产量为3059.21万立方米，占全国木材产量的1/3强，达36.43%。

在全国木材产量中，原木产量为7670.40万立方米(占木材产量的91.33%)，比2016年的7125.45万立方米，增加544.95万立方米，增长7.65%；比2015年的6546.35万立方米增加1124.05万立方米，增长17.17%，两年中平均每年增长7.1%。

据统计，2017年全国锯材产量为8602.37万立方米，比上一年的7716.14万立方米增加886.23万立方米，增长11.49%；比2015年的7430.38万立方米增加1171.99万立方米，增长15.77%，两年中平均每年增长7.6%。在全国锯材产量中，广西壮族自治区的锯材产量为1697.33万立方米，占全国锯材产量的19.73%；内蒙古自治区的锯材产量为1300.93万立方米，占全国锯材产量的15.12%；山东省的锯材产量为1193.82万立方米，占全国锯材产量的13.88%，分别位居各省(自治区、直辖市)的第一、二、三名。

在全国锯材产量中，普通锯材产量为8405.54万立方米，占全国锯材产量的

97.71%，比上一年的7384.66万立方米增加1020.88万立方米，增长13.82%；比2015年的7253.76万立方米增加1151.78万立方米，增长15.88%，两年中平均每年增长7.6%。

据统计，2017年全国大径竹材(指直径在5厘米以上，以根为计量单位的竹材)产量为272012.90万根，比上一年的250630万根增加21382.90万根，增长8.53%；比2015年的235466.04万根增加36546.86万根，增长15.52%，两年中平均每年增长7.5%。

在全国大径竹材产量中，毛竹产量为160948.08万根，占全国大径竹材产量的59.17%，比上一年的145769.22万根增加15178.86万根，增长10.41%；比2015年的136748.93万根增加24199.15万根，增长17.70%，两年中平均每年增长8.5%(表2)。

表2　2017年全国木材、锯材与竹材产量增长情况

名称	2017年产量	2016年		2015年	
		产量	增长(%)	产量	增长(%)
木材(万立方米)	8398.17	7775.87	8.00	7218.21	16.35
原木(万立方米)	7670.40	7125.45	7.65	6546.35	17.17
锯材(万立方米)	8602.37	7716.14	11.49	7430.38	15.77
普通锯材(万立方米)	8405.54	7384.66	13.82	7253.76	15.88
大径竹材(万根)	272012.90	250630.00	8.53	235466.04	15.52
毛竹(万根)	160948.08	145769.22	10.41	136748.93	17.70

2. 人造板及其中“三板”产量

据统计，2017年全国人造板产量为29485.87万立方米，比上一年的30042.22万立方米略有减少(下降1.85%)；比2015年的28679.52万立方米增加806.35万立方米，增长2.81%，两年中平均每年增长1.4%。

在全国人造板产量中，包括胶合板、纤维板和刨花板在内的“三板”产量为26269.98万立方米，比上一年的27056.93万立方米略有减少(下降2.91%)；比2015年的25194.97万立方米增加1075.01万立方米，增长4.27%，两年中平均每年增长2.1%。

具体分板种来说，2017年胶合板、纤维板和刨花板产量分别为17195.21万立方米、6297万立方米和2777.77万立方米，与上一年的17755.61万立方米、6651.22万立方米和2650.10万立方米相比，除刨花板产量有所增长(增长4.82%)外，胶合板和纤维板产量均有所下降(分别下降3.16%和5.33%)；与2015年的16546.25万立方米、6618.53万立方米和2030.19万立方米相比，除纤维板产量有所下降(下降4.86%)外，胶合板和刨花板产量均有所增长，即分别增长3.92%和36.82%(表3)。

表 3 2017 年全国人造板及其中"三板"产量增长情况 万立方米

名称	2017 年产量	2016 年		2015 年	
		产量	增长(%)	产量	增长(%)
人造板	29485.87	30042.22	-1.85	28679.52	2.81
其中"三板"	26269.98	27056.93	-2.91	25194.97	4.27
胶合板	17195.21	17755.61	-3.16	16546.25	3.92
纤维板	6297.00	6651.22	-5.33	6618.53	-4.86
刨花板	2777.77	2650.10	4.82	2030.19	36.82

3. 木竹地板及其中实木地板产量

据统计，2017 年全国木竹地板产量为 82568.31 万平方米，比上一年的 83798.66 万平方米略有减少，下降 1.47%；比 2015 年的 77355.85 万平方米增加 5212.46 万平方米，增长 6.74%，两年中平均每年增长 3.3%。在木竹地板产量中，实木地板产量为 12934.03 万平方米，比上一年的 14808.23 万平方米减少 1874.20 万平方米（下降 12.66%）；比 2015 年的 12979.36 万平方米下降 0.33%（表 4）。

表 4 2017 年全国木竹地板及其中实木地板产量增长情况 万平方米

名称	2017 年产量	2016 年		2015 年	
		产量	增长(%)	产量	增长(%)
木竹地板	82568.31	83798.66	-1.47	77355.85	6.47
实木地板	12934.03	14808.23	-12.66	12979.36	-0.33

注：木竹地板按规定包括实木地板、实木复合木地板、浸渍纸层压木质地板（强化木地板）、竹地板（含竹木复合地板）和其他木地板（含软木地板、集成材地板等）。

4. 松香类产品产量

据统计，2017 年全国松香类产品产量为 1664982 吨，比上一年的 1838691 吨减少 173709 吨，下降 9.45%；比 2015 年的 1742521 吨减少 77539 吨，下降 4.45%。在全国松香类产品产量中，松香产量为 1402860 吨，比上一年的 1490777 吨减少 87917 吨，下降 5.90%；比 2015 年的 1531163 吨，减少 128303 吨，下降 8.38%（表 5）。

表 5 2017 年全国松香类产品产量增长情况 吨

名称	2017 年产量	2016 年		2015 年	
		产量	增长(%)	产量	增长(%)
松香类产品	1664982	1838691	-9.45	1742521	-4.45
松香	1402860	1490777	-5.90	1531163	-8.38

5. 主要经济林产品产量

主要经济林产品产量，按照现行统计规定范围，包括水果、干果、林产饮料产品、林产调料产品、森林食品、森林药材、木本油料和林产工业原料 8 个部分的产量。

据统计，2017 年全国主要经济林产品产量为 18781.16 万吨，比上一年的 18024.01

万吨增加757.15万吨，增长4.20%；比2015年的17356.27万吨增加1424.89万吨，增长8.21%，两年中平均每年增长4%。

在全国主要经济林产品产量中，水果产量为15737.86万吨、干果产量为1116.04万吨，与上一年的15208.73万吨和1091.69万吨相比，分别增加529.13万吨和24.35万吨，增长3.48%和2.23%；与2015年的14612.43万吨和1043.52万吨相比，分别增加1125.43万吨和72.52万吨，增长7.7%和6.95%，两年中平均每年分别增长3.8%和3.4%。

在主要经济林产品产量中，林产饮料产品产量(干重)为253.94万吨、森林食品产量为384.09万吨和木本油料产量为697.40万吨，与上一年的228.21万吨、354.24万吨，和599.85万吨相比，分别增加25.73万吨、29.85万吨和97.55万吨，增长11.27%、8.43%和，16.26%(增幅最大)；与2015年的216.14万吨、423.59万吨和560.03万吨相比，林产饮料和木本油料产品产量分别增加37.80万吨和137.37万吨，增长17.49和24.53%(增幅最大)，而森林食品产量则减少39.50万吨，下降9.32%。两年中，林产饮料产品产量平均每年增长8.4%，木本油料产量平均每年增长11.6%，增幅最大(表6)。

表6　2017年全国主要经济林产品产量增长情况

万吨

名称	2017年产量	2016年		2015年	
		产量	增长(%)	产量	增长(%)
经济林产品	18781.16	18024.01	4.20	17356.27	8.21
水果	15737.86	15208.73	3.48	14612.43	7.70
干果	1116.04	1091.69	2.23	1043.52	6.95
林产饮料	253.94	228.21	11.27	216.14	17.49
森林食品	384.09	354.24	8.43	423.59	-9.32
木本油料	697.40	599.85	16.26	560.03	24.53

三、森林公园数量增加，经营状况良好

据统计，2017年末全国实有森林公园3505处，比上一年的3392处增加113处，增长3.33%；比2015年的3234处增加271处，增长8.38%，两年中平均每年增长4.1%。

2017年全国森林公园接待游客人数为9.62亿人次，比上一年的9.17亿人次增加0.45亿人次，增长4.91%；比2015年的7.95亿人次增加1.67亿人次，增长21.01%，两年中平均每年增长10%。

2017年全国森林公园收入总额为1100.70亿元，比上一年的984.44亿元，增加116.26亿元，增长11.81%；与2015年的870.97亿元相比，增加229.73亿元，增长26.38%，两年中平均每年增长12.24%。

在全国森林公园收入总额中，包括门票、食宿、游乐等在内的直接旅游收入为878.50亿元，比上一年的781.60亿元增加96.60亿元，增长12.40；与2015年的705.60

亿元相比，增加172.90亿元，增长24.5%，两年中平均每年增长11.6%（表7）。

从森林公园年接待游客人数、收入总额及其中直接旅游收入来看，2017年与2015年相比，增幅均超过20%，这表明全国森林公园经营状况是良好的，经济效益是比较显著的，同时也说明森林公园在经营管理与服务水平上又有了新的提升。

表7 2017年全国森林公园数量、接待游客人数及旅游收入情况

指标名称	2017年统计数据	2016年		2015年	
		统计数据	增长（%）	统计数据	增长（%）
年末实有公园数量	3505	3392	3.33	3234	8.38
接待人数（亿人次）	9.62	9.17	4.91	7.95	21.01
年收入总额（亿元）	1100.70	984.44	11.81	870.97	26.38
直接旅游收入	878.50	781.60	12.40	705.60	24.50

注：森林公园直接旅游收入包括门票、食宿、游乐和其他旅游收入。

四、林业产业总产值超千亿元省份的产业发展状况喜人

据统计，2017年在全国32个省（自治区、直辖市）统计单位中，林业产业总产值超千亿元的省份有20个，比2015年的18个增加两个（即增加了贵州省和重庆市）。具体来说，林业产业总产值在6000亿元以上的省有两个，即广东省（产值为8022.39亿元，占全国林业产业总产值的11.26%，位居全国第一）和山东省（产值为6887.54亿元，占全国林业产业总产值的9.66%，位居全国第二）；林业产业总产值在5000亿元以上，6000亿元以下的省（自治区）也有两个，即广西壮族自治区（产值为5226.20亿元）和福建省（产值为5002.40亿元）；林业产业总产值在4000亿元以上，5000亿元以下的省有4个，即浙江省（产值为4533.88亿元）、江苏省（产值为4527.06亿元）、湖南省（产值为4255.49亿元）和江西省（产值为4170.95亿元）；林业产业总产值在3000亿元以上，4000亿元以下的省有3个，即安徽省（产值为3611.86亿元）、湖北省（产值为3453.54亿元）和四川省（产值为3402.27亿元）；林业产业总产值在2000亿元以上，3000元以下的省只有一个，即贵州省，产值为2334.61亿元；其余8个省（直辖市）的林业产业总产值均在1000亿元以上，2000亿元以下。这8个省（直辖市）是：河南省（产值为1966.54亿元）、云南省（产值为1955.54亿元）、河北省（产值为1577.02亿元）、吉林省（产值为1498.80亿元）、黑龙江省（产值为1466.70亿元）、陕西省（产值为1236.18亿元）、辽宁省（产值为1147.93亿元）和重庆市（产值为1055.19亿元）（表8）。

这20个省份的林业产业总产值为67332.09亿元，占全国林业产业总产值的90%以上，达94.48%。这20个省份的一、二、三产业产值分别为20830.77亿元、33036.68亿元和13464.64亿元，其比重分别为30.94%、49.06%和20%，与全国林业一、二、三产业产值比重32.79%、47.64%和19.57%相比，可以看出，20个省份的一产产值比重减少1.85个百分点，而二产产值比重和三产产值比重则分别增加1.42个百分点和0.43个百分点。数字表明，这20个省份的产值结构要优于全国林业产业结构的总体水平（表9）。

表8 2017年林业产业总产值(按现价计算)超千亿元省份的总产值

省份	总产值(亿元)	省份	总产值(亿元)
广东	8022.39	四川	3402.27
山东	6887.54	贵州	2334.61
广西	5226.20	河南	1966.54
福建	5002.40	云南	1955.54
浙江	4533.88	河北	1577.02
江苏	4527.06	吉林	1498.80
湖南	4255.49	黑龙江	1466.70
江西	4170.95	陕西	1236.18
安徽	3611.86	辽宁	1147.93
湖北	3453.54	重庆	1055.19

表9 2017年全国林业产业总产值超千亿元省份的各产业产值、比重与全国比较

产值及比重		全国	超千亿元省份
产值(亿元)	总计	71267.07	67332.09
	一产	23365.46	20830.77
	二产	33952.74	33036.68
	三产	13948.87	13464.64
比重(%)	一产产值	32.79	30.94
	二产产值	47.64	49.06
	三产产值	19.57	20.00

接下来，再具体分析一下，这20个省份2017年一、二、三产业产值规模及其所占比重情况。

1. 林业一产产值及比重

林业一产产值在2000亿元以上的省只有一个，即山东省，一产产值为2375.80亿元；林业一产产值在1000亿元以上，2000亿元以下的省份有8个，即广西壮族自治区(一产产值为1809.09亿元)、湖南省(一产产值为1384.45亿元)、四川省(一产产值为1280.59亿元)、云南省(一产产值为1227.93亿元)、江西省(一产产值为1140.10万元)、湖北省(一产产值为1117.71亿元)、江苏省(一产产值为1077.03亿元)和安徽省(一产产值为1065.01亿元)；林业一产产值在500亿元以上，1000亿元以下的省有9个，即陕西省(一产产值为963.48亿元)、浙江省(一产产值为952.28亿元)、广东省(一产产值为946.07亿元)、河南省(一产产值为929.96亿元)、福建省(一产产值为901.20亿元)、河北省(一产产值为815.40亿元)、贵州省(一产产值为733.49亿元)、辽宁省(一产产值为641.56亿元)和黑龙江省(一产产值为611.43亿元)；林业一产产值在500亿元以下的省(直辖市)有两个，即重庆市(一产产值为454.04亿元)和吉林省(一产产值为404.15亿元)(表10)。

表 10 2017 年全国林业产业总产值(按现价计算)超千亿元省份的一产产值

省份	一产产值(亿元)	省份	一产产值(亿元)
山东	2375.80	浙江	952.28
广西	1809.09	广东	946.07
湖南	1384.45	河南	929.96
四川	1280.59	福建	901.20
云南	1227.93	河北	815.40
江西	1140.10	贵州	733.49
湖北	1117.71	辽宁	641.56
江苏	1077.03	黑龙江	611.43
安徽	1065.01	重庆	454.04
陕西	963.48	吉林	404.15

林业一产产值比重在50%以上的省有4个，即陕西省(一产比重为77.94%)、云南省(一产比重为62.79%)、辽宁省(一产比重为55.89%)和河北省(一产比重为51.70%)；林业一产产值比重在40%以上，50%以下的省市有3个，即河南省(一产比重为47.29%)、重庆市(一产比重为43.02%)、黑龙江省(一产比重为41.69%)；林业一产产值比重在30%以上，40%以下的省份有6个，即四川省(一产比重为37.64%)、广西壮族自治区(一产比重为34.62%)、山东省(一产比重为34.49%)、湖南省(一产比重为32.53%)、湖北省(一产比重为32.36%)和贵州省(一产比重为31.42%)；林业一产产值比重在20%以上，30%以下的省有5个，即安徽省(一产比重为29.49%)、江西省(一产比重为27.33%)、吉林省(一产比重为26.97%)、江苏省(一产比重为23.79%)和浙江省(一产比重为21%)；其余两个省(即，福建省一产比重为18.01%、广东省一产比重为11.79%)一产产值比重均在20%以下(表11)。

表 11 2017 年全国林业产业总产值(按现价计算)超千亿元省份一产产值比重

省份	一产产值比重(%)	省份	一产产值比重(%)
陕西	77.94	湖南	32.53
云南	62.79	湖北	32.36
辽宁	55.89	贵州	31.42
河北	51.70	安徽	29.49
河南	47.29	江西	27.33
重庆	43.02	吉林	26.97
黑龙江	41.69	江苏	23.79
四川	37.64	浙江	21.00
广西	34.62	福建	18.01
山东	34.49	广东	11.79

2. 林业二产产值及比重

林业二产产值在4000亿元以上的省有一个，即广东省，二产产值为5243.13亿元，占全国林业二产产值的 15.44%；林业二产产值在 3000 亿元以上，4000 亿元以下的省有两个，即山东省(二产产值为 3994.86 亿元，占全国林业二产产值的 11.77%)和福建省(二产产值为 3816.66 亿元，占全国林业二产产值的 11.24%)；林业二产产值在 2000 亿元以上，3000 亿元以下的省份有 3 个，即江苏省(二产产值为 2847.87 亿元)、广西壮族自治区(二产产值为 2815.38 亿元)和浙江省(二产产值为 2560.93 亿元)；林业二产产值在 1000 亿元以上，2000 亿元以下的省有 4 个，即江西省(二产产值为 1967.86 亿元)、安徽省(二产产值为 1665.22 亿元)、湖南省(二产产值为 1467.40 亿元)和湖北省(二产产值为 1246.28 亿元)；林业二产产值在 500 亿元以上，1000 亿元以下的省有 6 个，即四川省(二产产值为 996.43 亿元)、吉林省(二产产值为 856.74 亿元)、河南省(二产产值为 762.23 亿元)、河北省(二产产值为 664.68 亿元)、黑龙江省(二产产值为 519.1 亿元)和云南省(二产产值为 515.69 亿元)；其余 4 个省(直辖市)，即重庆市(二产产值为 315.28 亿元)、辽宁省(二产产值为 308.93 亿元)、贵州省(二产产值为 305.94 亿元)和陕西省(二产产值为 136.06 亿元)，林业二产产值均在 500 亿元以下(表 12)。

表 12　2017 年林业产业总产值(按现价计算)超千亿元省份的二产产值

省份	二产产值(亿元)	省份	二产产值(亿元)
广东	5243.13	四川	996.43
山东	3994.86	吉林	856.74
福建	3816.66	河南	762.23
江苏	2847.87	河北	664.68
广西	2815.38	黑龙江	519.10
浙江	2560.93	云南	515.69
江西	1967.86	重庆	315.28
安徽	1665.22	辽宁	308.93
湖南	1467.40	贵州	305.94
湖北	1246.28	陕西	136.06

林业二产产值比重在 70% 以上的省只有一个，即福建省，二产产值比重为 76.30%，位居全国第一；林业二产产值比重在 60% 以上，70% 以下的省有两个，即广东省(二产产值比重为 65.36%，位居全国第二)和江苏省(二产产值比重为 62.91%，位居全国第三)；林业二产产值比重在 50% 以上，60% 以下的省份有 4 个，即山东省(二产产值比重为 58%)、吉林省(二产产值比重为 57.16%)，浙江省(二产产值比重为 56.48%)和广西壮族自治区(二产产值比重为 53.87%)；林业二产产值比重在 40% 以上，50% 以下的省有 3 个，即江西省(二产产值比重为 47.18%)、安徽省(二产产值比重为 46.93%)和河北省(二产产值比重为 42.15%)；林业二产产值比重在 30% 以上，40% 以下的省有 4 个，即河南省(二产产值比重为 38.76%)、湖北省(二产产值比重为 36.09%)、黑龙江省(二产产值比重为 35.39%)和湖南省(二产产值比重为 34.48%)；林业二产产值比重在 20% 以上，30% 以下的省(直辖市)也有 4 个，即重庆市(二产产值比重为 29.88%)、四川省(二产产值比重为 29.29%)、辽宁省(二产产值比重为

26.91%)和云南省(二产产值比重为26.37%),其余两个省(贵州省二产产值比重为13.11%,陕西省二产产值比重为11.01%)二产产值比重均在20%以下(表13)。

表13 2017年林业产业总产值(按现价计算)超千亿元省份二产产值比重

省份	二产产值比重(%)	省份	二产产值比重(%)
福建	76.30	河南	38.76
广东	65.36	湖北	36.09
江苏	62.91	黑龙江	35.39
山东	58.00	湖南	34.48
吉林	57.16	重庆	29.88
浙江	56.48	四川	29.29
广西	53.87	辽宁	26.91
江西	47.18	云南	26.37
安徽	46.93	贵州	13.11
河北	42.15	陕西	11.01

3. 林业三产产值及比重

林业三产产值在1000亿元以上的省份有7个,即广东省(三产产值为1833.19亿元)、湖南省(三产产值为1403.64亿元)、贵州省(三产产值为1295.18亿元)、四川省(三产产值为1125.25亿元)、湖北省(三产产值为1089.55亿元)、江西省(三产产值为1062.99亿元)和浙江省(三产产值为1020.67亿元);林业三产值在500亿元以上,1000亿元以下的省份有4个,即安徽省(三产产值为851.63亿元)、江苏省(三产产值为602.16亿元)、广西壮族自治区(三产产值为601.73亿元)和山东省(三产产值为516.88亿元);其余的9个省(直辖市)的林业三产产值均在500亿元以下,这9个省(直辖市)是,黑龙江省(三产产值为336.16亿元)、重庆市(三产产值为285.87亿元)、福建省(三产产值为284.54亿元)、河南省(三产产值为274.35亿元)、吉林省(三产产值为237.91亿元)、云南省(三产产值为211.92亿元)、辽宁省(三产产值为197.44亿元)、陕西省(三产产值为136.64亿元)和河北省(三产产值为96.94亿元)(表14)。总的看,林业生产产值的规模还不够大,20个林业产业总产值超千亿元的省份中,尚有13个省(自治区、直辖市),林业三产产值在1000亿元以下。相信未来,随着整个林业产业规模的不断扩大,林业第三产业将会有更快的发展,产值会有更大的增加。

林业三产产值比重在40%以上的省只有一个,即贵州省(三产产值为55.47%);林业三产产值比重在30%以上,40%以下的省有3个,即四川省(三产产值比重为33.07%),湖南省(三产产值比重为32.99%)和湖北省(三产产值比重为31.55%);林业三产产值比重在20%以上,30%以下的省(直辖市)有6个,即重庆市(三产产值比重为27.1%)、江西省(三产产值比重为25.49%)、安徽省(三产产值比重为23.58%)、黑龙江省(三产产值比重为22.92%)、广东省(三产产值比重为22.85%)和浙江省(三产产值比重为22.52%);林业三产产值比重在10%以上,20%以下的省(自治区)有7个,即辽宁省(三产产值比重为17.20%)、吉林省(三产产值比重为

15.87%）、河南省（三产产值比重为 13.95%）、江苏省（三产产值比重为 13.3%）、广西壮族自治区（三产产值比重为 11.51%）、陕西省（三产产值比重为 11.05%）和云南省（三产产值比重为 10.84%）；其余三个省，即山东省（三产产值比重为 7.51%）、河北省（三产产值比重为 6.15%）、福建省（三产产值比重为 5.69%）林业三产产值比重均在 10%以下（表 15）。

表 14　2017 年林业产业总产值（按现价计算）超千亿元省份三产产值

省份	三产产值（亿元）	省份	三产产值（亿元）
广东	1833.19	山东	516.88
湖南	1403.64	黑龙江	336.16
贵州	1295.18	重庆	285.87
四川	1125.25	福建	284.54
湖北	1089.55	河南	274.35
江西	1062.99	吉林	237.91
浙江	1020.67	云南	211.92
安徽	851.63	辽宁	197.44
江苏	602.16	陕西	136.64
广西	601.73	河北	96.94

表 15　2017 年林业产业总产值（按现价计算）超千亿元省份的三产产值比重

省份	三产产值比重（%）	省份	三产产值比重（%）
贵州	55.47	辽宁	17.20
四川	33.07	吉林	15.87
湖南	32.99	河南	13.95
湖北	31.55	江苏	13.30
重庆	27.10	广西	11.51
江西	25.49	陕西	11.05
安徽	23.58	云南	10.84
黑龙江	22.92	山东	7.51
广东	22.85	河北	6.15
浙江	22.52	福建	5.69

第二部分　专题调研

国家储备林基地建设模式

我国是木材生产大国，也是木材消费大国。木材安全既关乎资源安全，也与国家经济安全、生态安全密切相关，要从党中央“总体国家安全观”出发，充分认识国家储备林建设的历史机遇、有利条件和重要意义。

以习近平新时代中国特色社会主义思想为引领，贯彻落实党的十九大精神，坚持以人民为中心的发展思想，牢固树立和贯彻落实新发展理念，满足人民美好生活需要，对加快林业现代化建设提出新的更高要求。国家储备林建设利国利民利林，迎来了新的发展机遇，面临着有利的发展条件。

党中央、国务院高度重视生态文明建设，纳入社会主义现代化建设“五位一体”总体布局，把全面保护天然林资源，配套建立国家用材林储备制度，作为生态文明体制改革总体方案重要内容，对加强国家储备林建设，增强木材供给能力，维护国家木材安全意义重大。

一、国家储备林建设的重要性及有利条件

1. 建设的重要性

生态安全是国家安全体系的重要内容，木材安全与生态安全密切相关。我国木材生产总量不足，结构性短缺，木材自主供给能力弱，难以在短期内解决。建立国家储备林制度，大力发展国家储备林，是保障木材安全的重大举措；全面保护天然林是党中央、国务院作出的重大决策部署，党的十九大把“完善天然林保护制度”作为加大生态系统保护力度的重要内容。长期以来，天然林是我国原木产量的重要来源，如果木材供给问题不根本解决，天然林资源就保不住，建立国家储备林制度是全面保护天然林的重要支撑；全国现有中幼龄林面积 1.06 亿公顷，其中急需抚育的近 5500 万公顷。由于林分质量低，林地生产力远未发挥出来，精准提升森林质量必须科学经营，国家储备林布局精准，是精准提升森林质量的重要抓手；大力实施乡村振兴战略，是党的十九大作出的重大部署，推进国家储备林建设，有利于扩大绿色生态空间，构建森林生态屏障，提升乡村绿化美化亮化水平。有利于大力发展林木培育、加工、制造和森

林旅游等产业，促进规模集约经营，提供更多创业增收致富平台，提升乡村经济发展水平。有利于打造乡土树种、珍稀名贵树种等生态景观，提高乡村整体品质和面貌，留住乡愁，留住韵味，提升乡村社会文明水平。所以国家储备林的建设是乡村振兴的重点工程。

2. 建设的有利条件

(1)党中央、国务院高度重视，创造了根本条件　以习近平同志为核心的党中央高度重视生态文明和林业建设。这些指示要求和安排部署，将国家储备林建设提升到国家层面，融入到经济社会发展战略全局。

创新林业投融资模式，创造了特殊条件。贯彻中央金融工作会议精神，把握金融服务实体经济、保护生态环境、增加绿色金融供给等政策机遇，林业创新投融资机制不断推进。国家林业局分别与国家开发银行、中国农业发展银行、中国农业银行联合印发了有关意见和通知，签订了共同推进国家储备林等重点领域建设发展战略合作协议。

(2)林业世行项目科学实施，创造了重要条件　自 1985 年以来，我国连续实施了 7 期世界银行贷款林业项目。林业世行项目建立健全了“组织、计划、采购、质量、资金、科技推广与培训、环境保护、评估监测与评价”八大项目管理体系，及与之相配套的比较科学严谨的技术规程、标准和管理办法，探索了人工林项目管理模式。林业世行项目管理模式和办法，为国家储备林建设提供了有益借鉴。

(3)速生丰产林基地建设工程加快推进，创造了基础条件　自速生丰产林工程实施以来，19 个重点省份累计完成速生丰产林基地建设 1160 万公顷。松、杉、桉、杨、竹等制种、育苗、定向培育和可持续经营模式趋于成熟，形成运用市场经营机制与工程建设模式相结合的发展机制。速生丰产林工程为进一步调整树种结构、建设优质高效多功能的国家储备林奠定了基础。

二、国家储备林建设总体思路

1. 指导思想

以习近平新时代中国特色社会主义思想为指导，全面贯彻党的十九大精神，坚定不移贯彻创新、协调、绿色、开放、共享的发展理念，以满足人民美好生活对优质木材的需求为主要任务，以创新投融资机制为动力，坚持政府引导、市场运作、平台承贷、项目管理、持续经营，建设总量平衡、结构优化、优质高效、功能多样的国家储备林，为推进林业现代化建设、建设生态文明和美丽中国作出贡献。

2. 基本原则

(1)改善供给　坚持产业定位，顺应市场需求，建设集约高效、结构合理的国家储备林工程，大力培育发展工业原料林、珍稀树种和大径级用材林，藏木于林、藏富于林，增强优质木材培育、储备和生产能力。

(2)突出重点　以水光热等自然条件较好的南方地区和北方集中连片适宜地区为重

点，以乔木为主、木材储备为主，大力推进国家储备林建设工程，实施一批重点建设项目，发挥森林多种功能和综合效益。

(3)创新机制　发挥财政金融合力，利用开发性和政策性金融优惠贷款，推广政府和社会资本合作模式，吸引社保基金、保险基金等大型机构投资者，有效防控金融风险，促进金融服务林业实体经济。探索森林资源抵押、担保、入股等政策。

(4)分类施策　选定现有林划定一批，培大培优；重点地区新建一批，扩大规模；全面停伐休养一批，保育储备。坚持长中短周期相结合，以短养长；坚持一般树种、乡土树种、珍稀树种相结合，调整结构。

(5)示范引领　建立以森林经营方案管理为核心的管理制度，建设多功能森林。推广新模式、新技术和新机制，打造引领精准提升森林质量、推进林业现代化建设的示范工程。

3. 规划目标

国家储备林是林业现代化建设的重要内容，具有长期性、周期性、艰巨性。最新发布的《国家储备林建设规划(2018—2035年)》为今后一个时期的阶段性规划，规划期为2018—2035年，展望到21世纪中叶。

到2020年，规划建设国家储备林700万公顷。现代森林经营技术模式有效运用，珍稀用材树种结构逐步优化，国家储备林管理制度体系基本建立；到2035年，规划建设国家储备林2000万公顷，国家储备林划定、建设、经营和管理进一步加强，现代森林经营技术模式广泛应用，主要用材树种储备能力显著提升，珍稀用材树种种植面积稳步扩大；到21世纪中叶，森林经营达到现代化水平，森林质量精准提升，乡土珍稀树种和大径级用材自给保障能力全面提升，满足人民美好生活对优质木材多样化需求，初步形成总量平衡、持续经营的安全格局。

三、国家储备林建设范围与布局

1. 建设范围

统筹考虑各地实际，重点选择自然条件优越、资源增长潜力大、优良种苗充足、地方特色鲜明、支撑能力强的地区。建设范围：北京、天津、河北、山西、内蒙古、辽宁、吉林、黑龙江、江苏、浙江、安徽、福建、江西、山东、河南、湖北、湖南、广东、广西、海南、四川、重庆、贵州、云南、陕西、甘肃、青海、宁夏、新疆29个省(自治区、直辖市)，龙江、大兴安岭、内蒙古、吉林、长白山5个森工(林业)集团，新疆生产建设兵团，共计1897个县(市、区、旗)、国有林场(局)和兵团团场。

2. 建设布局

为突出重点、优化布局，按照自然条件、培育树种和培育方式相似的原则，将全国29个省(自治区、直辖市)、5个森工(林业)集团和新疆生产建设兵团划分为七大区域，并确定各区域的发展方向和重点。

东南沿海地区包括福建、广东、广西、海南；长江中下游地区包括江苏南部、浙江、安徽南部、江西、湖北、湖南；黄淮海地区包括安徽北部、山东、河南、河北（部分）；西南适宜地区包括重庆、四川、贵州、云南；京津冀地区包括北京、天津、河北（环京津部分）；东北地区包括辽宁、吉林、黑龙江、内蒙古及龙江、大兴安岭、内蒙古、吉林、长白山森工（林业）集团；西北地区包括山西、陕西、甘肃、青海、宁夏、新疆及新疆生产建设兵团等。

四、国家储备林建设内容

按照生产能力高效、经营规模适度、储备调节有序、生态环境良好的要求，结合各地自然、经济和社会发展实际，开展国家储备林营造林活动，开展集约人工林栽培、现有林改造培育和中幼林抚育，适时划定国家储备林。

1. 集约人工林栽培

对水热立地条件好的荒山荒地、采伐迹地和火烧迹地等宜林地，采用优良种源、无性系培育的壮苗，采取最新林业科技成果组装配套的集约经营措施，定向培育工业原料林、珍稀树种和大径级用材林。

重点选择京津冀地区天津、河北，东北地区及森工（林业）集团，西北地区山西，长江中下游地区湖南、江西，西南地区云南、贵州，东南沿海地区广西、广东等地，开展集约人工林栽培。根据树种特性、造林地立地条件、培育目标、轮伐周期及密度试验成果，确定最佳初植密度和混交比例。技术措施实行种苗“两证”制度和“三定”办法，科学施肥维护地力，合理采取灌溉措施。

2. 现有林改造培育

对现有林中立地条件好、生产潜力没有得到充分发挥的林分，结构简单且生长已呈现下降的林分，目的树种不明确、林分结构简单、错过抚育经营时机的人工林或利用价值较高的林分，通过林冠下造林、补植补造等经营措施，适当将纯林逐步调整为复层异龄混交林。

重点选择东南沿海地区广西、福建，长江中下游地区江西、安徽，西南地区四川、云南，京津冀地区天津、河北，东北地区及森工（林业）集团，西北地区山西等地。根据适地适树原则和树种生物特性，补植乡土树种、珍稀树种，改造培育目标树种混交林。技术模式按照《国家储备林改培技术规程》（LY/T 2787—2017）规定执行。

3. 中幼林抚育

对现有林中有培育前途的增产潜力较大的中、幼龄林，采取间伐、修枝、除草割灌、施肥等抚育活动，砍劣留优，调整树种结构和林分密度，平衡土壤养分与水分循环，改善林木生长发育的生态条件，提高木材蓄积量，加快林木生长速度，缩短森林培育周期，提高林分质量，培育目标树种优质高效多功能森林。

重点选择东北地区龙江森工、大兴安岭林业集团，东南沿海地区广西、广东，长江中下游地区湖南、浙江等省份。根据立地条件、培育目标和整地方式采用相应的抚育方法，并参照《森林抚育规程》（GB/T 15781—2015）的有关规定执行。

五、国家储备林建设模式

国家储备林是林业发展“十三五”规划十大重点工程之一，也是生态文明建设的重要支撑，应充分发挥政府财政资金扶持引导作用，发挥社会资本和金融积极作用，充分利用社会资本和伙伴关系合作模式，创新和推广国家储备林投融资机制和模式，提升国家储备林建设质量和效率。

1. 创新投融资模式

就目前而言，我国国家储备林在建设过程中所存在的问题，最为显著的就是资金缺口较大等方面，而造成这一问题主要的原因就是政府缺少相应的资金来独立进行建设。在国家经济转型升级、财政收入增速放缓、国家补贴投入不足的大背景下，国家林业局提出发挥中央林业资金引导作用，积极与国家开发银行、中国农业发展银行沟通合作，创新林业投融资机制及金融产品和服务，形成政府性投资、金融资金和其他社会资本的合力，加快推进生态文明建设。

(1)发挥财政金融政策合力 发挥财政资金引领带动作用，贯彻落实文件精神，统筹使用中央财政资金，发挥“四两拨千斤”撬动作用，吸引金融和社会资本更多投向国家储备林建设。国家储备林建设贷款执行中央财政林业贷款贴息补助政策，有条件的省区给予相应配套贴息，减少建设期间贷款付息压力。中央预算内基本建设投资和中央财政林业改革发展资金重点支持国家储备林建设。

充分发挥开发性政策性金融积极作用。利用好国家开发性和农业政策性金融贷款支持国家储备林建设战略机遇，科学构建融资机制，用足用活金融政策，推广投融资新机制新模式，争取重大项目落地。

发挥相关政策组合作用。中央财政资金引领带动，开发性政策性金融长周期低成本资金重点投入，商业银行资金、市场化基金补充，地方政府完善风险准备金制度、建立林权收储中心、成立林投公司等投融资主体，采伐经营等林业改革政策跟进，形成支持国家储备林建设的资金政策合力。

为了不增加地方政府债务负担，贷款项目要重点规范推进“林权抵押 + 政府增信模式”“PPP 模式”以及“龙头企业 + 林业合作社 + 林农”模式等。

(2)利用好开发性政策性金融贷款 开发性政策性金融提供长周期低成本的适合林业生产特点的资金支持，贷款最长可达 30 年(含宽限期)，宽限期 5 ~ 8 年，贷款利率体现优惠原则，实行最低资本金率，具体贷款期限和利率视项目情况确定。发挥政府组织协调作用，合理选定融资机制，开辟风险准备金和政府增信新途径，探索构建风险准备金、担保抵押方式、政府回购等多种风险防控机制，管控贷款风险。

(3)推广融资新模式

“林权抵押 + 政府增信”模式。“林权抵押 + 政府增信”模式，是指用款人将林木所有权作为贷款抵押物，委托第三方(承贷主体)办理林权抵押相关事宜，统一取得贷款、管理贷款资金并负责还本付息的融资方式。政府增信包括成立管理机构和承贷主体公司、技术服务和造林检查验收、投保森林保险、筹集风险准备金、采伐许可证和林权处置的管理、林权流转及登记、各级造林补助资金和贴息资金等。融资信用结构为“林权抵押+政府增信”，还款来源为项目自身现金流。适用于南方水光热条件较好地区和其他条件允许地区。

政府和社会资本合作(PPP)模式。政府和社会资本合作模式，是指政府和社会资本合作以项目建设所在地的林木所有权或者项目公司(SPV)资产作为抵押物，向贷款方取得贷款、管理贷款资金并负责还本付息的融资方式。项目公司的建设资金缺口部分可以利用政策性银行贷款解决，政府通过政府付费或者可行性缺口补助，给予资金支持。纯公益类的通过政府付费，准公益类的项目通过“使用者付费+可行性缺口补助”，按照政府支出责任逐年安排财政预算。融资信用结构为“林权抵押或项目公司资产抵押”，还款来源为“政府付费”或“项目自身现金流+可行性缺口补助”，社会投资人通过“使用者付费+可行性缺口补助”收回建设成本和获得投资回报。适用于全国大部分地区。

“龙头企业+林业合作社+林农”模式。“龙头企业+林业合作社+林农”模式，是指龙头企业以信用担保作为抵押物，向贷款方贷款融资，负责管理贷款资金并还本付息的融资方式。龙头企业负责提供资金、技术、农资、信息等服务和指导；林业合作社为项目建设的组织单位，人员包括林农和建档立卡贫困人口；林农和贫困户通过服务于项目建设获得劳务所得收入。融资信用结构为龙头企业信用担保，还款来源为项目自身现金流。适用于全国大部分地区。

企业自主经营模式。企业自主经营模式，是指企业通过自身资产作为抵押物，向贷款方取得贷款、管理贷款资金并负责还本付息的融资方式。项目营造林工程，由项目实施主体自行组织实施。明确地方政府林业主管部门为贷款监管责任单位，需制定并监督执行林业规程标准和管理办法，组织项目实施和监督检查。企业收益通过项目自身收益实现。融资信用结构为企业资产抵押担保，还款来源为项目自身现金流等。适用于全国大部分地区。

(4)*探索多元化市场融资*　国家储备林贷款融资新模式，为国家储备林建设提供相对富裕的资金支持，统筹解决了大规模集中采购与劳务分散支付难题，同时在项目实施建设过程中，为所在地林农或建档立卡贫困户带来就业岗位，有效地助推脱贫攻坚任务完成。在此基础上，要进一步拓展多元化融资渠道，引入多样化融资工具，进一步建立和完善国家储备林金融服务市场，积极创新国家储备林建设融资机制，撬动社会资本，吸引社保基金、养老基金、商业银行、证券公司、保险公司等各类机构投资者参与国家储备林项目建设，逐渐形成多元化的市场融资结构，共同推进国家储备林项目的可持续发展。

2. 国家储备林建设的PPP模式

在国家储备林建设的模式中，国家鼓励采用PPP模式推进储备林项目。《国家林业局办公室 财政部办公厅 关于做好国家储备林建设工作的通知》(办规字[2015]117号)提到，积极探索运用PPP模式，吸引社会资本投入国家储备林建设，优先选择具备稳定现金流和一定财力保障的项目开展PPP模式试点，通过政府付费或补贴等方式保障社会资本获得合理收益，运用PPP模式吸引社会资本、转变政府职能、激发市场活力，提升国家储备林建设的质量和效率。

（1）政府和社会资本合作（PPP）模式　在公共服务领域，政府采取竞争性方式选择具有投资、运营管理能力的社会资本，双方按照平等协商原则订立合同，明确责权利关系，由社会资本提供公共服务，政府依据公共服务绩效评价结果向社会资本支付对价，保证社会资本获得合理收益。

国家储备林建设的PPP模式即以当地政府授权国有平台作为政府出资方，与社会资本方共同组建PPP项目公司，按照国家储备林规划及年度营造林计划，组织实施国家储备林项目建设任务。国家开发银行对PPP项目、社会资本方进行融资。

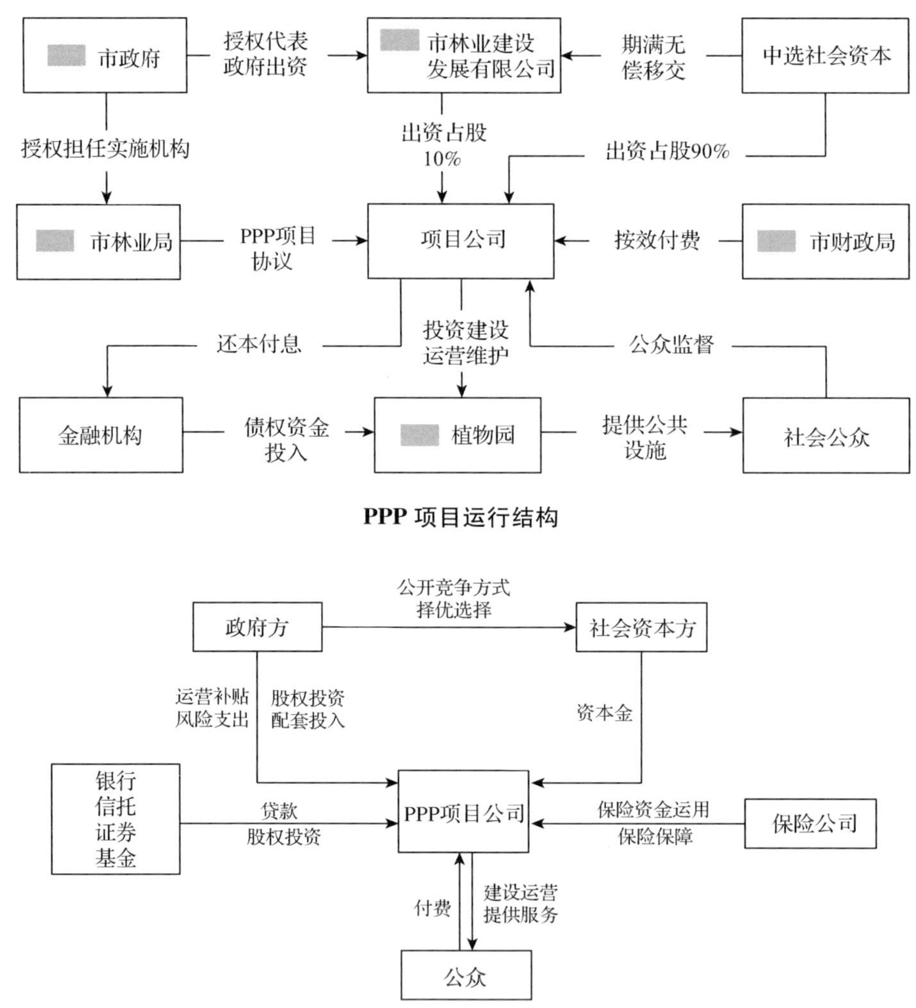

PPP项目运行结构

PPP项目交易结构

（2）PPP模式运作国储林建设的参与主体　PPP的参与主体主要包括政府方、社会资本方和金融机构。每个参与主体都兼具着不同的功能和职责，政府方主要是起着PPP项目的引导、管理和监督作用；社会资本方主要负责项目的投融资、建设、运营和维护；金融机构主要是提供金融支持。

政府方在整个项目中通常会扮演着多个不同的角色，例如项目实施机构、投资方、购买方、监管方等。其中项目实施机构在PPP项目中占据着重要的环节和作用，一是由政府或其指定的有关职能部门来担任。在政府授权的职责范围内负责整个 PPP 项目的准备、采购、监管和移交工作；在国储林项目中，通常都是政府指定林业部门作为项目的实施机构。政府有时也会担任投资方的角色，通过出资入股、土地作价入股或者是授权其下属的国有企业代表政府出资等形式与社会资本展开合作，充分发挥财政资金的杠杆作用，吸引社会资本参与到 PPP 项目中来。但根据《PPP 项目合同指南（试行）》中的要求，政府出资是不能超过项目资本金的 50%，也就是说不能作为大股东影响到项目运行的关键决策，以免违背 PPP 的初衷。同时为了保障社会资本方的合理稳定收益，政府通常还会作为整个项目购买方担负起“政府付费”和“可行性缺口补助”的责任。此外，PPP 项目的健康运作同样也离不开作为监管者的政府所付出的组织协调和检查监督作用。

根据 PPP 条例中的解释，社会资本方是指依法设立的，具有投资、建设、运营能力的企业，具体包括民营企业、国有企业、外国企业和外商投资企业。通过公开招标、邀请招标、竞争性谈判等多种方式，被公平择优选出后，参与到具体的 PPP 项目中来，与政府方建立合作伙伴关系，双方实现利益共享和风险共担。由于国储林 PPP 项目的投资金额较大、回报周期长、工程复杂等特点，所选择的社会资本方通常都要具备雄厚的资金实力、较强的融资能力和相应的专业能力及资质。

当前国储林建设的金融支持主要来自于国家开发银行和中国农业发展银行两家金融机构，在具体操作中考虑到国储林的性质和 PPP 的模式，这些金融机构除了提供资金支持以外，还积极响应国家号召，给予较长的还款周期和较低的贷款利率。

（3）国家储备林建设可操作的 PPP 模式　我国在建设国家储备林的过程中，其可以应用到的模式主要有以下几种。

标准的 BOT 模式。标准的 BOT 这一模式主要是由社会资本对国家储备林进行投资建设和项目的运营维护，相关企业可以对林木进行采伐以此来获得一定的收益，合同期结束后，就需要将项目移交给政府部门。在应用这一种模式的过程中，其本身会受到木材生产周期较长以及其它不确定因素的影响，有着较大的风险。因此，政府部门一定要对合同期进行合理的设计，可以在一定程度上针对林木生长周期来设定合同期，这样就能更好地吸引社会资本企业的投资。

BT 模式。BT 模式在应用过程中，主要是由社会资本企业对国家储备林进行投资建设，在建设完成之后运营和维护则需要交由政府部门，而在建设完成之后的收益也归政府部门。在这一模式下，政府部门需要给予企业一定的回报，而这一回报主要是由政府按照合同向企业付费，又或者是为企业提供某一个领域的特许经营权或也可是为企业提供一定的地块，这样企业就能通过其它项目也获得一定的收益。但是，在应用这一模式对国家储备林进行建设的过程中，林业部门对于付费之外的补偿形式并没有相应的话语权。

部分私有化模式。部分私有化模式也可以将其称之为股权投资模式，在应用这一模式的过程中，政府需要将项目股权提供给企业，在这一过程中，政府在其中属于控股地位，同时还需要对企业进行适当的监督和约束，以此来确保项目建设实施的有效性。

PFI 模式。PFI 这一模式在应用过程中对于社会资本企业有着较大的吸引力，采用这一种模式，政府部门在每一年都会对社会资本企业投入适当的资金补贴，社会资本就可以通过这一补贴来获得一定的收益，最后在项目建设完成之后就可以将项目移交政府，这本身就是对于项目市场风险的移交。

TOT 模式。TOT 模式和 BOT 模式有着一定的相似度，但是两者相比较而言，TOT 模式不需要进行建设，社会资本企业不会参与到前期建设过程中。这种模式下，企业对于项目实际情况就会不够了解，从而就会造成预期收益评价偏差等问题。所以说，如果国家储备林在建设过程中，前期投入资金较大的话，这一模式是不适合的。

(4) 国家储备林建设 PPP 模式需要注意的问题　遵守收益份额和风险分担原则。PPP 模式在应用过程中，最为重要的部分就是要利益共享、风险共担，这也是这一模式的核心内容。因此，在应用 PPP 模式进行国家储备林建设的过程中，一定要严格遵守收益份额和风险分担原则。

首先，需要对收益进行合理的分配，在储备林项目建设中，政府的收益其实很直接，就是前面述及的保护天然林、建设人工林，提高木材自我供应能力，确保国家木材安全和生态安全。同样，社会资本参与储备林建设的目的也很直接，就是获利。

其次，需要对建设过程中所存在的风险进行评估，同时对可能存在的风险制定相应的风险分担原则。PPP 项目风险常见的主要有政治风险、建设风险、技术风险、运营风险、财务风险、不可抗力风险等，储备林项目还有自然风险，比如非人为火灾、旱灾等。每一项风险的发生都会对 PPP 项目造成损失，所以为明确责任、控制风险、减少损失，制定公平合理的风险分担原则能够控制风险的发生和减少风险造成的损失。

最基本的风险分担原则一般有以下 3 点 ：其一，建设项目中所存在的风险应该交由两者之间最有能力的一方来承担；其二，在建设项目的过程中，一旦发生风险肯定会需要指出相应的成本，针对这一现象，哪一方应该花费较少的支出也需要进行明确，而对这一点可以按照哪一方消除风险会花费较少就交由其承担；其三，在项目建设过程中，预期收益最大一方也应该要承受一定的风险，除此之外，对于一些不可抵抗的风险则可以两者一起承担。

第三，政府部门需要加强监管。在应用 PPP 项目对国家储备林进行建设的过程中，政府部门还需要加强监管，这样才能确保项目建设的质量。如果项目建设以及维护工作都是交由社会资本企业，这个时候，政府对于树种等方面都需要进行明确，同时在企业建设过程中加强监督和管理，这样才能切实的保障建设项目的质量，真正发挥出国家储备林建设的效果。

综上所述，PPP 项目在国家储备林建设过程中有着较为显著的作用，而要想将其应用价值真正发挥出来，在建设过程中就需要选择合适的 PPP 项目，同时在建设过程中严格遵守收益份额和风险分担原则，还需要加强政府监管，这样才能有效地促进国家储备林的有序建设。

(5) 国家储备林建设 PPP 项目实操分析　国家储备林建设项目属于准经营性项目，不仅是公益性项目，同时也存在木材销售、果品销售、生态旅游等收益，结合国家 PPP 的政策及国家储备林建设项目 PPP 一般操作模式，普遍采用 PPP 模式中的 BOT 或 BOOT 运作方式，即社会资本与政府出资代表共同成立项目公司，政府授权项目公司负责项目的投资、建设、运营维护，合作期满后，项目公司将项目资产无偿转让给项目公司。但每个项目均有各个项目的关注要点，针对不同的关注要点，下面将对国家储备林建设 PPP 项目实操过程中遇到的重点难点进行简要分析。

项目用地。国家储备林建设项目用地根据现有林木生长情况及用途，主要分为有林地、疏林地、灌木林地、未成林地、苗圃地、无立木林地、宜林地、林业辅助生产林地，主要归属于国有和集体所有。项目建设所需用地中，归属于国有土地由政府划拨给项目实施机构，无偿提供给项目公司使用。项目建设用地归属于集体所有的，项目用地使用权的获得涉及的主体较多，可能包括农村集体、当地农业公司、农业专业合作社等，须根据《中华人民共和国农村土地承包法》《国务院办公厅关于完善集体林权制度的意见》（国办发〔2016〕83 号）《国家林业局关于加快培育新型林业经营主体的指导意见》（林改发〔2017〕77 号）等有关法律和政策，在地方政府的协调下，由项目公司与土地所有权人（经营权人）协商拟纳入本项目建设的土地租赁流转事宜。此种方式，建设期的土地租赁费计入总投资，运营期的土地租赁费用计入运营成本。

资产所有权的归属和林木所有权（使用权）的归属。目前，绝大部分 PPP 项目中均设置资产所有权归属政府，但储备林项目建设运营期间，项目公司须采伐并销售林木获得一定使用者收入，同时也可能会将林木的所有权（或使用权）、林地的使用权，作为抵押物向金融机构借款，储备林建设项目资产权属不能盲目采用一刀切模式，可以通过两种方式解决：一种是采用 BOOT 模式运作，将项目合作期间形成的资产所有权归属于项目公司；一种是在资产所有权设置时应考虑不同性质资产的权属，如通过栽培和赎买的林木所有权（或使用权）归属于项目公司，但须约定社会资本方不得擅自将项目的资产进行处置或者抵押，需经过所在地政府方同意。

除此之外，若项目公司欲通过办理林权抵押贷款筹集本项目的融资资金，《关于林权抵押贷款的实施意见》（银监发［2013］32 号）提到，可抵押林权具体包括用材林、经济林、薪炭林的林木所有权和使用权及相应林地使用权等。林木所有权和使用权抵押时，相应林地使用权须同时抵押，项目公司应根据《中华人民共和国森林法实施条例》、《林木和林地权属登记管理办法》的约定及时向所在地的县级人民政府林业主管部门提出登记申请，由该县级人民政府登记造册，核发证书办理林木所有权、林木使用权、林地使用权等。

国家储备林项目“市带县”整体操作方式。本文中国家储备林项目“市带县”整体操作是指市级（包括下属市、县、区）的储备林项目整体打包运作，大部分主要以如下两种方式进行运作。

*方式一：两级项目公司操作模式。*社会资本方通过法定程序竞得项目后，市本级层面由中选社会资本方与市本级政府出资代表合资设立具有法人资格的项目公司实施市本级范围内的储备林项目。市本级设立项目公司（作为大股东）在下属市、县、区各地设立项目若干子公司，分别实施市下属市、县、区的各子项目，下属市县区各子项目地指定国有出资主体参股各项目子公司。此种模式下的 PPP 项目合同架构一般设置为市本级实施机构与市本级项目公司签署《PPP 项目合同》，下属市、县、区实施机构与各属地子项目公司分别签署《PPP 项目子合同》。项目合作期间，由项目公司直接对

接各子项目属地政府部门，对项目公司而言，协调工作较为繁琐。

方式二：组建一个项目公司，项目整体运作。社会资本方通过法定程序竞得此项目后，由中选社会资本方与政府出资代表组建项目公司整体实施市级（包括下属市、县、区）储备林项目。其中，政府出资代表的指派有可能存在两种情况，一是指派市本级的平台公司作为政府出资代表，二是市本级、下属各市县区各指派各自的平台公司，作为政府出资代表联合体。此种模式下的PPP项目合同架构一般设置为项目公司仅与市本级实施机构签署《PPP项目合同》。项目合作期间，项目公司直接对接市本级政府部门，由市本级实施机构、市财政部门协调各属地政府完成项目的监管工作，汇集各属地政府须承担的财政支出份额等。

上述两种操作方式下，在项目识别与准备阶段，均须由市本级人民政府、实施机构、财政等部门协调下属市、县、区政府相关部门配合完成项目识别准备工作，按照项目投资额或某种形式将整体项目的财政支出责任分解至市本级、下属市县区各地财政，由下属市、县、区财政部门出具财政承受能力论证意见，由下属市、县、区人民政府批复项目实施方案中各子项目对应部分，并将财政支出责任列入下属市、县、区人大预算。

不同点在于：采用方式一的操作模式时，由市本级、下属市县区承担各自属地范围内的项目财政支出责任，各属地个子项目可作为独立子项目单独纳入财政部PPP综合信息平台；采用方式二的操作模式时，由市本级政府财政对外承担本项目的全部支出责任（对内将支出责任分解至各属地），且项目须整体纳入财政部PPP综合信息平台，原则上项目财政支出责任整体应由市本级财政承担。考虑到整体运作项目投资额较大，突破市本级10%的财政支出红线的可能性非常大，建议财政部PPP综合信息平台增加申报入库时能将市级整体操作项目的财政支出责任分解至各属地财政等相关功能。

建设期贴息的处理方式。根据《林业改革发展资金管理办法》中明确提到的储备林适用的林业贷款贴息，对贴息年度（上一年度1月1日至12月31日）之内存续并正常付息的林业贷款，按实际贷款期限计算贴息。中央财政安排一定的补助资金，省级财政部门会同林业主管部门应当根据本省林业贷款实际情况，明确具体的贴息规模、贴息计算和拨付方式。可见，国家储备林项目于建设期第二年可获得一定额度的贷款贴息，具体到位的贴息资金和贴息时间由中央财政安排、省级财政部门会同林业主管部门的上报和拨付决定，意味着贷款贴息的金额和到位具体时间不确定。笔者根据目前接触的储备林项目对建设期贴息的处理方式归纳为以下三种：

方式一：根据项目贷款额度及（财农〔2016〕196号）中约定的计算方式计算项目可能获得的贷款贴息，将可能获得贷款贴息安排到每年项目建设资金使用计划与资金筹措中（即项目建设资金来源主要包括项目资本金、项目融资资金、贷款贴息资金）。

方式二：项目竣工验收结束后，整体核算建设期实际到位的贷款贴息，用以抵减竣工决算的总投资，整体调整各年度可用性服务费。

方式三：项目竣工验收结束后，整体核算建设期实际到位的贷款贴息，用以抵减后续运营期的可行性缺口补助。

通过对上述三种方式的比较，笔者认为由于建设期贴息到位时间和具体金额存在不确定性，方式一的处理方式可能会造成建设期间项目建设资金不足，需要通过其他融资渠道补助资金不足的部分，增加项目建设资金成本。方式二、方式三的处理方式均需考虑建设期间贷款贴息到位时间和贷款贴息到位后的时间价值。除此之外，储备林项目贷款的宽限期最长可达 8 年，建设期贷款贴息的到位是否影响宽限期的长短，建议市场测试阶段向金融机构征求建设期贷款贴息到位与宽限期长短的解决方式。

建设期林木销售收入的处理方式。考虑到项目建设期收购的林木于建设期可进行采伐销售，笔者根据目前接触的储备林项目对建设期林木销售收入的处理方式归纳为以下两种：

方式一：建设期林木销售收入归属政府所有，相应产生的运营成本于当年据实结算，由政府在当年核算后支付。

方式二：建设期林木销售收入归属项目公司，用以弥补建设期的运营成本，销售收入超过运营成本部分资金用以抵减项目建设成本。

方式一、方式二的处理方式均应结合项目的实际情况和项目的实际收益率来合理确定是否给予建设期运营成本相应的合理利润。若建设期获得使用者收费收入，亦会影响贷款宽限期的长短。若建设期有使用者收入，原则上当年应开始偿还贷款，但国家开发银行也给予了一种解决方式，即将建设期销售收入超过运营成本部分资金全部放到贷款风险准备金资金池中，于运营期可用此部分资金偿还贷款。

超额收益分享机制。考虑到不同林木的生长周期不一致，林木采伐销售收入各年度差异亦较大。项目合作期间，部分年份的使用者付费收入会大于可用性服务费和运营维护服务费之和，此时项目存在超额收益，通过对管理库中储备林项目的梳理，将储备林建设项目的超额收益分享机制归纳为以下三种方式：

方式一：超额收益均归政府所有。若未来使用者付费收入超出按照中标社会资本方所报费用计算指标测算出的可用性服务费和运营维护费的部分，由项目公司将该部分收入直接返还所属政府。

方式二：超额收益均归项目公司所有。即方案中不考虑超额收益分享机制。

方式三：超额收益双方共同分享。当未来使用者付费收入超过按照中标社会资本方所报费用计算指标测算出的可用性服务费和运营维护费的部分，按照超额累进制设置不同的政府与项目公司分享比例。

上述三种方式中，笔者认为方式三更为合理。考虑到大部分方案中的使用者付费收入数据均参考可行性研究报告中的数据，可研报告通常为了确保项目的经济可行性过于乐观预测项目的营业收入，笔者接触过的绝大部分储备林项目可研报告中的林木销售收入预测也不例外。过于乐观的使用者付费收入数据会让决策者低估项目未来的实际支出责任，导致所有实施项目的实际支出责任远超过财承红线。为了确保储备林项目未来年度的财政支出责任能在财承范围之内，方案中可以设置使用者付费基准值为可研报告中预测的一定百分比，当各年度实际的使用者付费高于可研报告中使用者付费收入的一定百分比，超额部分可以超额收益分享。

(6) 国家储备林 PPP 模式典型案例　截至 2018 年 7 月 31 日，财政部 PPP 项目综合信息平台管理库中国家储备林建设项目共 8 个，其中福建省南平市、湖北省襄阳市的两个储备林项目入选财政部第四批示范项。

福建南平储备林PPP模式案例

南平项目是我国林业首个落地的PPP项目，也是继广西项目后，承诺贷款规模(170亿元)最大的市级项目。国家开发银行有关专家表示，南平项目首次采用"以存量促增量"的现金流建设方案，以存量林木资源现金流弥补新增造林的现金流缺口，实现稳定的项目还款现金流。首次构建了"市带县"的PPP统贷融资体系，由市级部门统筹协调，为政府与社会资本合作搭建统一合作框架，由县级部门负责具体实施，极大地提高了项目推进效率。南平项目在合法合规前提下仅用3个月时间就完成了PPP全部流程，还首次摸索出PPP项目高效快速推动的时间表和路线图。

(1)项目建设内容

本项目将在南平市10个县(市、区)建设高品质国家储备林基地469万亩，总投资215亿元，开发银行提供中长期贷款170亿元，贷款期限25年，含宽限期8年。

项目遭遇政策瓶颈。2017年5月28日出台的《关于坚决制止地方以政府购买服务名义违法违规融资的通知》，政府购买服务模式实现政府增信和构建信用结构的方式不再符合当前政策形势。

项目主要树种比较单一。杉木主伐年龄26年，马尾松主伐年龄31年，一般阔叶树、珍贵落叶树主伐年龄41年，在还款期内难以形成现金流。

项目建设地较为分散。国家储备林基地469万亩，分布在南平市10个县。

(2)解决方案

构建"市带县"PPP统贷合同体系。南平市林业局作为项目实施机构统筹协调各个县，与项目公司签订PPP项目合同，为政府与社会资本合作搭建统一合作框架，提高了推动效率；各县林业局作为具体项目实施机构与项目公司签订PPP项目子合同，把责任落实到县、落实到具体单位，提高了可操作性。

(3)构建"市带县"PPP统贷合同体系

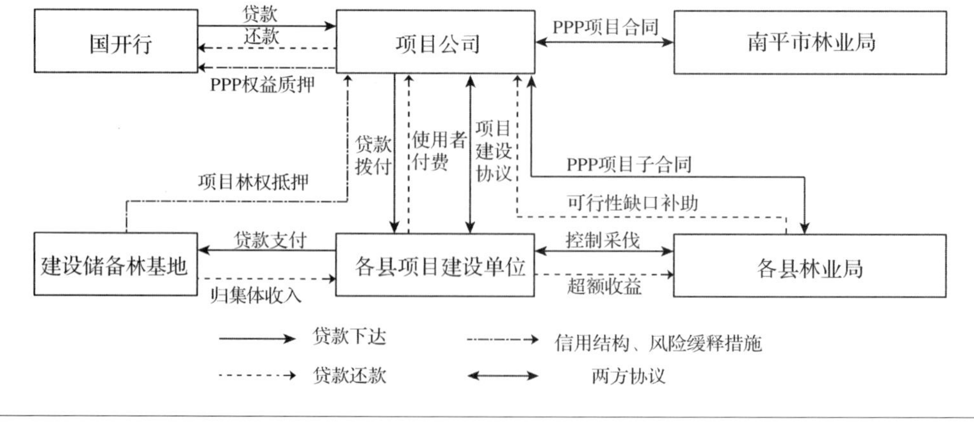

（4）PPP 流程重点事项

一是明确南平市政府授权南平市林业局作为项目实施机构，统一组织 PPP 项目有关招投标程序。

二是审议通过项目整体实施方案和物有所值评估。

三是明确 10 个县（市、区）政府有关部门作为所在县域内具体项目实施机构，对各县项目进行研究，确定各县对项目的可行性缺口补助方案，按县批复财政可承受能力论证。

四是明确由南平市林业局与中标社会资本方签订 PPP 项目合同，并由各县林业局与中标社会资本方签订 PPP 项目子合同，按县落实有关权利义务。

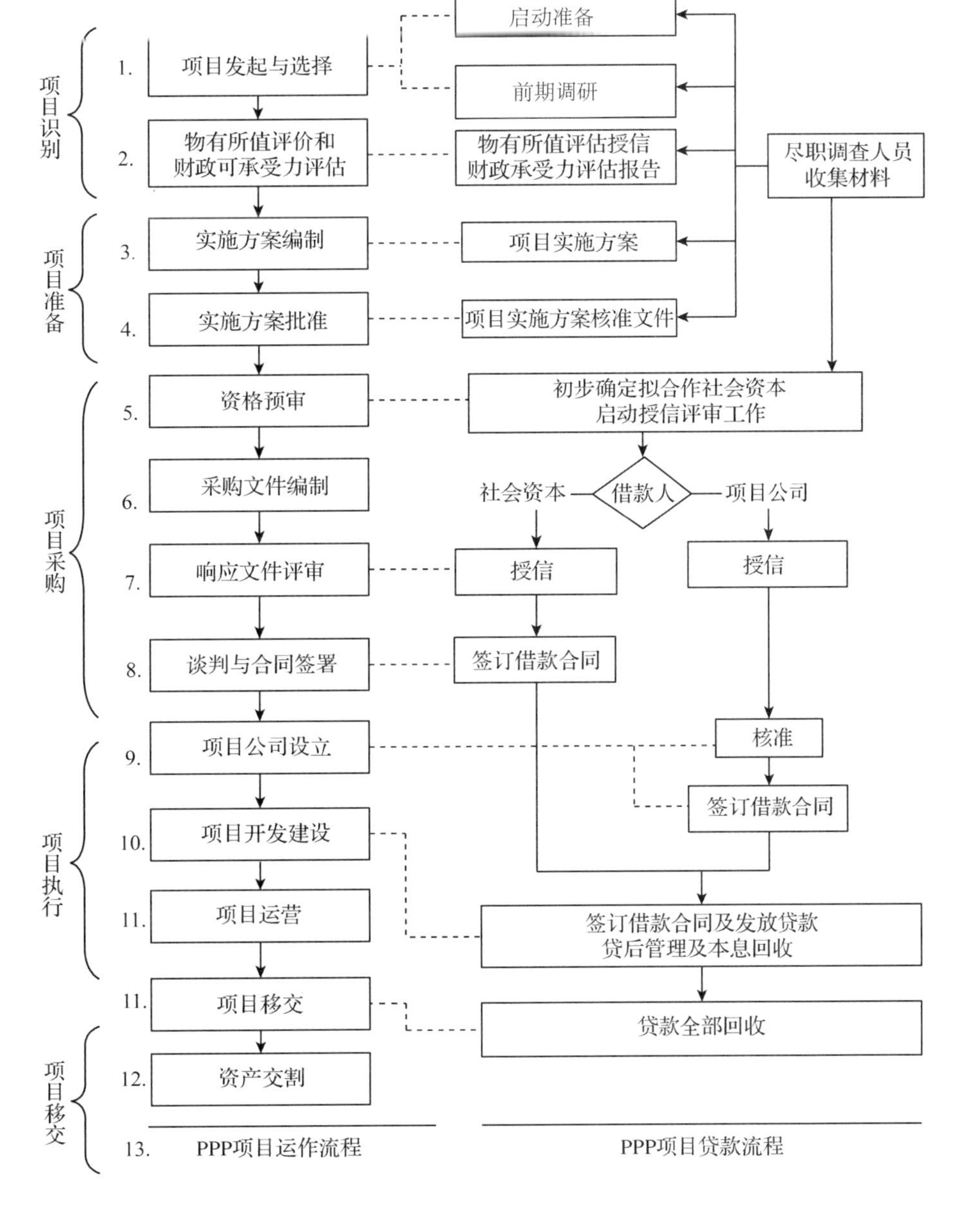

3. 总结

综合来看，PPP 模式对于国家储备林建设来说，无论是在资金保障方面，还是规范运行方面，都具有较为显著的优势。《国家储备林建设规划(2018—2035 年)》明确，到2035 年，建设国家储备林2000 万公顷，国家储备林未来建设规模可期，在国家鼓励生态环保、继续实施积极财政以及 PPP 政策利好的形势下，相信国家储备林建设 PPP 项目会全面开花。

国家环境保护政策走向与林业产业发展

改革开放以来，我国环境政策体系建设取得了重大进展，目前已经基本建立起包括管制型环境政策、环境经济政策、公众参与和自愿政策在内的环境政策体系，这对我国环境保护工作的顺利开展起到了重要作用。由于我国经济制度的内生惯性，管制型政策一直是我国环境政策体系的“主角”，主要依靠法律法规、标准以及行政命令控制来实施。我国先后制定了9部环境保护法律、15部自然资源保护法律、50余项环境保护行政法规、500多项国家环境标准，不少环境政策已经制度化，已经形成了环境目标责任制、环境影响评价等八项环境管理制度。由于经济发展和环境保护的关系日益密切，环境经济政策越来越得到重视，环境信息公开和自愿协议政策的作用也逐步增大。

一、“十三五”时期我国环境保护形势与政策方向

1.“十三五”时期我国环境保护形势

进入21世纪以来，全球环保产业开始步入快速发展阶段，逐渐成为支撑产业经济效益增长的重要力量，并正在成为许多国家革新和调整产业结构的重要目标和关键。美国、日本和欧盟的环保产业成为全球环保市场的主要力量。我国环保产业总体规模迅速扩大，产业领域不断拓展，环保产值规模已超过10000亿元。《国务院关于加快培育和发展战略性新兴产业的决定》将节能环保产业位列七大战略性新兴产业之首。作为国民经济发展的新增长点，环保产业被国家寄予厚望，并提出到2020年成为国民经济的支柱产业。

“十三五”时期将是我国发展转型的重要机遇期，我国不仅需要保持经济持续增长，全面建成小康社会，解决社会深层次矛盾，改善生态环境质量，跨越“中等收入陷阱”，同时也是全面深化改革，在重要领域和关键环节取得决定性成果的关键时期。特别在环境领域，随着《中共中央关于制定国民经济和社会发展第十三个五年规划的建议》将

生态环境质量总体改善明确为全面建成小康社会总体目标的关键内容，提出了绿色发展的总体方向，环境保护也迎来了重大转型和改善机遇。

党的十八大提出了“建设美丽中国，实现中华民族永续发展”的生态文明建设目标，并提出要“全面落实经济建设、政治建设、文化建设、社会建设、生态文明建设五位一体总体布局”，将生态文明与经济、政治、社会建设并列同样的地位，并上升到前所未有的高度。随着十八大以来生态文明制度建设的发展，自上而下加强环境保护的政治意愿不断强化。以 2015 年新《环境保护法》的实施和《生态文明制度改革总体方案》出台为重要标志，包括“环境治理体系”在内的生态文明制度建设将进入重要“攻坚期”。

“十三五”时期我国环境保护面临四个特殊的外部形势：一是“十三五”是全面建成小康社会前的最后一个五年规划时期；二是环境质量可能是全面小康指标中差距最大、最难实现的指标；三是我国经济发展进入增速下降和环境承载力达到或接近上限的新常态；四是主要领域的改革要取得决定性成果。

在“十一五”时期、“十二五”时期强势减排政策推动下，我国主要污染物排放开始进入转折期。数据显示，部分常规污染物已达到峰值并进入下降通道。相关研究预判部分非常规污染物，包括挥发性有机物、氨以及农业源水污染物等，有望在未来 5 ~ 10 年左右达到高峰。2013 年，中国人均 GDP 达 6959 美元，按照世界银行的标准，中国已进入上中等收入国家行列。随着经济不断发展，人均收入水平进一步提高，公众对环境污染、环境质量的关注度将持续提高。从发达市场经济国家发展历程看，随着经济社会发展水平的提高，环境监管的严格程度呈提高的态势。相关研究也表明，从 20 世纪 90 年代末以来，中国环境监管的严格程度总体上是提高的，并且呈不断改进的趋势。但是，由于公众对良好环境质量的诉求日益强烈，而环境质量显著改善需要较长时间，因此可以预见，“十三五”期间主要污染物排放量仍将远远高于环境容量，环境承载力仍处于严重超载期，公众对环境质量改善的急迫诉求与环境质量根本性改善的长期性之间的矛盾将凸现，有时将会非常尖锐。

这些形势都决定了“十三五”时期中国不仅需要满足公众对良好环境质量的需求，还要以更加有限的环境承载力支撑更高、更大的经济发展，应该对现有的环保工作体系和工作方式进行深刻的改革，形成更加有效的环境保护总体布局。

2.“十三五”时期我国环境保护面临的问题

(1)环境污染问题突出

“十三五”时期是环境保护重要的战略机遇期。总的来说，我国当前的大气、水体、土壤环境质量状况距离总体改善的目标仍有很大差距，生态系统功能依然十分脆弱。“十三五”期间，我国的主要污染物排放总量仍将处于高位，环境承载力仍将处于严重超载期，经济增长带来的环境保护压力仍然很大，化工产业结构和布局不合理带来的风险隐患严重威胁公众健康与环境安全。

有资料显示，我国的淮河、海河、辽河、太湖、巢湖、滇池等重点流域和区域的治理任务只完成计划目标的 60% 左右，许多河流的水生态功能严重失调；而我国的大中城市的水污染相比严重的缺水还不算什么，很多城市的饮用水源地水质达不到Ⅲ类标准；在我国广大的农村地区，由于农民滥用药物，农村环境问题突出，土壤污染日趋严重，一些重要的生态功能区生态功能退化。工业化发展过程中所带来的危害已十分突出，汽车尾气、工业上的三废排放、农药有机污染物的污染持续增加。在发达国家发展过程中分阶段出现的环境污染问题，在我国已集中出现，因此我国的环境污染问题已十分突出。

(2)环境管理工作滞后

环境污染是在发展经济的过程中出现的问题，而且往往与管理者的思想有关，人们只注重由发展所带来的经济利益，而忽视了对环境的保护。很多地方对环境保护认识不到位，尤其是一些地方政府的领导，只注重自己在位时的政绩，而不重视环境保护，同时，我国当前的环境保护的法规、制度、工作与任务要求不相适应，环境保护法制不够健全，在一些地方甚至出现有法不依、执法不严的现象。即使在发展的过程中出现了环境污染问题，在进行治理时，也是资金不到位，进程缓慢，又缺乏相应的监督机制，环境管理部门形同虚设，不能与当前保护环境的紧迫性相适应，环境管理工作严重滞后。

(3)“底线约束”为主的环境管理模式亟待创新

难以有效激励创新、促进市场主体主动持续改进环境绩效。我国环境管理的激励机制是“惩罚到位，奖励不足”。首先，现有环境管理政策体系无法对环保先进者给予充分肯定和实质性奖励。我国环境管理中诸如环境影响评价、“三同时”、限期治理、总量控制、环评限批等，以限制为主的行政命令式手段多、效力强，而经济手段、信息手段等有助于协助形成节能减排长效机制与自发约束的政策手段少且发育不足，市场机制在污染防治、生态保护和资源配置中的基础性作用没有得到充分发挥。另外，各项具体政策机制的设计理念相对滞后，导致管理主体与被管理对象呈现对立而非协作共赢，环保先进者在市场竞争中无法获得相对有利地位。其次，现有环境监管与执法的局限性，使得环保良币无法正常驱逐劣币，也进一步制约了市场主体环保创新与投入的主动性。鉴于环境监管与执法覆盖面与有效性的制约，部分企业减少治理投入、长期环保不达标。

3.“十三五”时期我国环境保护政策方向

在经济新常态背景下，我国正面临着由环境污染临界状态走向环境质量总体改善转折点的重要窗口机遇。我国政府紧抓“十三五”这一机遇期，加快推动经济社会绿色转型和环境质量改善的进程。

(1)坚持“绿色化”引领

在当前经济下行压力下，在经济增速换挡过程中不但不能放松绿色化的要求，反而要更加坚定、长期地将绿色化目标作为推动经济社会转型的驱动力。将对环境要素的考虑贯穿于“十三五”规划的经济社会发展领域，构建经济、社会和环境并行的政策体系，实现经济、社会与环境政策体系的有效衔接；在规划中明确产业发展、城镇化、科技创新、民生改善、社会治理和文化建设等领域“绿色化”的具体衡量指标和必要的约束性目标，促使相关部门制订实施相应行动计划以实现目标；在改革主要污染物总量控制约束性指标的基础上，将大气和水污染防治行动计划及土壤领域确定的环境质量目标转化为“十三五”规划的环境保护约束性指标，以环境质量指标为龙头带动和部署环境保护行动。约束性指标设置要针对不同区域，体现出差异化，增强可行性。

(2)深化环境保护的基础制度改革

完善环境保护的预防体系，通过划定生态红线、严格环境准入、实施战略环评和重大项目(政策)社会风险评估、完善环境标准以及资源能源总量与强度双控制度等措施，推动空间布局和产业结构优化。改革环境保护的管理制度，包括完善覆盖所有固定污染源的企业排放许可制度，建立符合生态文明建设要求的环境保护目标体系、统计体系和评价考核制度，改革环境影响评价制度，建立环境健康风险评估、监测和防控制度体系，建立地方领导干部自然资源资产离任审计制度，探索企业生态环境损害赔偿制度等，形成有效衔接、运行顺畅、简便高效的环境保护管理制度体系。

(3)大幅提升环境治理能力，加强监管手段有效性

在当前生态文明体制改革框架下，着力强化生态环境保护法律法规和制度政策的落实与执行，全面提升环境治理能力。强化中央层面生态环境保护的统筹，增强中央各部门之间的协调，制订一致的行动计划，推动政策在地方层面落地；加强对地方政府环保履职的监管，特别注重将地方政府及其相关部门履行环境保护法律法规职责作为监管的重要对象；加强地方监管执法能力，建立生态环境保护法规政策决策和执行过程的数据监测、搜集和汇报反馈机制，对法规政策的实施进行监督；更多地运用司法手段解决环境纠纷，全面实施行政执法与刑事司法联动，探索建立独立的环境刑事调查队伍，增加环境法庭数量；开展提升全民环境法律意识的教育和行动，引导社会组织监督和推动环境保护执法；减少各级政府对自然资源的直接配置和不合理干预，善于运用绿色金融、资源有偿使用和第三方治理等市场机制和手段，充分发挥市场手段的激励作用，以较低的成本、更高的效率保护生态环境。改革排污许可制度，落实排放标准，明确污染源许可排放限制条件，细化污染源运行操作限制的要求，对污染源运行过程中相关污染物排放行为进行规范。实施环境保护领跑者制度，建立企业领跑者制度，对能效、排污强度达到更高标准的先进企业给予鼓励，动态提升绩效，改善环境质量。

(4)建立区域环境协同治理和多污染物协同控制机制

区域性污染是当前环境问题的一个重要特征，同一区域内环境污染存在着显著的“联动效应”和相互输送关系。因此，要建立污染防治区域联动机制，实行统一规划、统一标准、统一环评、统一监测、统一执法，提高环境治理的整体性和有效性。构建和完善区域生态补偿机制，对生态资源输出方及生态治理牺牲方进行合理补偿，确保区域内生态治理动力的持续性。针对挥发性有机物、臭氧等新型污染物和传统污染物排放造成的复合污染问题，一方面需要扩大污染物总量控制范围，逐渐将这些新型污染物列入约束性指标，同时加强这些污染物排放的源头防控，包括严控机动车尾气超标排放、加强化工等行业的污染治理等；另一方面需要加大对新型污染物的监测力度，及时披露相关信息，积极防范新型污染物风险。

(5)创新“绿色化”政策工具

创新绿色城市发展政策，在新型城镇化进程中提高绿色建筑标准，制定针对绿色基础设施建设的财政激励措施，实施鼓励房地产开发商建设绿色建筑和消费者购买绿

色住宅的融资与信贷政策；全面实施绿色采购政策，发挥政府和国有企业绿色采购对绿色产品消费和绿色产业发展的拉动作用，在“十三五”规划中设定绿色采购的指标和目标，并制定相应的财政激励措施；加快金融体系绿色化进程，通过绿色金融政策和监管措施，以及绿色债券等新资产类别和金融市场的建立，引导金融机构加强对环境保护的融资和对其他领域的绿色投资，减少对环境造成损害的相关投资。引导投资生态资本，增加绿色财富。

（6）实施重大绿色化行动

在严格执行新环境保护法，全面落实大气、水和土壤污染防治行动计划的基础上，进一步推动实施一系列重大绿色化行动。研究制定到2030年的生态环境保护中长期战略，超前分析研判我国未来环境形势与问题，构建中长期的生态环境保护制度和政策框架，提高生态环境保护管理的系统化、科学化和专业化水平，实现科学决策、系统治污、精细管理和精准发力；实施“智慧环保”重大工程，利用大数据、互联网、物联网、“3S”（遥感技术、地理信息系统和全球定位系统）和云计算等智能技术建立全国性的环境大数据网络。用大数据创新环境管理，建设智能化环境监管平台，形成“天地一体化”的环境监测与预警信息系统；制订实施国家生态创新行动计划，借鉴欧盟的经验做法，在创新驱动发展战略下制定实施以产业和企业为主体，以环境保护技术创新为核心，对产业和企业进行生态化改造的生态创新行动计划；将生态文明建设理念纳入海外投资、贸易以及南南合作进程中。汲取欧美的教训，避免将污染产业向全球转移，推动建立绿色供应链体系。通过亚洲基础设施投资银行、金砖银行等金融机构，推动实施一系列绿色金融、投资和贸易措施。

不可否认，我国的经济增长速度在近20年的时间内发生了翻天覆地的变化，可以和发达国家上百年的工业化过程相比较，但同时环境污染和生态破坏也应运而生，势态十分突出，已经到了影响我国经济发展和人民健康生活的地步。因此，为实现经济增长和可持续发展，我国在科学发展观的基础上，加强环境保护势在必行。

二、我国林业产业环境保护现状

1. 林业生态环境保护的重要性

在我国生态建设中，林业资源作为其中重要的主体，不仅作为巨大的生态循环系统，而且林业产品中绝大多数都属于可再生的绿色能源，具有非常好的节能减排作用。林业生态系统不仅能够防风固沙、涵养水源、保护水土、美化环境，而且还能够调节气候、净化空气及促进人类健康等，具有不可替代性。特别是森林占地面积较大，而且具有较厚的覆盖层，叶面积总和较大，能够制造数量庞大的有机物质。天然林在自然条件下不断演替发展，具有丰富的物种和生态效率，具有旺盛的自然生长力及生长速度，林业生态系统是功能最完善及产量最大的生物库和储存库，是人类赖以生存的基础，因此需要努力提高人们的林业生态环境保护意识，实现对林业资源的有效保护。

据调查，我国水土流失面积356万平方公里，沙化土地面积174万平方公里，90%以上的天然草原退化，森林面积和蓄积量持续增长，但森林资源总量不足，林地流失依然严峻，生态功能不足；90%以上的天然草原退化，每年增加退化草地200万公顷；10%～15%的高等植物物种处于濒危状态，物种资源流失严重，有害外来物种入侵每年造成1200亿元经济损失。

林业生态保护和建设问题已成为可持续发展的重中之重，在当前林业生态环境保护和建设工作中，由于受制于综合国力、生活、生态环境破坏及政治文化发展等诸因素的制约，我国林业生态环境保护和建设受到了一定的影响。因此需要社会因地制宜运用有效的措施，加快推动林业生态环境保护，充分发挥林业的重要作用，为我国经济的健康、有序发展奠定良好的基础。

在林业生态环境中，森林资源作为重要的资源，属于林业经济的重要组成部分，因此需要做好森林资源环境保护工作，这对于实现林业经济的健康发展具有非常重要意义。当前我国森林资源破坏较为严重，无论是生产力还是效益功能都呈现出下降趋势，因此需要做好林业资源的恢复和发展工作，加快完善林业资源建设功能，发展特色林业产业，加快推动林业经济向多元化的方向发展。

2. 我国林业产业环境保护现状

在林业产业的发展过程中由于加工方式不同，大多数产品的生产过程中会产生不同程度、不同性质的污染物，如空气污染、水污染、废渣污染及噪声污染等。尤其在以木材及其废弃物为主要原料通过化学药剂处理或机械加工方式制成木制品的人造板工业中，排放的污染物种类、数量及其组成取决于其使用的原料、生产规模、生产工艺和生产管理状况等因素。

针对人造板工业的特点以及产生污染物的类型，国家环境保护总局2006年出台了《清洁生产标准人造板行业(中密度纤维板)》，并于2007年2月1日起实施。该标准从资源能源利用指标、产品指标、污染物产生指标(末端处理前)、废物回收利用指标和环境管理要求等方面采集数据进行评价，并给出人造板行业(中密度纤维板)生产过程清洁生产水平的三级技术指标，分别为一级(国际清洁生产先进水平)、二级(国内清洁生产先进水平)和三级(国内清洁生产基本水平)。本标准用具体的指标要求和等级评定来推动中密度纤维板企业清洁生产的自律实施。2013年11月12日国家林业局提出了《人造板工业清洁生产评价指标体系》，并于2014年4月11日起实施。该标准根据清洁生产最终实现的目标和具体实施内容，提出由评价领域和评价项目构成的评价体系、评价方法和定量评价指标计算方法等，最终根据综合评价指数值将评价等级分为国际先进水平、国内先进水平、国内一般水平和较差水平四个等级。同期，国家林业局提出了《人造板工业清洁生产技术要求》，该标准规定了人造板工业生产工艺和装备要求、木材和能源利用指标、污染物产生与排放指标、资源综合利用指标、生产环境与安全卫生指标等。另外，说明了数据采集和计算的方法，从人造板生产的全过程进行控制和指导。

目前林业产业的生产企业越来越重视清洁生产，采取了多种方法来减少或消除生产过程中污染物的产生。生产企业不断改进设计、使用清洁的能源和原料、采用先进的工艺技术与设备、改善管理、综合利用等措施，从源头削减污染，提高资源利用效率，减少或者避免生产、服务和产品使用过程中污染物的产生和排放，以减轻或者消除对环境和人类健康的危害，努力践行清洁生产。

为促使经济增长与环境保护相协调，近年来，我国不断提高环保标准，日常监管也日益严格。未来环保政策体系将逐步重置，我国林业产业作为资源消耗型产业，发展格局必将大受影响。

3. 我国林业产业环保政策热点

(1)清洁生产审核办法

《国民经济与社会发展第十三个五年规划》中指出，未来五年中国计划实施100个重大工程及项目，其中第82项为“工业污染源全面达标排放”。在这个背景下，为落实《中华人民共和国清洁生产促进法》(2012年)，进一步规范清洁生产审核程序，更好地指导地方和企业开展清洁生产审核，修订了《清洁生产审核暂行办法》。2016年5月16日修订后的《清洁生产审核办法》(国家发展和改革委员会、原国家环境保护总局第38号令)正式发布，并于2016年7月1日起正式实施。2004年8月16日颁布的《清洁生产审核暂行办法》(国家发展和改革委员会、原国家环境保护总局第16号令)同时废止。

《清洁生产审核办法》指出，清洁生产审核应当以企业为主体，遵循企业自愿审核与国家强制审核相结合、企业自主审核与外部协助审核相结合的原则，因地制宜、有序开展、注重实效。国家鼓励企业自愿开展清洁生产审核。但有下列三种情形之一的企业，应当实施强制性清洁生产审核。一是污染物排放超过国家或者地方规定的排放标准，或者虽未超过国家或者地方规定的排放标准，但超过重点污染物排放总量控制指标的；二是超过单位产品能源消耗限额标准构成高耗能的；三是使用有毒有害原料进行生产或者在生产中排放有毒有害物质的。各省级环境保护主管部门、节能主管部门分别汇总提出应当实施强制性清洁生产审核的企业名单，在官方网站或采取其他便于公众知晓的方式分期分批发布。实施强制性清洁生产审核的企业，应当在名单公布后一个月内，在当地主要媒体、企业官方网站或采取其他便于公众知晓的方式公布企业相关信息，并对于成效显著或违反相关规定的企业给予奖励或处罚。

清洁生产要求从产品设计开始，到选择原料、工艺路线和设备以及废物利用、运行管理的各个环节，通过不断地加强管理和技术进步，提高资源利用率，减少乃至消除污染物的产生。企业管理水平的高低与清洁生产水平的高低有着十分密切的联系，中国人造板清洁生产审核工作一直未能得以广泛深入实施，大多还处于被动审核状态，对清洁生产的管理工作还没引起足够的重视。人造板生产企业应不断采取改进设计、使用清洁的能源和原料、采用先进的工艺技术与设备、改善管理、综合利用等措施，从源头削减污染，提高资源利用效率，减少或者避免生产、服务和产品使用过程中污染物的产生和排放，以减轻或者消除对人类健康和环境的危害。

(2)环境保护综合名录

环境保护综合名录是环境经济政策的一部分，是在工业领域支撑环境经济政策的基础性的工作之一。2011年，国务院印发《关于加强环境保护重点工作的意见》(国发[2011]35号)和《国家环境保护“十二五”规划》(国发[2011]42号)，明确要求“制定和完善环境保护综合名录”，为国家有关部门制定和调整相关产业、税收、贸易、信贷等政策提供环保依据。2007年以来，环境保护部开展环境保护综合名录编制工作，2014

年 11 月 19 日发布了《环境保护综合名录（2014 年版）》，胶合板、纤维板及刨花板被整体列入“高污染、高环境风险”产品目录。2015 年 6 月，财政部、国家税务总局联合发布了《关于印发 <资源综合利用产品和劳务增值税优惠目录> 的通知》（财税〔2015〕78 号），规定凡列入环境保护部《环境保护综合名录》中“高污染、高环境风险”产品或者重污染工艺，不予享受退税政策。该政策对我国人造板产业造成重大影响。

（3）高污染燃料

2013 年 9 月国务院印发《大气污染防治行动计划》，加强工业企业大气污染综合治理，全面整治燃煤小锅炉。加快推进集中供热、“煤改气”、“煤改电”工程建设，到 2017 年，除必要保留的以外，地级及以上城市建成区基本淘汰每小时 10 蒸吨及以下的燃煤锅炉，禁止新建每小时 20 蒸吨以下的燃煤锅炉；其他地区原则上不再新建每小时 10 蒸吨以下的燃煤锅炉。在供热供气管网不能覆盖的地区，改用电、新能源或洁净煤，推广应用高效节能环保型锅炉。在化工、造纸、印染、制革、制药等产业集聚区，通过集中建设热电联产机组逐步淘汰分散燃煤锅炉。鼓励扩大城市高污染燃料禁燃区范围，逐步由城市建成区扩展到近郊。

三、我国林业产业环境保护工作对接

1. 环境保护税工作对接

2016 年 12 月，第十二届全国人民代表大会常务委员会第二十五次会议表决通过《中华人民共和国环境保护税法》，2018 年 1 月 1 日正式施行。这是中国第一部专门体现“绿色税制”、推进生态文明建设的单行税法。环境保护税法的总体思路是由“费”改“税”，按照“税负平移”原则，实现排污费制度向环保税制度的平稳转移，明确“直接向环境排放应税污染物的企业事业单位和其他生产经营者”为纳税人，确定大气污染物、水污染物、固体废物和噪声为应税污染物，税务部门征收，环保部门配合，确定“企业申报、税务征收、环保监测、信息共享”的税收征管模式。采用计量征收，其中大气污染物三项，水污染物三项或五项。环保税收收入纳入一般公共预算管理，统筹用于保障和改善民生。

对于林业产业而言，环境保护税法的实施将加速推进行业的转型升级，引导行业节约资源、减少能源的消耗和污染物的排放。

2. “双高”工作对接

2015 年 6 月 12 日，财政部、国家税务总局联合发布了《关于印发〈资源综合利用产品和劳务增值税优惠目录〉的通知》（财税〔2015〕78 号），此通知一是将涉林的几个产品增值税退税比率由原定的 80% 降为 70%；二是尽管在退税目录上保留了纤维板、刨花板、细木工板等林业综合利用产品，但受另一条制约，即该文件还规定凡列入环境保护部《环境保护综合名录》中“高污染、高环境风险”产品或者重污染工艺，不予享受退税待遇。环保部 2014 年 11 月 19 日发布了《环境保护综合名录（2014 年版）的函》，因为退税原因才引起我们行业的关注，陆续收到一些地方行业协会和企业反馈情况；环境保护部对环保综合名录实行动态管理，2015 年 12 月，环境保护部在广泛征求并听取了国家林业局、中国林产工业协会、有关地方行业协会和广大企业反馈意见的基础上，正式发布《关于提供环境保护综合名录(2015 年版)的函》(环办函[2015]2139 号)，在 2014 年版名录基础上，人造板产品(纤维板、刨花板、胶合板)由整体列入“高污染、高环境风险”产品目录，调整为符合《中密度纤维板》(GB/T 11718—2009)产品标准的纤维板产品；符合《室内装饰装修材料人造板及其制品中甲醛释放限量》(GB 18580—2017)中甲醛释放限量 E1 标准或《环境标志产品技术要求 人造板及其制品》(HJ 571—2010)标准的刨花板和胶合板产品，不再列入“高污染、高环境风险”产品目录。

《环境保护综合名录(2015 年版)》颁布后，立即得到了广大企业的积极响应，中国林产工业协会随后发布了《关于抓紧做好与国家环保部[2015]2139 号文件对接工作，落实人造板行业增值税优惠政策的意见》(林产协〔2015〕102 号)文件，积极推动行业落实相关政策。但在具体实施中，由于缺乏统一的权威解释，造成如何认定企业生产的纤维板、刨花板等产品是否被列入名录存在歧义，为此中国林产工业协会向税务部门提出采信依据，一是在申请退税时，企业须主动提交相关文件证明产品未列入“高污染、高环境风险”产品目录，文件包括退税申请表、产品检测报告、增值税缴税申报表；二是提交产品符合退税标准声明文件，做好自律承诺，并随时做好接受税务、质检、林业以及行业协会的抽检、检查和监测工作；三是 2015 年退税采信《环境保护综合名录(2015 年版)》。目前，2016 年人造板行业退税政策执行较为顺利，但 2015 年下半年退税因《环境保护综合名录(2015 年版)》颁布时间节点等问题，还存在一定的障碍，只有部分企业获得退税，还需要各方努力，进一步协调和沟通。

总体来看，《环境保护综合名录(2015 年版)》是基于人造板行业现状，整体推进行业环保台阶，分步实施的原则确定的，总体上符合人造板行业实际和产业升级要求，对于提升标准，推动人造板产业供给侧结构性改革，淘汰落后产能起到了积极的作用。下一步，应尽快推动发布与《环境保护综合名录(2015 年版)》接轨的产品环保标准，争取在拟定的新版《环境保护综合名录》中将人造板产品整体从“高污染、高环境风险”目录删除，加大开展行业自律，鼓励企业按更高的标准进行生产，践行行业社会责任。

3. 人造板工业污染物排放标准工作对接

2015 年 10 月 15 日环保部发文征求《人造板工业污染物排放标准(征求意见稿)》征求意见，11 月上旬部分行业单位陆续收到；11 月 16 日《关于召开〈人造板工业污染物排放标准(征求意见稿)〉行业意见座谈会的通知》，邀请政府有关部门、科研、教学、设计、协会和企业代表参加；11 月 20 号之前，组织行业单位回复意见，意见如下：一、国家已经制定了《大气污染物综合排放标准》(GB 16297—1996)、《污水综合排放标准》(GB 8978—1996)以及《锅炉大气污染物排放标准》(GB 13271—2014)等一系列环境保护标准，人造板项目建设完成后须通过环保验收才能正式投产，且在生产过程中要接受环保部门的定期监测，若有必要执行更为严格标准，一定要结合现有技术水平提升，在现行国家环境保护标准限值的基础上适度提高。二、标准征求意见稿现场实测数据和调查数据偏少，采样方法和限值缺乏科学依据，建议选择有代表性的各类企业对污染物排放进一步进行验证试验。三、具体意见：①P12，3. 20 企业边界定义修改为“指人造板工业企业的法定边界，若无法定边界，则指企业的用地红线；②P14 表 3，施胶后干燥颗粒物排放限值修改为60毫克/立方米；甲醛排放限值全部修改为15毫克/立方米；“其它人造板”修改为“表面装饰板”；“车间或生产设施排气筒”修改为“生产设施排气筒”；目前标准还没有发布，通过沟通环保部已经采纳我们意见，但具体指标还未确定。

4. 人造板甲醛释放限量工作对接

由于社会持续高度关注家居环境健康，对家居产品的甲醛释放量超标十分敏感。全国人大委员孙太利持续关注近10年，连续提交议案，2015年又提交《关于加快新国家标准修订，促进人造板产业转型，保障人居环境安全的提案》。

人造板行业唯一产品国家强制性标准为《室内装饰装修材料人造板及其制品中甲醛释放限量》(GB 18580—2001)，标准实施16年间，对中国的人造板工业的发展起到了极大的促进作用，但随着社会的发展，社会各界对人造板及其制品的甲醛释放量提出了更高的要求。在社会的高度关注下，于2005年提出修订申请该标准，2007年正式立项，2012年完成修订。2017年4月22日，国家质检总局、国家标准化管理委员会批准，并由国家林业局正式发布《室内装饰装修材料人造板及其制品中甲醛释放限量》(GB 18580—2017)，并于2018年5月1日起实施。

新颁布的国家标准规定了室内装饰装修用人造板及其制品中甲醛释放限量要求、试验方法、判定规则和检验报告等，适用于纤维板、刨花板、胶合板、细木工板、重组装饰材、单板层积材、集成材、饰面人造板、木质地板、木质墙板、木质门窗等室内用各种类人造板及其制品的甲醛释放限量。新标准规定人造板及其制品中甲醛释放限量值与ISO 16983:《木质人造板刨花板》(2016年)和ISO 16985:《木质人造板干法纤维板》(2016年)规定一致，检测方法采用ISO 12460—1:《人造板甲醛释放量测定第一部分：1立方米气候箱法》(2007年)。与原标准相比，新标准修改了甲醛检测方法及其甲醛释放限量值，规定室内装饰装修材料用人造板及其制品中甲醛释放限量值为0.124毫克/立方米，限量标识为E1，取消了原标准中的干燥器法、穿孔萃取法的甲醛释放限量值，甲醛释放量测定方法统一为1立方米气候箱法。企业可采用气体分析法、干燥器法或穿孔萃取法进行生产控制，建立其与1立方米气候箱法之间的相关性。

新标准实施之后，E2级室内装饰装修用人造板将全面退出市场，推动中国人造板产品新技术研发和新型环保胶黏剂的应用，加快人造板及其制品产业绿色发展和转型升级，促进环保指标进一步与美国CARB标准、EPA标准和日本JAS标准对接。

为了更快谋求与《环境保护综合名录(2016版)》编制工作相衔接，解决我国人造板行业的燃眉之急，2016年12月1日正式发布实施由28家单位参编的协会第一项团体标准《人造板甲醛释放限量》(T/CNFPIA 1001—2016)，同时为了规范“人造板甲醛释放限量等级标识”的使用和监管，制订发布了《中国林产工业协会“人造板甲醛释放限量等级标识”证明商标使用管理规则》，经严格审核、全社会公示等环节，行业60家企业66个产品类别申请并获得授权使用，第三批授权使用工作正在有序开展。2017年2月16日，国家林业局正式发函环境保护部“国家林业局办公室关于推荐《环境保护综合名录(2017版)》采信《人造板甲醛释放限量》团体标准的函”(办函改字[2017]50号文)，并抄送财政部和国家税务总局。授权标准使用的同时也积极开展标准宣贯与培训，强化标准的使用和国际交流。3 月 13 ~ 14 日在北京组织开展了“团体标准《人造板甲醛释放限量》(T/CNFPIA 1001—2016)”宣贯工作。4 月 26 ~ 27 日，中国林产工业协会、美国国际木制品协会(IWPA)、英国木材贸易联合会(TTF)在江苏省丹阳市联合主办中国、美国、欧盟《人造板甲醛释放限量》标准与木材合法性法规研修班，为中国人造板企业对接美国、欧盟市场产生积极的影响，也为美国、欧盟了解中国人造板行业提供重要的平台。

随着我国的团体标准发展步入正轨，市场主体将真正成为标准制定的主要参与方，更多的行业企业将参与制定团体标准，满足市场和创新需求，共同提高林产工业产品质量和市场竞争力。

5 高污染燃料划分工作对接

为落实国务院《大气污染防治行动计划》，环境保护部办公厅 2016 年 10 月下发《关于征求〈高污染燃料目录(征求意见稿)〉意见的函》(环办大气函[2016]1769 号)，在征求意见稿中，拟将林业采伐、加工剩余物和次小薪材，林副产品废弃物，农作物及加工剩余物等全部列为“未加工成型的农林固体生物质”作为高污染燃料进入目录。一旦上述生物质在无任何前置条件下整体被列入《高污染燃料目录》，将造成在禁燃区范围内的工厂无法使用砂光粉、锯屑等生物质固体燃料。同时，这些被列入《高污染燃料目录》的林产工业重要原料及燃料将在国家陆续出台的配套政策中处处受限，这将对我国木材加工及人造板行业产生重大影响。

2016 年 10 月 15 日林产工业协会转发该文件，面向全行业征求意见，于 10 月 22 日收到 3 家地方行业协会和 22 家企业复函，通过国家林业局正式复函，协调热能中心可列到重点环保设备的问题。

2017 年 4 月，环境保护部印发《高污染燃料目录》(以下简称《目录》)。《目录》指出，目录所指燃料是根据产品品质、燃用方式、环境影响等因素确定的需要强化管理的燃料。目录规定的是生产和生活使用的煤炭及其制品(包括原煤、散煤、煤矸石、煤泥、水煤浆、型煤、焦炭、兰炭等)、油类等常规燃料。工业废弃物和垃圾、农林剩余物、餐饮业使用的木炭等辅助性燃料均不属于目录管控范围。

《目录》明确，按照控制严格程度，将禁燃区内禁止燃用的燃料组合分为Ⅰ类(一般)、Ⅱ类(较严)和Ⅲ类(严格)。对于石油焦、油页岩、原油、重油、渣油、煤焦油，由于其直接燃烧后对城市大气环境污染比较严重，目录中的Ⅰ类、Ⅱ类和Ⅲ类均将其纳入管控范围。对于煤炭及其制品，考虑到目前我国城市能源消耗仍然以煤炭为主，将煤炭及其制品划分为严格程度不同的三类进行管控。对于生物质成型燃料，仅在第Ⅲ类最严格的管控要求下，对生物质成型燃料的燃用方式进行了规范，即要求必须在配置袋式除尘器等高效除尘设施的生物质成型燃料专用锅炉中燃烧。

6. “2 + 26”区域燃煤锅炉及小散乱污治理工作对接

2017 年 2 月 17 日，环境保护部、国家发展和改革委员会、财政部、国家能源局、北京市人民政府、天津市人民政府、河北省人民政府、山西省人民政府、山东省人民政府和河南省人民政府印发《京津冀及周边地区 2017 年大气污染防治工作方案》。方案主要任务是以改善京津冀大气污染传输通道区域环境空气质量为核心，以减少重污染天气为重点，多措并举强化冬季大气污染防治，全面降低区域污染排放负荷，工作方案包括加强工业大气污染综合治理、实施工业企业采暖季错峰生产等7个大项，实施特别排放限值、10月底前完成违法“小散乱污”企业取缔工作、10月底前完成小燃煤锅炉“清零”工作、实施挥发性有机物(VOCS)综合治理等19个小项主要任务。2017年2月28日环保部办公厅发布《关于开展燃煤锅炉与“小散乱污”企业排放清单排查及落实重污染天气应急预案项目清单的通知》(环办大气函[2017]274号)，全面启动京津冀大气污染传输通道“2+26”区域燃煤锅炉及小散乱污治理。

小、散乱、污企业，是被专项整治的企业。包括：不符合产业政策的小企业；不符合当地产业布局规划和不在工业聚集区的“散乱”企业；超标排放“污”企业。“2+26”区域包括北京，天津，河北省石家庄、唐山、廊坊、保定、沧州、衡水、邢台、邯郸，山西省太原、阳泉、长治、晋城，山东省济南、淄博、济宁、德州、聊城、滨州、菏泽，河南省郑州、开封、安阳、鹤壁、新乡、焦作、濮阳。

截至今年6月中旬初步统计显示，“2+26”城市重新梳理排查后的“散乱污”企业增至10余万家，其中济南、邯郸、邢台、聊城等城市较之前所报数量有大幅度增加。

区域内廊坊、文安、菏泽等人造板生产集中区域进入全面整治阶段。

7. 环保制度领跑者工作对接

环保领跑者是指同类可比范围内环境保护和治理环境污染取得最高成绩和效果即环境绩效最高的产品。建立环保领跑者制度，以企业自愿为前提，通过表彰先进、政策鼓励、提升标准，推动环境管理模式从“底线约束”向“底线约束”与“先进带动”并重转变。

为贯彻落实《环境保护法》、《大气污染防治行动计划》(国发[2013]37号)、《中共中央　国务院关于加快推进生态文明建设的意见》(中发[2015]12号)和《水污染防治行动计划》(国发[2015]17号)的有关要求，由财政部牵头，发展改革委、工信部、环保部、质检总局和国家标准委联合组成工作组，由财政部发布《环保领跑者制度实施方案》(财建[2015]501号)。2016年财政部发布《环保领跑者制度工作流程和部分分工方案》(财建[2016]89号)确定分工原则，即依据部门三定方案分工，有交叉时以“谁提出、谁论证成熟、谁开展”，贴合重大、重点环保管理需求。

2016年5月31日环保部召开环保制度领跑者制度专家咨询会，立足优中选优，宁缺毋滥的原则，分别在产品类、环保装备类以及企业类，建议在钢铁、火电、脱硫脱硝设备、可降解塑料、杀虫剂、无机轻质板材、木塑产品、微型计算机、打印机、洗涤剂、原生纸、化纤、平板玻璃、水性木器涂料、人造板产品、高标准燃油添加剂、家电等行业中选取领跑者。6月12日提交纤维板、刨花板环保领跑者制度试点调研方案提纲，建议从产品、装备以及企业三个方面均处于同行业领先水平的列为环保领跑者；6月25日，根据反馈意见，经多次沟通，调整建议方案，拟将人造板产品，即胶合板、纤维板、刨花板产品先期列入试点方案；7月25日，正式提交《人造板产品环保领跑者制度试点调研报告》，补充完善入选一般条件和领跑条件，补充完善鼓励政策建议。随着人造板产品质量和标注的提高，E2级产品将退出市场，E1级产品将成为中国人造板产品的主流产品，部分骨干企业大规模生产游离甲醛释放量更低或无添加甲醛产品，产品环保性能与国际领先标准进一步接轨，人造板产品有望首批列入“环保领跑者”制度试点。

8. 绿色产品工作对接

2016 年 11 月 22 日，国务院办公厅印发《关于建立统一的绿色产品标准、认证、标识体系的意见》(国办发〔2016〕86 号)，就贯彻落实《生态文明体制改革总体方案》提出的“建立统一的绿色产品体系”作出部署，指出要以供给侧结构性改革为战略基点，坚持统筹兼顾、市场导向、继承创新、共建共享、开放合作的基本原则，充分发挥标准与认证的战略性、基础性、引领性作用，创新生态文明体制机制，增加绿色产品有效供给，引导绿色生产和绿色消费，全面提升绿色发展质量和效益，增强社会公众的获得感。到 2020 年，初步建立系统科学、开放融合、指标先进、权威统一的绿色产品标准、认证与标识体系，实现一类产品、一个标准、一个清单、一次认证、一个标识的体系整合目标，明确了 7 个方面重点任务。一是统一绿色产品内涵和评价方法，基于全生命周期理念，科学确定绿色产品评价关键阶段、关键指标，建立相应评价方法与指标体系。二是构建统一的绿色产品标准、认证与标识体系，发挥行业主管部门职能作用，建立符合中国国情的绿色产品标准、认证、标识体系。三是实施统一的绿色产品评价标准清单和认证目录，依据标准清单中的标准实施绿色产品认证，避免重复评价。四是创新绿色产品评价标准供给机制，优先选取与消费者吃、穿、住、用、行密切相关的产品，研究制定绿色产品评价标准。五是健全绿色产品认证有效性评估与监督机制，推进绿色产品信用体系建设，运用大数据技术完善绿色产品监管方式，建立指标量化评估机制，公开接受市场检验和社会监督。六是加强技术机构能力和信息平台建设，培育一批绿色产品专业服务机构，建立统一的绿色产品信息平台。七是推动国际合作和互认，积极应对国外绿色壁垒。

2017 年 5 月 12 日，国家质检总局、国家标准化管理委员会批准发布《绿色产品评价通则》(GB 33761—2017)国家标准，自发布之日起实施。该标准规定了绿色产品的基本原则、评价指标和评价方法，适用于绿色产品评价技术要求的编制。目前按照国家标准化管理委员会的总体部署，林产工业行业正在开展《绿色产品评价 人造板和木质地板》的编制工作。

2016 年 11 月 7 日，中国林产工业协会、中国涂料工业协会、中国皮革协会等 8 个与家居业相关的国家级行业协会宣布共同成立中国家居产业绿色供应链联盟(以下简称“绿色供应链联盟”)。绿色供应链联盟将致力于将绿色生产贯彻到家居全产业链，不仅从源头抓起形成绿色产业链，而且还将进行绿色认证、标准推广，向世界推出中国的绿色产品，打造中国家居产业链的全球顶尖品牌，带动整个家居行业实现绿色创新发展、低碳发展。

9. 排污许可制度工作推进

2016 年 5 月 31 日，环保部公开发布《关于征集 2018 年度国家环境保护标准计划项目承担单位的通知》(环办科技函〔2017〕824 号)，在“(四)、环境管理规范类标准”中的“1. 排污许可相关标准与规范”中，提出要在 2019 年前完成《人造板行业排污许可证申请与核发技术规范》和《家具制造行业排污许可证申请与核发技术规范》制订工作。

2016 年 12 月 23 日，环境保护部印发《排污许可证管理暂行规定》(环水体[2016]186 号)，明确排污许可证的申请、核发、实施、监管等行为，环境保护主管部门依排污单位的申请和承诺，通过发放排污许可证法律文书形式，依法依规规范和限制排污单位排污行为并明确环境管理要求，依据排污许可证对排污单位实施监管执法。

2017 年 7 月 17 日环保部办公厅发布《关于公开征求 < 排污许可管理办法(征求意见稿) > 意见的通知》(环办规财函[2017]1135 号)，7 月 28 日公布《固定污染源排污许可分类管理名录(2017 年版)。

《固定污染源排污许可分类管理名录(2017)》将人造板制造(202)、木质家具制造(211)和竹、藤家具制造(212)纳入排污许可范围，提出在 2020 年前对年产 20 万立方米及以上的人造板企业和有电镀工艺或者有喷漆工艺且年用油性漆(含稀释剂)量 10 吨及以上的、使用黏结剂的锯材、木片加工、家具制造、竹、藤、棕、草制品制造实施重点管理，年产 20 万立方米以下的人造板和有化学处理工艺的或者有喷漆工艺且年用油性漆(含稀释剂)量 10 吨以下的实施简化管理。

火电、造纸第一批许可制改革行业的许可证申请与核发技术规范发布，钢铁、水泥等 13 个第二批发证行业的相关技术规范也进入编制阶段，行业正在积极组织联合申报《人造板行业排污许可证申请与核发》。

10. 积极展开多方位合作

(1)主动沟通

2 月 23 协会拜访环保部规划院政策研究室，沟通林产工业有关环保政策和对接产品目录 2016 版本有关事宜。

(2)合作交流

蒙山木业论坛、国际木工机械展览、世界人造板大会等行业会议多次邀请环保部专家与行业进行交流。

(3)合作课题

5 月 27 日沟通合作课题，结合环境保护部 2016 版本双高产品目录制定，环保部委托协会组织开展重点林产品环保政策需求课题，协会也在国家林业局科技司争取立项，邀请环境保护部有关部门和专家参加，也邀请企业积极参与。

由于“双高”课题名录对于推动人造板产业供给侧结构性改革，淘汰落后产能起到积极的作用，因此于 2017 年 7 月环境保护部联合协会等单位开展专项研究，系统梳理名录在林产行业发挥作用的路径与机制，系统评估其作用与成效，为深化并挖掘名录工作在促进行业绿色转型升级中的作用开展基础研究。

四、结语

“十三五”时期是环境保护重要的战略机遇期。总的来说，我国当前的大气、水、土壤环境质量状况距离总体改善的目标仍有很大差距，我国的主要污染物排放总量仍将处于高位，环境承载力仍将处于严重超载期，经济增长带来的环境保护压力仍然很大。严峻的环境保护形势下，亟须健全环境与发展的综合决策机制，加强环境保护能力。

环境保护部门需要深化相关基础制度改革，建立顺畅和高效的环境保护管理制度体系，大幅提升环境治理能力，建立区域环境协同治理和多污染物协同控制机制。发展改革、环境保护、财税和金融部门需要建立统一协调的政策协商机制，共同创新“绿色化”的政策工具，形成政策合力。

环境保护政策是要引导社会和企业将环保融入投资、生产和应用环节，加快绿色转型，推进绿色投资和绿色生产。相关政策的出台将充分与行业进行沟通，确保政策推进与实施。环境保护部和林产工业协会表示未来将进一步加强沟通与合作，共同开展重点林产品环境经济政策需求研究，按照有关环保要求，推动林产工业企业采用清洁生产工艺，强化生态环境责任，加快装备技术改造和产品创新升级，实现林业产业的绿色发展。

中俄木业交易平台建设的分析研究

木材是我国的重要战略物资，事关国民经济发展的关键，同时也是人们物质与精神生活中不可或缺的重要资源。我国森林资源比较匮乏，特别是近年实行了天然林资源保护工程后，木材的需求量在持续升高的同时供给量却在逐年下降。为解决我国供需不足的巨大缺口问题，只能通过大量进口木材的方法。与我国山水相连的俄罗斯木材资源丰富，也是木材生产和出口大国，因此，两国木业贸易的开展顺应彼此的发展，互补性很强。当前中俄木业贸易发展迅速，已经成为两国经贸合作的重要组成。

中俄两国在林业领域的合作，既对中俄贸易起到了推动作用，也对中俄边境频发的木材及其加工品的走私起到了遏制作用。受益于此，木材及其加工品出口总量显著增加，规模效应逐渐凸显。伴随两国林业合作的不断向前发展，中方公司逐渐走出了只从事林木砍伐的初级阶段，加大科技、资金投入，向更深领域发展。发展森林采伐和木材深加工业务，成立了“林业经济经贸合作区”，依靠资金、地理位置等优势，积极引进新科技，探索木材深加工业务，提高木材林业资源的附加值，起到示范效应，成功带领国内企业进入俄罗斯发展。

一、合作格局与态势分析

1. 合作贸易格局在升级

目前，中俄森林资源合作开发已经从低级的木材易货贸易，发展到以木业贸易为市场导向，木材采伐和补种、木材深加工、木材工业园区建设、森林防火等多个领域的合作。近年在俄罗斯投资热点向原材料精加工转移，包括纸浆、高密度板、成套家具、集成木屋等。

2. 合作主体在丰富

俄罗斯方面以国家森林工业公司组建的森林工业控股公司及其下属的地方森工企业为合作主体，此外还有上百家和我国企业建立合作伙伴关系的木业贸易代理公司衔接业务。我国方面则有国有大型林业集团（公司）、民营投资（贸易）公司、个体小规模木材收购、加工、贸易经营者发挥重要作用。据商务部统计，2016 年以来有 200 多家中资企业在俄罗斯开展了林业投资合作，投资总额超过30 亿美元，已建成10 余个具备一定规模的林业合作园区，为当地创造了 2 万多个就业岗位。

3. 合作区域在扩张

俄罗斯的西伯利亚和远东地区的克拉斯诺亚尔斯克边疆区、伊尔库茨克州、布里亚特共和国、赤塔州、阿穆尔州、哈巴罗夫斯克边疆区、滨海边疆区、犹太州等是中俄森林资源合作的主要地区。我国方面主要是以内蒙古满洲里市、二连浩特市，黑龙江省绥芬河市、东宁市，以及吉林省珲春市等口岸城市为依托，分布有大量的木材加工、贸易、转运基地，并向东北、华北、西北、华东等地扩散。随着中欧班列开通和江苏太仓港木材集散中心的建设，俄材资源逐渐向我国沿海地区、西南地区流动，合作区域逐渐扩大。

俄材多由铁路经陆路运入我国，主要口岸包括满洲里市、二连浩特市、绥芬河市等，三地通货占全部进出口量的 90% 以上。此外，还有新疆维吾尔自治区的阿拉山口、吉林省的珲春等口岸。

俄远东太平洋沿岸，从南向北还分布着 32 个海港，其中具有木材运输能力的港口有滨海边疆区的东方港、纳霍德卡港、符拉迪沃斯托克港，哈巴罗夫斯克边疆区的瓦尼诺诺港，勘察加州的彼得巴普洛夫斯克港，萨哈林州的科尔萨科夫港等。我国江苏太仓港进口俄材一直保持着良好的发展势头，当前已成为我国海路进口俄木材的第一大港。

4. 进出口贸易量在提高

从 1997 年有统计数据以来，中俄木材资源贸易规模迅速增长，俄材资源几乎是单向流往我国，即我国对俄材的进口量大大高于出口量，从20 世纪末到21 世纪初，进口量占进出口总额的 99% 以上，2005 年后我国逐渐向俄罗斯出口木材产品，出口额和出口量明显增加，2007 年突破 1 亿美元达到 1. 33 亿美元，2013 年达到最高额 5. 64 亿美元，期间也有明显的波动。绝大多数年份，中俄木材资源贸易中方进口额比例都占到贸易总额的 90% 以上。

2007 年之后，俄罗斯采取对原木出口课以重税、鼓励半成品和成品出口的政策，我国从俄罗斯进口原木数量开始下降，2017 年进口俄罗斯原木 1126. 5 万立方米，金额为 13. 97 亿美元。俄罗斯针叶原木出口主要集中于樟子松、红松、白松、落叶松等树种；非针叶林进口包括阔叶林木如柞木、水曲柳、桦木、椴木、杨木等，以柞木和水曲柳最为集中。

21 世纪初我国从俄罗斯进口锯材量较少，2007 年后总量和比例都逐渐增加，总量接近原木水平，实际上是对原木资源的替代。2017 年进口锯材 1428. 2 万立方米，总额达到 26. 13 亿美元。进口树种数量结构上，针叶林树种占据了绝对主导地位，主要原因有：①阔叶材主要的产地俄远东南部地区已经进行过砍伐，后备资源不足；②阔叶林具有比针叶林更高的商业价值和生态价值，被俄严格限制出口；③我国家具、装修领域对针叶林木材需求较大。

纸浆进口的总量也是在 2007 年后稳步增加，2010 年后维持在较稳定的水平，新闻纸、纸板、其他纸等产品中，其中新闻纸主要以进口为主，近年没有向俄罗斯出口。新闻纸外的纸板、其他纸等进出口量逐年上升，同时每年进出口总量的趋势是比例趋于平衡。

二、合作开发潜力及适应性策略

1. 俄罗斯森林资源储量丰富、质量高

俄罗斯的森林主要为国有林，属俄罗斯林务局管辖的森林面积约占全国森林总面积的94%，按蓄积量计算，约占全国总蓄积量的91%。集体农庄和国有农场拥有的森林占全国森林总面积的4%。

俄罗斯森林资源主要分布在亚洲部分，其中远东地区和西伯利亚地区森林资源面积占全国森林面积的71.95%，木材蓄积量占全国的65.43%，加上大部分位于亚洲的乌拉尔联邦区，亚洲地区森林资源面积占全国森林面积的83.06%，木材蓄积量占全国的75.03%。

俄罗斯森林总面积中，原生林占33.47%，其他天然再生林64.10%，种植林仅占2.43%。相较20世纪90年代原生林总面积稳步增长，其它天然再生林处于逐渐减少趋势，而人工种植林稳步增加。

俄罗斯主要树种较为集中，主要树种森林蓄积量占据森林总蓄积量的98.86%。从分类来看，针叶林树种占绝对优势，其蓄积量长期占全国森林蓄积量的70%以上，而阔叶林树种长期在30%以下。针叶林的主要树种依次为落叶松、松树、云杉和西伯利亚松，阔叶林的主要树种依次为桦树、山杨、橡树和椴树。

俄罗斯亚洲地区针叶林树种的优势明显。落叶松是最具优势性的，其次是松树、红松、云杉和冷杉；阔叶林中桦树占比最高，其次是山杨、橡树。

2. 俄罗斯森林资源开发程度低

俄罗斯全国成过熟林面积占森林面积的46.6%，储量占全国总森林蓄积量的56.6%。其中亚洲部分老化最严重，成过熟林比重分别占森林资源面积和储量的48.7%和59.8%。结合俄罗斯森林面积和储量数据，亚洲部分(乌拉尔联邦区全部计算在内)成过熟林可采森林资源非常丰富。长期以来亚洲地区人烟稀少，原始森林比重大，加之远离欧洲国家的木材需求市场，区外交通距离长运输成本高，区内林区道路严重开发不足，导致森林开采强度低，成过熟林大量积压、腐烂。

俄罗斯森林砍伐量在1990年、1991年达到高峰(3.25亿立方米，3.55亿立方米)。随后急速下降，1996年降到最低量0.97亿立方米。之后又逐渐恢复，维持在1.5亿～2亿立方米之间。当前俄罗斯联邦的木材储量为828亿立方米，根据现行规则计算的每年可采伐量达7.03亿立方米。2011—2016年间俄罗斯联邦的采伐利用率仅为28%～30%。其中2016年实际采伐量为2.138亿立方米，仅仅是1991年采伐最高峰时的60.22%。

3. 俄罗斯森林资源紧邻我国巨大市场

目前，我国工业原木消耗量仅次于美国，锯材消费量位居第一，人造板消费量位

居第一，纸浆消费量位居第二，回收纸及纸板消费量位居第一，纸和纸板消费量位居第一，我国也已经成为世界木业产品的第一大进口国。我国工业原木年消费量逐年增加，锯材消费量也增长迅速，虽然国内生产能力也在相应增长，但是消费缺口却逐年增加。我国木浆的消费量同样较大且增速较快，对国外木浆供给依赖极大。单从这三个重要的资源需求来看，我国木材资源市场对俄罗斯森林资源具有极大的吸引力，俄罗斯西伯利亚和远东地区森林资源市场前景非常广阔。

随着我国市场需求的扩大，虽然我国进口木材资源区域已经多元化，但是从俄罗斯进口重要的木材资源（原木、锯材、木浆）总量依然是第一位，俄罗斯依旧是我国最重要的森林资源合作伙伴。

根据联合国粮农组织林业年鉴（2015 年）提供的数据，对我国主要木业产品（原木、工业用热带原木、锯材、木浆）供应国的出口量进行统计排序，原木（针叶）进口中，新西兰是我国的第一大供应国，我国也是新西兰的第一大出口目的地国，俄罗斯、美国、加拿大分别位列其后，我国也是上述国家原木（针叶）的第一大出口目的地国，说明上述国家原木（针叶）的出口对我国具有较强的依赖性，各国之间针对我国市场的竞争也较为激烈。原木（非针叶）进口中，俄罗斯是我国的第一大供应国，其次是法国、拉脱维亚、德国和美国。

锯材（针叶）进口中，俄罗斯是我国的第一大供应国，同时我国也是俄罗斯的第一大出口目的地国，两国锯材资源合作极其紧密。其次是加拿大、美国、新西兰，他们对我国的锯材需求市场具有较强的依赖。锯材（非针叶）进口中，俄罗斯是我国的第三大供应国，我国是俄罗斯的第一大出口目的地国，其竞争国家分别是美国、泰国、马来西亚，我国也是上述国家锯材（非针叶）的第一大出口目的地国，各国对我国市场的依赖性都较强。

木浆进口中，俄罗斯则位于我国的第 6 大供应国位次，而巴西、加拿大、美国分列前三位，上述 4 国第一大出口目的地都是我国，对我国市场具有较强的依赖，各国间竞争程度也较为激烈。

4. 新时期俄罗斯林业产业战略布局

俄罗斯是世界上最大的原木出口国，第二大锯材出口国，然而产值仅占全球木材市场贸易的3%，其出口的50%以上是低附加值的原木和锯材，高附加值产品出口在全球木业贸易市场的份额非常低，虽然木材产量巨大，然而对国民生产总值的贡献率却只有1%，人均木材消费量远低于欧盟。为改变落后的林业生产状况，提高森林资源利用效率，促进林业可持续发展，俄罗斯工业和贸易部对 2035 年前的林业发展战略进行了调整：

①将西伯利亚联邦区和远东联邦区作为重点地区，支持在托木斯克、鄂木斯克、伊尔库兹克和哈巴罗夫斯克等地建设木材产业集群，优先发展刨花板、锯材和经济用材林等高附加值产品的生产并提供贷款优惠和财政支持；

②以木结构住房为切入点，刺激国内市场需求和供给，为利用木材相关技术建设公共设施的企业提供采伐配额、项目贷款等；

③恢复木材工业的科研开发基地建设，鼓励先进性、创新型产品如纳米纸浆、生

物质燃料、高质量纸与纸板等的研发和生产；

④依法加强森林经营管理、制定环境标准并保证实施，挤压非法采伐市场。

5. 中俄林业合作适应性策略

针对俄罗斯林业产业政策的调整，我国林业在俄罗斯的投资合作策略也应适时调整，而且要特别关注和明确未来合作的重点区域、双方互惠的合作领域、可持续的合作模式。我国政府积极倡导的森林资源开发合作，是森林采伐、加工、更新、保护等各项内容的有机结合，其核心是实现森林资源的可持续发展。随着“一带一路”和欧亚经济联盟建设的对接，中俄两国正在加速推进林业领域合作从单纯的林业资源进口，向以林木产品、产业园区建设为代表的深层次合作发展，加速实现互惠共赢。我国企业对俄林业投资合作要更加注重环境和生物多样性保护，实现可持续经营，更加注重企业发展融入到当地社会发展中，为当地创造更多就业机会，树立和维护企业良好国际形象。

(1)精选重点合作区域，形成产业集群效应

基于中俄两国地理位置、交通条件，以及俄罗斯森林资源、森工企业分布特点，中俄林业合作的重点潜力区在俄罗斯西伯利亚和远东地区。俄罗斯的西伯利亚大铁路、贝阿铁路和中蒙铁路贯通东西南北，远东地区哈巴罗夫斯克边疆区和符拉迪沃斯托克市有数个港口与我国建立有便利的海上运输通道，2019年两国还将建成两座黑龙江跨境铁路公路大桥，再结合中蒙俄边境地区的绥芬河市、满洲里市、二连浩特市等重要的边贸口岸，可以此为依托形成颇具规模的木材资源运输、加工、贸易产业区。

西伯利亚联邦区内，应优先在赤塔州、布里亚特共和国、伊尔库兹克州、托木斯克州、克拉斯诺亚尔斯克边疆区等地布局森林采伐、木业产品加工是当地传统优势产业，我国企业在当地投资较多，集中了上百家我国木材加工企业。

远东联邦区内，重点在哈巴罗夫斯克边疆区、滨海边疆区、犹太州和阿穆尔州布局。远东地区主要港口也分布在该地区，该地区分布有大量森林加工企业，与我国企业有传统的合作关系，并且已经建成了多个工业园区。

中俄两国企业已经在这些地区建立了长期互利的合作关系，未来在该区域建立自由贸易区、出口加工区和投资工业园区，形成林业产业集群和中俄林业合作产业带具有现实基础和广阔前景。

(2)明确重点合作领域，推进产业持续发展

中俄林业资源合作重点领域已经发生了较为显著的变化，未来要更加注重从民间合作向政府合作层面提升，从一般经贸合作向精深加工和产业园区合作扩展，从简单劳务输出向人才技术交流发展，双方要更重视通过国际合作保护森林生态环境、防治退化和破坏，合作中实现双方互利互惠，促进两国林业的可持续发展。

引导企业积极实现中俄林业资源合作从资源贸易型向生产加工型转变，强化木材深加工领域合作。瞄准俄罗斯林业战略调整方向，以及我国俄材资源市场供需态势，鼓励我国企业由单纯的原木资源采购、板材粗加工，向木材精细加工、木材产成品制造、生态环保的木浆生产等方面发展。鼓励国内企业投资生产以木材板皮、锯末、边角废料为原料的木屑颗粒燃料等环保型产品，减轻企业生产过程对俄罗斯当地造成的

环境污染问题。

鼓励国内龙头企业充分发挥林业高技术名优企业的优势，积极与俄罗斯地方政府、森工企业开展投资合作，建设集森林培育、采伐、木材加工、科研、贸易一体化的森林资源境外投资合作示范园区，使木业产品生产走上一条专业化、规模化、系统化和科学化的发展道路，不断增强木业产品的国际竞争力。

借鉴两国已经建成的跨境经济合作区模式，依托绥芬河口岸、满洲里口岸、二连浩特口岸，在两国边境交界地带，对等建设木业产品储运、加工、贸易、集散经济合作特区。合作区为入区企业提供一站式服务，满足入区企业需求，提供充足的水、电、供热、排污等，负责入区企业与当地政府对接，代办劳务大卡，办理注册登记、卫生、安全保卫、消防等相关工作。提供政策、法律、税务、信贷、金融服务等咨询，加强技术合作、人才交流、信息沟通。

鼓励林业管理技术人员和林业科研工作者通过互访、中长期培训、合作研究等方式进行人才和信息交流，逐渐培养具有国际视野，既懂林业、又懂投资、金融、税收，熟悉投资地林业经济政策和社会经济情况的复合型海外经营管理人才。

(3)创新合作模式，实现互利共赢

中俄林业合作的深化必须要创新合作模式，推动林业投资、延长林业产业链，实现合作双方或者多方的互利共赢。

“工业园区＋森工企业”模式。我国国有林业集团与俄罗斯当地政府协商，购买或租赁当地土地，独资或合资建设木材加工园区。同时，选择当地森林采伐加工企业作为合作伙伴，提供木材采伐基地或直接供应原木，在工业园区进行木材加工，将原木和木材加工产品销往本地和我国。吸引我国在俄罗斯企业落户园区形成集聚化、规模化生产，利用园区提供的稳定的软硬件设施，实行原材料采购、木材加工、产品制造、成品半成品销售等一体化生产。

“经贸合作区”模式。有实力的我国林业企业在俄罗斯境内独资注册企业，以木材精深加工园区为主体核心区，建设多个森林采伐区附近的木材初加工区为辅助区，主体核心区与辅助区产业互动、相互配合、功能各有侧重，实现木材资源综合利用全产业链整合。

“跨境产业园区”模式。在中俄边境接壤区建设林业贸易加工产业园区，享受互相免税免检待遇，以合作境内外林业产业园区为载体，与俄罗斯毗邻地区构建互为原材料供应通道、互为半成品、进出口加工基地和销售市场的合作关系。

三、我国企业境外森林资源投资的现状

我国企业到海外进行森林资源投资始于20世纪70年代末期，但真正发展是在2000年之后。2000—2008年是快速发展时期，此阶段我国越来越多的企业及投资者走出国门，通过政府间的合作、商会引导、华侨介绍等方式“走出去”，在海外进行了广泛的森林资源开发投资。

2008年至今，我国企业到海外进行森林资源投资进入了平稳发展时期，投资的区

域由最先具有地缘优势的俄罗斯、东南亚逐渐发展到世界各地。在过去的40多年里，我国企业到海外进行森林资源投资，有力地缓解了我国林业资源不足的问题。随着“一带一路”倡议提出后，国家明确要求重视海外投资创新方式，其中，强化境外森林资源投资组合及投资企业群体发展是当前企业到海外进行森林资源投资的主要方式。因此，在正确认知我国企业到海外进行森林资源投资的最新现状特征基础上，明确其投资的风险要素，才能做出合理的投资选择。

从持续发展的角度看，我国企业到海外进行森林资源投资，必须要考虑我国木材消费情况、投资区域风险及投资区域森林资源可使用容量等内容，在充分考虑这些综合因素基础上，选择最佳的投资区域和方式。

1. 投资规模

按国家林业局发布的《境外林业投资合作现状调查与国别分析(2017年)》资料所述，截至2016年年底，我国到海外进行森林资源投资合作的企业共计182家，涉及的投资额达39.23亿美元。就整体规模看，还是较为庞大的。但从平均规模看，却是比较小的，其中，投资额在500万美元以下的企业共有123家，占企业总数的67.5%，投资规模在1亿美元以上的企业共有6家，只占企业总数的3.3%。从平均规模上看，我国企业到海外进行森林资源平均投资额只有2160万美元，82%的企业投资额在1000万美元以下。正是由于林业投资与一般的农业投资不同，林业投资的生产周期更长、资金流转的速度更慢，这就决定了林业投资规模风险较大，很多企业投资规模较小与此有直接的关系。

2. 投资方式

我国企业到境外直接投资时会考虑到多种因素，特别是政治风险与市场环境，多数情况下的投资形式为新建(绿地投资)与并购，新建投资是主要方式，其可以分为独资和合资两种形式。从实际情况看，我国企业到境外进行森林资源投资多为新建投资，因为新建投资门槛低，可以在很大程度上掌握投资的主动权和风险。并且合资投资方式较多，合资的法律限制较少，通常情况下是采用参股形式放弃经营权，但也有少数掌握控股权和经营权。如前所述，我国企业到海外进行森林资源投资规模一般比较小，然而并购要求投资规模大，且后续的并购整合手续复杂，较少的企业选择并购投资这种风险较大的方式。

同样按国家林业局发布的《境外林业投资合作现状调查与国别分析(2017年)》资料所述，截至2016年年底，我国到海外投资森林的企业以独资方式投资的有89家，投资额达31.1亿美元，占投资总额的79.3%；合资投资方式的企业有101家，投资额为4.6亿美元，占投资总额的11.7%；并购方式投资的有4家，投资额为3.53亿美元，占投资总额的9%。

3. 投资领域

从投资领域看，我国企业到海外进行森林资源投资，主要集中在森林资源开发、木材加工和相关的技术交流方面。整体看，截至2016年年底，在海外进行木材采伐、加工投资的企业占投资企业总数的70%左右，处于第二位的是从事林木种植，占企业总数的12%左右，在第三位的是家具制造，占企业总数的10%左右，剩下8%的是从事木业贸易及技术研发、转让。

由此可见，我国企业到海外进行森林资源投资，主要目的还是为了直接获取资源。当然，从投资风险的角度看，我国企业倾向于林业采伐或森林资源直接经营，其风险是比较大的。毕竟森林资源对于生态环境保护具有巨大的作用，很多国家的法律对木材的出口进行了较多的限制，如俄罗斯法律明确规定了出口配置制度，且提高了出口税率，这样就加大了我国企业获取木材资源的成本与风险。如果我国企业在投资过程中，对原木进行简单加工，可以避免其法律与关税风险，但这样会导致其生产周期延长，又带来了其他的不确定风险，也可能无法满足国内的消费需求。当然，从长远看，我国企业到海外投资还是要发挥其优势，毕竟我国企业木材加工能力处于世界领先水平，通过木材加工既能避免法律风险，还能发挥自身的优势，提升产品的竞争力。

4. 投资区域

截至2016年年底，我国企业到海外进行森林资源投资面积近5700万公顷，相当于我国用材林面积的88%，其森林资源蓄积量可达97亿立方米，是我国用材储量的2.3倍。我国企业投资获得的这些森林资源，大部分是通过租赁与合作经营的方式实现的，也有少部分是通过购买的方式实现的。

从国别区域分析，我国企业到海外进行森林资源投资涉及21个国家和地区，其中投资面积最大的两个国家分别是俄罗斯和加拿大，在这两个国家经营的森林面积分别达到了2600万公顷和2005万公顷，占海外投资森林面积的80%以上。

5. 企业性质

在海外进行森林资源投资的企业中，其性质大多数是民营企业，按照2016年的数据，其比例达到了95%，这些企业的投资额整体上已经完全超过了国有企业。在国有企业中，主体是中央企业，占国有企业投资额的89%，其他的国有企业主要是4大森工集团或其他领域的国有企业。

民营企业作为海外森林资源投资主体。一方面，其优势较为突出，即民营企业的经营形式灵活，投资选择面也更宽，不容易受到政治因素的干扰；另一方面，民营企业到海外投资存在巨大风险，其抗风险能力较弱，加之投资规模小，容易受到经济风险的冲击。从长远看，我国企业到海外进行森林资源投资，应该加强企业组合搭配，民营企业应该加强与中央企业、国有企业的合作，可以组建新的投资主体，按照股权比例搭配，以新的投资主体到海外进行森林资源投资，这样可以发挥民营企业和国有企业的组合优势。

6. 企业来源

当前，我国企业到海外进行森林资源投资涉及19个省份的国有企业、民营企业和中央企业、4大森工集团。这些企业主要来源于我国的边境省份及东南沿海的经济发达省份，包括黑龙江、山东、云南、内蒙古、吉林、浙江等省份。其中排在前4位的省份，分别是黑龙江、山东、江苏和云南，仅黑龙江省的企业投资额就达到了23.68亿美元，占我国企业到海外森林资源投资总额的60.3%。之所以形成这样的态势，主要是因为地缘优势所致。特别是黑龙江省与俄罗斯接壤，随着我国与俄罗斯森林资源合作开发力度的加大，黑龙江省到俄罗斯投资的企业越来越多，加上黑龙江省内的铁路与俄罗斯的远东铁路相连，可以大大降低运输成本。目前边境省份中除了黑龙江、云南、广西、内蒙古等地，其他省份企业投资力度还不够大。而经济发达省份，如山东、浙江、广东、江苏等木材加工企业却较多，这些企业更有优势"走出去"，加大对海外森林资源的投资力度。

四、中俄木业贸易现状

根据前文所述，中俄两国主要的木业贸易产品（以下简称"木业产品"）与我国木质林产品界定范围基本一致，即：木质林产品是指把开发森林资源变为经济形态的所有产品。在国际粮农组织的木质林产品范围基础上，参考《中国林业发展报告》及《中国林业统计年鉴》，根据HS编码，可分为7类：工业用原木和其他原材（HS4401－4405），锯材（HS4406 4407），人造板（HS4408－4412），木制品（HS4413－4421），木浆（HS47除4707），纸制品（HS4407，4448，4449）。

从我国进口和俄罗斯出口的角度分析，在原木及其他原材类木业产品贸易上，中俄两国具有极强的互补性，俄罗斯的原木及其他原材高度满足我国市场的需求；但在2009年达到最大值之后，我国开始注重拓宽进口渠道，促进贸易市场多元化发展，以减少对俄罗斯的进口依赖度，确保贸易安全。在锯材产品方面，近几年两国之间贸易互补性增长较快，双方具有极强的贸易互补性。而人造板则与之相反，近十年来我国进口与俄罗斯出口贸易互补性不断下降，不具有优势；木浆的贸易互补性较为稳定，而木制品、纸制品和家具的贸易互补性较弱。总的来看，我国进口与俄罗斯出口木业产品互补性较强的种类大多为资源密集型产品，正符合两国资源禀赋现状以及政策要求。

从我国出口和俄罗斯进口的角度分析，我国出口木家具与俄罗斯进口家具有极强的贸易互补性；木制品我国出口与俄罗斯进口的贸易互补性较强；人造板方面我国出口与俄罗斯进口贸易互补性呈上升趋势，自2005年以后互补性较强。我国出口纸制品与俄罗斯进口贸易互补性一直维持在较低水平。而锯材与木浆，我国出口与俄罗斯进口双边贸易互补性极低，几乎没有。俄罗斯地广人稀，林业资源丰富，出口资源禀赋型产品，高附加值类产品需求量大，这就为我国继续深入开发俄罗斯贸易市场提供了有利条件。

可以看出，我国具有较强国际竞争优势的木家具、木制品等产品，俄罗斯的国际竞争力水平较低；而俄罗斯具有极强国际竞争力的锯材、原木及其他原材，我国基本上没有竞争优势。因此推断两国木业产品贸易具有互补性。

五、中俄森林资源合作中存在的问题

1. 企业投资经营方面

俄罗斯联邦对外合作有关法规不健全，投资风险较高。地方政府工作效率低，政策尺度把握也不严，中央法律法规难以得到有效贯彻执行。因此政策多变，对外贸易政策经常会发生重大调整，且在做出调整之前，一般不预留过渡期。加上贸易保护主义，境内外投资者的正常经营遭受侵害甚至破坏的事件时有发生。比如浙江民企商人傅某收购了俄罗斯哈巴罗夫斯克的木兴林场林地24.7万公顷，前期投入1亿多元人民币，经过3年多开发，建成了办公楼、职工宿舍楼、储木场、造材生产线等基础设施。林场的原木采伐能力由刚投资时的年产4000立方米，四年后预计达到可采原木18万立方米，加工板材5万立方米，森林资产估值从70亿元飙升至150亿元。2007年实行新的《俄罗斯联邦森林法典》后，林场公司突然被俄方以涉嫌违法为由查封，公司资产被强制拍卖，森林经营权被提前收回。

由于我国企业多是个人投资，长期难以形成有组织的企业协会或者联盟，企业经营者受到语言、文化等方面的局限，对当地法律、法规、金融政策、环保规定、劳务政策等等不甚明了，往往在经营过程中随时被当地检察、法院、警察、劳工、环保、税务、工商等部门发现问题，导致中方经营者疲于应对。中方经营者和俄方合资者、代理公司三方如果缺乏互信，也会导致生产经营、利益分成等问题上扯皮、争议，最后受损失的往往还是我国一方。

除了少部分有政府背景实力雄厚的企业外，我国在俄罗斯企业多集中于收购、粗加工、销售等环节，极少从事木材采伐、技术合作、木材深加工等。很多已经在俄罗斯从事10~20年木材经营的我国企业主，他们的切身感受是申请采伐证难、基础设施建设和设备投入占用资金大、技术工人难以从国内招聘、生产安全风险大、天气变化影响作业、交通运输困难等。经历过多次失败和亏本后，我国企业主达成了共识，重点进行木材粗加工、销售环节的经营减少投入，缩短资金回收周期，相应风险可控。

2. 木业贸易方面

目前中俄双方的合作水平主要停留在民间合作，企业之间的合作，还没有上升到国家或地区的水平，产品开发还处于原料切割或初始加工水平，科技含量低，产品的附加值不高。双方之间的木业贸易往来还存在诸多问题，主要分为以下几个方面：

(1)木材交易市场不够规范

近几年我国从俄罗斯进口木材比重大、数量多，这需要一个较为成熟规范的交易市场，但中俄木业贸易市场进行的交易是不固定的，也没有系统完善的法规，使交易市场十分混乱。由于进口木材带来的巨大利益，国内很多企业都参与其中，导致俄罗斯市场拥挤，其营业利润被挤压很薄。同时，国内木材的进口检疫也缺乏规范，导致双方的木材市场都十分混乱，严重扰乱了木材交易秩序。此外，从俄罗斯运来的木材没有固定的交易地点，多数交易是在铁路区域进行的，并且运来的木材也会经常出现短尺等现象。

(2)在俄罗斯非法采伐问题突出

我国林业产品的开发与发展，与俄罗斯之间的木业贸易往来是分不开的，中俄两国之间的林业合作符合两国经济发展的共同目标。不过在彼此的合作过程中，俄罗斯境内的非法采伐问题也愈加突出，已经严重影响到两国林业合作的基础，境内的合法开采加工企业也会受到冲击，造成不利的影响，损害着中俄林业发展以及两国之间的利益。因此，在中俄木材交易发展的过程中，必须坚决打击非法采伐贩运等行为，维护中俄林业良好合作，促进中俄木业贸易健康发展。

(3) 中俄木业贸易合作中专业团队短缺

一些非木材专业的公司进口木材时，会出现缺乏专业知识和缺少风险防范意识等问题，由于对木材专业性领域以及市场行情的不了解，进口的木材到国内之后常常会出现木材积压的问题，加之国内的业务渠道不成熟，往往需要以较低的价格将其售出。有些企业为了降低生产经营成本，会组织团队去俄罗斯进行考察评估，然而考察人员很难从树龄以及木材表面分辨木材的质量等级，所以经常会吃亏上当，以较高的价格买了质量较差的木材，有时候在境外购买木材存放的时候还会被盗窃或是遭遇火灾，这些都极大地增加了企业的经营成本。

(4) 中俄企业经营抗风险能力差

中俄木材加工企业的合作虽然具有天然的地理优势、市场份额较大，但由于国内企业数量多、规模小，企业之间缺乏交流，管理分散，没有形成利益同盟，导致普遍在俄方话语权不高，随着俄材销售价格、关税、运费不断的提高，使得进口成本一直在上升，企业的经营压力持续增加，这也提高了企业的经营成本，造成了企业抗风险能力变差。

3. 企业融资方面

以前两国林业合作主要集中在原木贸易领域，现我国对俄罗斯林业投资逐渐扩大，多采用租赁林地形式，进行采伐、初加工、回运国内，其中也有大型项目。目前，我国参与对俄投资经营活动的企业多为中小型企业，对俄投资面临不少困难，其中最大的问题是“融资难”。

从自身角度来看，首先，我国大部分民营企业自身积累有限，资金不够充盈；其次，很多民营企业未建立现代企业制度，实施境外项目的专业人才匮乏，没有专业独立的第三方可行性研究，容易导致民营企业境外项目达不到贷款银行的要求；再次，部分投资者开展投资遇到问题时，习惯性地套用我国规则，对风险识别与防控的基础性工作不到位。此外，我国在俄的投资者，有相当一部分没有合法的我国投资企业身份，因此既不能享受我国对外投资企业的优惠政策，其在俄境内的合法权利也得不到东道国政府的保护。

从客观角度来看，首先，对外投资是复杂的系统工程，不同地区的规定也不尽相同。民营企业对补助政策和合规性要求不了解，往往出现一边错过最佳投资时机，一边不能完全享受财政部门为境外项目提供的贴息政策，无法争取到银行融资。其次，法律法规及投资环境的差异导致部分民营企业信息渠道过窄，前期调查不深入不充分或试图通过非正规渠道和手段处理问题，从而造成融资困难。

4. 合作问题总结

投资规模小。据统计，我国对俄林业投资仅占对俄投资总额的 2%。参与森林资源开发的企业以中小型为主，难以运作大项目。

中资企业在俄木材采购渠道、交易价格和采伐管理中出现一些无序现象。商人与官员、黑社会合伙非法采伐森林时有发生。

国家对林业大力支持，但目前地方政府支持力度不够。中小企业和民营企业的对俄合作难以得到资金和政策支持。

劳务政策趋紧，中资企业用工指标没有保障，有的林业项目被迫暂停或取消。

六、利用俄罗斯土地的法律风险控制

龚兵在《北方法学》2018 年第 3 期撰文指出，在我国推进“一带一路”战略和俄罗斯实施“向东看”战略的背景下，中俄经贸合作呈现出井喷式发展态势和前所未有的发展机遇，但“政热经冷”的尴尬局面并没有得到明显改善，我国投资者在俄市场投资所面临的风险度依旧很高。其中如何占有、使用、处分土地，如何控制和降低土地利用法律风险，应当成为我国投资者进行投资风险评估的重要内容。俄罗斯现行公民、法人利用国有、自治地方土地权利体系，由形成于计划经济时期的土地国有垄断向市场经济主导下的土地所有权多样化演进过程之中，呈现出非体系化发展和过渡性构成特征，并在不同历史发展阶段表现出完全迥异的建构与发展方向。在这种情况下，我国投资者在利用俄罗斯土地过程中，在事前法律风险评估、事后法律纠纷诊断与处置中，应当着重关注以下方面：关注俄罗斯立法对于外国主体取得土地所有权的特别限制，以及可以采取的合法规避措施；全面了解联邦层次、联邦各主体层次、自治地方关于土地利用的规范性法律文件，重点把握他们之间可能存在的差异与冲突；跟踪最新的法律文本，避免因土地立法与民事立法频繁修订所可能引发的规则变动风险；熟悉掌握和善于运用俄罗斯立法中与我国土地利用规定差异较大的规则，避免陷入被动处境，争取赢得有利的法律地位；同时亦应注重履行土地保护和合理利用义务，避免其成为俄罗斯国内右翼保守力量排挤投资者的“合法借口”。

七、平台建设发展

我国 2017 年已实现全面停止全国天然林商业性采伐。然而我国的木材需求量逐年增长，当前对外依存度已接近 60%，寻找稳定的木材资源方，进行长久的木材进口合作的意义，持续完善我国林业生态保障功能发展，以及国家木材战略储备计划实施，事关我国经济的发展。俄罗斯作为我们最重要的原木进口来源国之一，其政策的变化对我们是牵一发而动全身的，特别是其最近频频出台原木出口限制政策。我国企业应密切关注俄罗斯相关政策的变化，保障木业贸易安全。

1. 关注俄罗斯林业转型带来的潜在影响

一是关税变化。从俄罗斯木材出口关税政策的不断调整可以看出其原木出口政策的改变。俄罗斯希望摆脱原料出口模式带来的红利，转而大力发展国内木材深加工业。对此，我国政府应当积极加入谈判，为企业谋求利益，并通过引导我国企业在俄罗斯的投资，加大俄罗斯深加工产品的进口量，同时提高我国在国际贸易中的话语权，保障我国木材安全战略。我国企业也应积极改变过去的经营模式，在变化中获取收益。

二是《原木法案》实施。俄罗斯新近实施的《原木法案》要求，对原木的来源进行追踪和监控，促使外国进口商选择低风险的供应商，从而在一定程度上降低非法采伐及相关贸易的风险。《原木法案》要求所有木材采伐的记录都必须登记，且只允许持有官方出具运输文件的木材运输。这一措施将有效解决过去运输单据不全的问题；在线申报木材交易将有利于进口商跟踪原木来源信息，解决过去原木来源不详的问题，将非法采伐的原木拒之门外。该法案的实施和执行，将可以为我国的俄罗斯原木进口商提供客户所需的木材来源证明和合法性证明，包括获取木材来源、树种信息，评估并降低非法采伐木材风险等信息，这对于面向欧盟、美国、澳大利亚等市场的生产商尤其有用。

三是对原木出口管制加大。俄罗斯加大对原木出口管制，特别是阔叶材。我国进口商已经感受到了这一改变，柞木、水曲柳等原木的通关时间变长，进口数量受到极大影响，同时柞木和水曲柳的价格上升明显。以水曲柳为例，2015年1月以来，我国进口俄罗斯水曲柳总量不断缩减，进口成本不断增加，部分进口商持货待沽的心理导致原材料市场价格持续上涨。另一方面，由于俄罗斯柞木和水曲柳的品相好，很多客户点名要俄材，许多加工厂逐渐增加原料的库存量，导致俄阔叶材在口岸非常抢手。

2. 搭建中俄木业平台的意义

为加强中俄木业进出口贸易加工、交流互动，促进两国经济的发展，由国家林业局、外交部、商务部等共同发起设立了中俄木业联盟。应双边要求，中俄木业联盟属于非政府自律组织，召集林业龙头企业作为初创发起人，通过松散型管理规范联盟成员企业经营行为，易于收集、分析企业需求，便于双边政府对联盟成员企业的沟通及监管。

中俄木业交易平台的建立，是从中俄双方诉求出发，通力解决我国在俄企业的难点，配合协会、联盟共同实现准入机制，通过双方园区的一体化服务，在各口岸及会员中进行交易撮合以及直营配套服务。同时，中俄木业交易平台也将会强力推动联盟国际木业产品交易业务的快速发展，促进林业产业技术输出与原材料输入的高度整合，对中俄两国的友好双边贸易带来更加积极的影响。

中俄木业交易平台将为企业提供包括境外项目立项、论证、建设方面的相关支持。中俄木业交易平台将通过平台发布大量的行业信息促进行业间的沟通与认知，将传统贸易单纯一对一或一对多采购，转为交易平台上集中交易，产生的价格将生动地反映供求变化，以加快整合供应链上的流动。

3. 中俄木业平台目标及制度

中俄木业交易平台将通过建立运营中心和配套完善的供应链服务，不断整合仓储和物流等服务，使产品供应环节大幅缩减，购销过程中的风险进一步降低，促进行业的整体发展。

交易平台作为林业的权威性交易及信息发布平台，可以缩短林业贸易间的购买环节，为林业企业提供专业的林木采购及配套的供应链服务，扩大企业销售渠道，优化产业结构，缩短供应链，优化物流体系，节省企业订单交付时间，提高资金周转率和企业的生产效率。

中俄木业平台将对供需双方同时进行撮合服务：在跨境业务上，平台将主要通过

O2O 模式进行配套服务；在境内木业上下游各口岸园区间通过 B2B 或 C2B 模式进行企业商户间的交易服务，在平台上整合贸易中间环节，平抑交易产品价格、量化并减少交易费用、减少交易风险。

最后平台将为各园区商户进行统一结算服务，提供规范的仓单服务，明晰商户交易信用评级，为银行等金融机构提供可追溯的商户交易记录，打通处于产业链劣势端的木业生产者与金融机构间的合作渠道。

通过建立中俄木业电子交易平台，最终将两国政策导向和商业三流：物流、信息流、资金流有机的结合，提高园区贸易规模，推动中俄木业交易市场发展，为我国林业产业发展做出贡献。

4. 中俄木业平台功能建议

统一双边行业信息互动标准，提供政府官方资讯。实时为企业提供最新的中俄两国政府政策资讯，统一信息标准，保证信息一致性，为中俄企业间实现通畅的信息传输和共享创造条件，并鼓励供应链节点企业积极加入平台。构筑中俄企业间多样化的信息沟通渠道，促进中俄企业间的相互了解，对方的经营动态、战略方针及发展趋势等，建立通畅的沟通渠道和有效的沟通方式。积极协调中国林产工业协会与俄罗斯有关单位，为在俄投资企业及交易平台会员争取最大的政策优惠。

执行中俄木业联盟行业标准，企业信用评级。与中国林产工业协会、银行以及第三方仓储监管机构等，共同建立行业标准，为平台企业用户打造信用评级体系，提高供应链伙伴间互信水平，并优先为信用良好企业，提供全面的供应链服务。引入信用机制和惩罚机制，为联盟成员建立信用档案，评定信用等级，揭露和惩治失信行为，提高失信行为的成本。协助企业完善与其上下游伙伴间的契约，明确供求双方之间的责任、利益分配及承担的风险，采取制定相关的合作制度等控制措施，防止供应链风险。

制定并实施双边交易规则，培训交易人员。制定木业交易规则、开发交易系统，与中俄木业联盟各方共同构建交易服务平台，为传统木业企业贸易提供互联网化、智能化和去中间化交易服务，降低企业因信息不透明、不对称而被动增加的成本以及合作风险。通过培训、学习等手段培养联盟中企业员工信息业务能力。

整合双边供应链服务，提高上下游企业长期合作意愿。为企业度身定制完善的供应链整合服务，协助与其上下游客户签署长期合同，帮助其提升在供应链节点中的竞争力，获得稳定的利益，与平台共享更多的机会。增加企业之间以及企业与平台之间平等交流的机会，建立企业的可信任形象，带动各方在作业信息、战略信息、财务信息和物流信息的共享，避免在供应链中的管理冲突和不协调，加强企业在供应链中的效率和竞争力，提高与上下游企业长期合作的期望，减少短期行为。

服务对外经贸木业园区，配合跨国物流服务升级。携手木业加工园区和主要对俄贸易口岸，推动标准化物流仓储服务升级。通过优化物流服务结构，精简现有流程，降低企业物流成本。加强对仓储木材的监管，保障货物的价值和安全性。选择实力雄厚、商业信誉良好、具有完善仓储管理制度的第三方监管机构以降低操作风险。协助联盟中企业对口岸存货的判断，及时调整存货库存，提高存货周转率，降低存货积压、应收账款风险等，降低运行成本，提高企业运营绩效。

为中俄木业联盟发布大宗木材价格指数。打造中俄木材价格指数发布中心，企业可以通过价格指数的波动，及时调整自己企业的生产销售计划。当口岸木材资源价格出现较大幅度的变动时，企业可以根据掌握的信息，及时进行价格调整。加强企业有效运用资金以及合理管理库存的能力，以提高自身在供应链中的管理效率及效益。

中俄木业交易平台的建立将处在国家"一带一路"和俄联邦欧亚经济一体化发展的战略线上，随着国家"一带一路"战略的不断推进和发展，丝路基金和亚投行、国家开发银行、国家进口银行等金融机构对企业投资合作区的支持力度将会进一步加大。中俄木业交易平台将适时为企业境外项目投资提供项目立项、论证、建设方案的相关支持。中俄木业交易平台还会发布大量的行业信息促进行业间的沟通与认知，将传统贸易单纯一对一或一对多采购，转为交易平台上集中交易，产生的价格生动地反映了供求变化，可以加快整合供应链上的流动，达到平抑价格的作用。企业通过价格波动与价格指数，可以准确判断行情，及时做出行动。平台将通过电子订单交易方式，提供预购、品控、撮合、保价等服务，为会员商户尽早锁定货值，通过监管仓实现到期结算，形成现货交易方式。交易平台作为林业的权威性交易及信息发布平台，可以缩短林业贸易间的购买环节，为林业企业提供专业的林木采购及配套的供应链服务，扩大企业销售渠道，优化产业结构，缩短供应链，优化物流体系，节省企业订单交付时间及资金周转率和企业的生产效率。对于在口岸园区的企业，中俄木业交易平台可以向俄罗斯政府申请支持：包括但不限于保证园区企业的安全并对其财产和权利予以保护；投资者享受俄方法律规定的一切财政及税收优惠，对投资企业或个人的股息、利润、分红、资金收益、出售投资资本所获得的收入汇出给予保证，为符合条件的园区企业工作人员提供工作居留申请绿色通道，根据相关法律对投资者给予相应税收的优惠等。

林业产业品牌建设的几个问题

习近平总书记在党的十九大报告中明确提出“建设生态文明是中华民族永续发展的千年大计”，并指出：“我们要建设的现代化是人与自然和谐共生的现代化，既要创造更多物质财富和精神财富以满足人民日益增长的美好生活需要，也要提供更多优质生态产品以满足人民日益增长的优美生态环境需要”。林业是生态建设和保护的主体，是建设生态文明、实现人与自然和谐的主阵地。21 世纪以来，我国林业产业保持了强劲的发展势头。据统计，2000—2017 年间，我国林业产业年均增长 12. 1%，2017 年产值超过 7. 1 万亿元，林产品进出口贸易额达到 1500 亿美元，林业旅游休闲人数达到 26 亿人次，林业主要产业带动就业人数超过 6000 万人。目前，我国成为世界上林业产业规模最大和林产品贸易及林业休闲服务业增长最快的国家，为实现生态美、百姓富做出了重大贡献。

为加强林业品牌建设，落实《中共中央 国务院关于开展质量提升行动的指导意见》《国务院办公厅关于发挥品牌引领作用推动供需结构升级的意见》《林业产业发展“十三五”规划》等要求，原国家林业局 2017 年 12 月提出了《关于加强林业品牌建设的指导意见》，印发了《林业品牌建设与保护行动计划(2017—2020 年)》，强调要激发全社会参与林业品牌建设的积极性和创造性，使林业行业、企业品牌建设和保护意识显著增强，产品供给和质量水平明显提高，行业质量诚信和良好秩序基本形成，涌现出一批区域特色品牌、国内知名品牌和具有国际核心竞争力的林业品牌。品牌建设正在成为我国林业产业界开展生态文明建设、践行绿水青山就是金山银山理念的重点工作。

一、关于品牌文化

《易经》有言：“刚柔交错，天文也；文明以止，人文也。观乎天文，以察时变，观乎人文，以化成天下。”自古以来，“人文化成”成为我们民族社会活动的内在追求。随着社会的变迁，文化的概念有了更丰富的内涵，它成为人类在社会历史发展过程中所创造的物质财富和精神财富的总体特征。

进入商业社会后，参与市场竞争的品牌发展出自己的文化。一般认为，品牌文化即某一品牌的拥有者、购买者、使用者或向往者之间共同拥有的与此品牌相关的独特信念、价值、仪式、规范和传统的综合。就是说，品牌文化不仅是企业自身的精神凝结、商业定位，更是不少消费者的心灵栖息之地。这一观点在奢侈品、运动品等市场已经得到充分印证。品牌和文化之间的关系可谓相辅相成，品牌赋予文化独特的内涵，文化则通过引发和强化消费者的认同感和归属感，使品牌更加成功。

林业产业品牌建设经历多年的努力，取得了一系列的成绩。其中，人造板、木质家具、地板、木门、松香等林产品加工业异军突起，已经形成了十分有竞争力的品牌，其品牌建设业已成熟。由大枣、枸杞、蓝莓、木耳、核桃、香榧、榛子、板栗等为代表的经济林产品异彩纷呈，迅速在市场上打出名堂，有些品牌产品融资上市，有些成为电商平台的主打产品。以森林旅游、康养和风景园林为代表的第三产业品牌建设也很迅猛，促进了林业产业大规模的升级，带动产业结构向第三产业延伸和发展，一批有潜力、有前景的企业和品牌正在成为林业产业的中流砥柱。

但是，我们必须认识到，由于我国林业产业起步较晚，真正有竞争力的品牌文化还需要市场和企业共同努力才能做大做强，富于感染力的品牌文化则必须立足于高质量的产品和服务，如果没有产品和服务的支撑，那么品牌文化即使能在短时间内建立起来，也会因缺乏实际内涵而空洞无力，无法长期维持，更不要提走进人心。因此，我们林草产业要建立品牌文化，一方面要紧抓质量，坚决落实中央决策部署和有关行业标准，坚持科技导向和绿色导向，不断推出拳头型产品和过硬的服务；另一方面要积极营销，深化品牌意识，树立积极正面的企业价值观，对自身和市场进行精准定位，挖掘本品牌丰富内涵，综合利用多种传播渠道，多层次、创新性地向社会进行品牌文化宣传，增强"中国创造"的"软实力"。

二、关于品牌塑造

林业产业的品牌塑造，需要以市场为核心不断提升品牌竞争力，通过重新定位目标消费群体、提高产品质量和服务、运用品牌营销等手段，重新树立和推广品牌形象，提高品牌知名度，进而逐步产生品牌号召力，形成品牌效应和品牌核心价值。

首先，要想实现系统科学的品牌塑造，产品一定是基础。在许多人的理解中，好产品就是好品质，而对于品质的理解则主要是质量。实际上，品质不仅仅是质量，还包括产品的定位、概念、名称、品牌、卖点、视觉表现、情感表现以及终端展示等，这些都基于对品牌定位的把握和对品牌核心价值的提炼。第二，要准确概念定位，细分大众流行市场。每个消费者的消费心理和能力都是不同的，企业应先入为主地在消费者心目中留下品牌独特的印象，为产品打上热情、青春、时尚、高质、富贵等不同标签，并引导消费者在内心产生相应的评价。第三，要重视品牌内部教育。品牌的内部教育，就是让企业的每个员工从内心深处认识到自己在创造一个伟大品牌，从而形成品牌内部的高度凝聚力；第四，要重视产品创新。重视产品创新，其实并不仅仅是提高产品的质量，更重要的是要在消费者心目中建立企业产品"高质量"的印象。这就需要不断变化的思维方式。任何产品都有其诞生、成长、壮大、衰落的生命周期，特别是在社会文化高速更替演变的今天，消费者对产品更新换代的需求空前强烈，企业必须把握大众文化的脉搏，及时推陈出新，不断丰富品牌的内涵。

中国林业产业联合会一直以来将品牌塑造当成自身任务，不断推进林业产业诚信建设。2015 年 3 月 22 日，中国林业产业联合会在北京召开《中国林业产业信用体系建设规划纲要(2015—2020)》发布会。依据《中国林业产业信用体系建设规划纲要》制定了和发布《中国林业产生行业诚信评价标准》，广泛征求相关部门、企业、专家意见，发布了《中国林业产业行业诚信评价标准》《中国林业企业信用评级规范》《中国林业产业诚信企业(单位)评定管理办法》《关于全面开展“中国林业产业诚信企业品牌”申报推广工作的通知》《关于开展中国林业产业诚信示范基地、诚信合作社、诚信示范店、诚信市场评定和推广工作的通知》等系列文件。经过宣传推介，先后有 500 多家涉林企业申报了诚信示范企业，其中有 13 家企业申请 68 个单品使用“中国林业产业诚信企业品牌标识”，提升了企业的知名度、美誉度和品牌诚信形象，让消费者更加信赖，放心消费，增强企业产品在渠道的公信力和溢价能力，提高企业资信，增强企业融资能力。

总而言之，中国林业产业品牌的塑造，不仅需要精细到个性的营销手段，更需要广大的行业决策者转变思路，紧跟时代和市场的发展，及时调整品牌推广战略，使品牌在竞争中获得更强劲的优势，在林业产业的浩浩大军中脱颖而出。

三、关于品牌建设

林业产业是绿色产业、朝阳产业和生态产业，打好这张牌，林业产业品牌建设才有发展的未来。我国的林业产业品牌建设代表着供给结构和需求结构的升级方向，关乎我国人民对于绿色生态产品的需求，关乎我国林业产业核心竞争力。近年来，一批中国林业企业和林业品牌进入了国际市场，参与国际标准，打造“中国林业产业品牌”已经从理想慢慢化为现实。

一方面，要坚持市场主导，激发企业主体的积极性。无论大企业还是小企业，都应当积极作为、有所担当。既要改掉产品质量和性能欠佳的“硬伤”，做细做精做强，不断提升品牌的内在价值；又要进一步释放创新动力，把创新当作“牛鼻子”来抓，持续加大科技创新投入力度，让有竞争力的品牌脱颖而出。另一方面，要加强行业引导，更好地发挥行业作用。要在优化品牌发展环境、搭建公共服务平台、促进品牌企业资源集聚上下工夫，通过进一步健全相关行规，加大自主知识产权保护力度，制定有效的激励政策，破除体制机制障碍，多管齐下，为行业品牌建设保驾护航。必须坚持推进高质量发展，着眼于经济社会全局，把提高供给体系的质量和产业迈向全球价值链的中高端作为主攻方向，突出重点，打造一批特色鲜明、竞争力强、附加值高的行业品牌；在推进企业品牌建设过程中，加强人才培训强化品牌管理，优化研发设计、生产制造、销售和服务全过程，为用户创造价值，得到用户认可；坚持企业品牌和集群品牌、区域品牌协调推进，全面提升我国林业产业品牌能力。

2017 年 8 月 2 日，《中国林产工业企业社会责任报告》暨《中国林产工业企业社会责任报告编写指南(团体标准)》发布会在北京召开。从 2012 年开始，中国林业产业联合会和中国林产工业协会连续五年在同一地点，围绕同一主题，举办行业品牌建设活动。大自然、吉林森工、大亚科技、生活家、丰林集团、世友、久盛、富得利、兄弟木门、良友木业、书香门第、美丽岛地板、三威木业、TATA 木门、梦天木门、创意玩家、大卫家居、康欣木业、陕西中新、永吉木业、天格地板、星星木门、升达木业、索菲亚家居、九九慢城、江山欧派、好想你枣业、冠军香榧、康大集团、东成木业、东艺木业、宜华家居等一大批企业以多种形式，连续多年持续发布社会责任报告。企业履行社会责任，是企业对社会负责、对环境负责的应有担当，是企业树立形象、提升竞争力的有效途径之一，也是企业积极与利益相关方沟通的载体和渠道。目前，发布企业社会责任报告已经成为我国林业产业界品牌建设的风向标。

四、关于品牌巩固

林业产业品牌建设的最重要一环是品牌巩固。我们企业品牌的巩固无疑对整个生产链条有更新作用，使企业焕发生机与活力。为了在竞争中获得相对优势，各领域的经营者对产品的创新和服务进行深挖，不断寻找自身生存和发展的蓝海。在商战中，没有永远的禁区和隔离带，如果不能在短时间之内建立起强大的品牌壁垒和优势，蓝海也将厮杀成为一片“红海”。

林业产业产品具有自己的特殊性，在品牌巩固方面有自己的特点。举例来说，家居产品就不同于其他产品，消费者所处的居住环境与家居产品密不可分。人们在一个稳定的环境里生活、工作、学习，对于周遭的家居陈设、灯光环境、装修风格有了一定的认同，就会形成对于家居产品的依赖感。具体来说，这种依赖感可能来源于家居产品的质感，可能来源于家居风格的设计。消费者的依赖感也可以理解为对品牌的喜好，品牌一旦得到了消费者认可，就不会轻易被淡化。

我国历来重视品牌的培养。但在当下市场经济运行中，由于极少数林业企业的不诚信甚至欺诈行为，致使公民对林产品信任度下降，降低了人们购买林产品的愿望，严重挫伤了公民的消费信心，中低收入阶层由于收入比重偏低，消费更是谨小慎微，增加了销售的难度和成本。

一些不法企业，之所以愿冒着失去诚信，被世人所唾骂、被坐牢、被杀头的风险，冒天下之大不韪地去追逐资本，说白了，就是利益驱使。马克思在评论资本家时曾一针见血地指出：“一旦有适当的利润，资本就胆大起来。如果有百分之十的利润，它就保证被到处使用；有百分之二十的利润，它就活跃起来；有百分之五十的利润，它就铤而走险；有百分之一百的利润，它就敢践踏一切人间法律；有百分之三百的利润，它就敢犯任何罪行，甚至冒绞首的危险。”由此可见，某某天价家具造假、某某黑油茶、某某毒地板、某某虚假融资等事件的发生，也就不足为奇、不足为怪了。

需要指出的是，品牌的巩固要实事求是，有些品牌因为未能充分考虑消费者的接受能力等各种非理性因素，结果导致品牌巩固的失败。一些品牌在起初的建立过程中十分夸大自己的特色，品牌建立之后却又急匆匆地把触角移及其他领域，如此做法只会引起消费者的不信任感，大大地增加了失败的风险。例如某地板一线品牌，近些年广泛涉猎房地产和其他木业品类，由于跨界太大，人才队伍和资金储备不足够，导致全线受损；某著名木门品牌，急于扩张，不加严格选择，到处圈地建厂，委托小厂加盟，致使质量不够稳，品牌蒙污。此外，品牌的巩固应该给人前后统一的感觉，假如令消费者产生迷惑，那么这种巩固也不可能成功。如以厨具清洁剂为主要产品的品牌向厕所清洁剂的扩展，就极有可能引起消费者的反感。

五、关于品牌发展

我国几百年历史的老品牌不少，但林业产业中却少见老店身影。中国品牌经济的发展是改革开放以后的事情，随着我国市场经济的不断发展，中国企业的品牌意识逐渐增强。而中国林业产业的发展落在其后，比如，家居品牌兴起的年代就被定格在了20 世纪 90 年代中期。

纵向来看，改革开放之后的 1979 年我国政府开始恢复商标统一注册工作，1983 年《中华人民共和国商标法》正式实施，中国的品牌经济开始启蒙。但在此阶段，中国企业认为品牌只是一种识别商品的标记，对其缺乏足够的认识。此时还未兴起的林业产业也逃不出对品牌认识狭隘的命运，对品牌的理解也是一知半解。20 世纪 90 年代开始，中国家居业在兴起的同时，品牌经济也进入发展阶段，1992 年邓小平同志在南巡讲话中指出："我们应该有自己的拳头产品，创出我们中国自己的名牌，否则就要受人欺负。"当时，进入中国的跨国品牌非常之多，它们利用贴牌生产的方式向中国进行品牌输出，并以此获取丰厚利润。与此同时，大批民族品牌在竞争中纷纷败阵。这种反差让企业认识到品牌的真正价值，认识到只有创建名牌才是企业发展壮大的根本出路。2003 年至今，是我国品牌经济的提升阶段。这一阶段，人们的消费水平提高，对产品的质量要求不断提升，对各类商品品牌的认识也不断加深。2003 年政府将房地产业确定为支柱产业，为林业产业的发展提供了大好时机。一批有口皆碑的家居品牌，就是在 2003 年以后产生的。

横向观之，林业产业的相关品牌分布有着明显的区域性特点。还以家居行业为例，在全国 31 个省(自治区、直辖市)中，形成了以广东、浙江、山东、江苏、北京、上海等地为主的省级品牌强势区，以青岛、深圳、苏州、宁波、杭州、绍兴、温州、泉州、佛山等为主的市级品牌强势区和以顺德、江阴、荣成、昆山、吴江等为主的县级品牌强势区。区域性特点的形成原因有很多，比如临海的城市大多在历史上就已成为重要的通商口岸，交通的便利更令其有着得天独厚的发展优势。譬如，在广东中山、浙江东阳、福建仙游、广西东兴、云南德宏等地形成的以红木为主的家具产业群。以林产工业为主的家居行业作为消耗材种的传统行业，华东、华南和西南地区的热带季风型气候，并具有海洋性气候特点，全年气候温和湿润，雨量充沛，适合树木的生长，能为企业的发展提供足够的原材料。而且不难发现，一个地区的品牌建设力度与其经济发展的快慢成正比。目前，西北成了家居行业发展的软肋。

近些年来，我国林产企业品牌不断壮大，但也存在不少问题。一是品牌保护意识薄弱。企业辛辛苦苦创立的品牌经过多年经营后，由于对知识产权的保护重视力度不足而被假冒、抢注的案例比比皆是。二是重产品销售，轻品牌经营。许多企业热衷于不断开发新产品，却忽略了对品牌方向的决策，缺乏对品牌运作的长远规划。三是品牌价值组合的不完善。在创造价值、传递价值、体验价值这三个品牌价值组合中，企业往往忽视了最具亲和力的体验价值——服务。换而言之，真正从消费者的需求出发，创建品牌价值的企业还属凤毛麟角。四是世界级品牌稀缺，我国林业产业品牌为此要更上一层楼。

因此，在品牌发展的过程中，林产企业必须立足我国品牌经济的历史与现实，找准方法将这些问题逐个击破，从小事做起，以树立百年品牌的长远眼光去看待市场和消费者，争取市场、行业、消费者的三重认可。

六、关于品牌价值

哈佛大学商学院著名教授迈克尔·波特曾说："品牌的资产主要体现在品牌的核心价值上，或者说品牌核心价值即是品牌精髓所在。"

品牌价值的关键在于价值。这样的提法在经济学上，即说明了企业品牌变现的能力，认定了品牌作为无形资产具有的无限生命力。而在社会学、文化学视域中，品牌价值则代表着品牌在消费者心中的综合形象，包括品牌属性、品质、档次、文化、个性等，代表着品牌可以为消费者带来的价值。因此，品牌价值不仅是客观的、可量化的，更是动态的、深远于现实数据的。

我们林业产业品牌价值的提升策略颇多。就硬性的产品设计研发与服务提供方面，可以进行品牌延伸，即推动多种产品以及副品牌产品销售。而就营销层面来说，提升品牌价值必须要进行多种渠道的全方位渗透，在增加品牌曝光度和触达率的情况下，传达差异化、创新性的具有人文关怀的品牌理念。

一个良好品牌的产品具有非凡的价值。从 2012 年开始，中国林业产业联合会与俄罗斯木材出口协会共同商讨，推荐各自国家的品牌企业开展合作，建立诚信企业鉴别登记制度和市场准入条件，已取得丰硕成果。2017 年 5 月，中国林业企业代表团访问秘鲁时发现，我国大自然家居在当地有很强的号召力，当地政府和社团为该企业提供了很多丰厚的条件。广东宜华木业在非洲加蓬的业务，得到包括总统在内的政府的大力支持。在品牌价值的导向下，只要我们有万丈高楼平地起的魄力和耐心，对品牌进行塑造、建设、巩固和发展，中国林业产业必将涌现出一批优秀企业和品牌代表，逐渐走向世界、走向辉煌。

目前，中国林业产业联合会和中国林产工业协会，正在开展一系列举措促进品牌建设，其中国家森林生态标志产品系统工程、中国林业产业创新联盟、中俄木业企业家联盟、林业产业团体标准和我们一直推动的林业产业诚信联盟及社会责任报告等，就是我们打出的品牌建设组合拳。

下一步，我们将以国家森林生态标志产品系统工程建设为核心，加快林业产业团体标准和林业产业创新联盟的打造，同时在林业产业诚信和林业产业社会责任方面加大力度，成立国家森林生态标志产品认定管理委员会、林业产业团体标准专家委员会，继续推动林业产业诚信事业，让诚信品牌和诚信工作走到更多的地方，加大宣传，促进林业产业承担更多社会责任，让林业产业品牌塑造不再单枪匹马，而是形成合力，让绿色和生态的概念深入消费者内心，让市场更多了解这一美丽事业，提供更多更好的生态产品，真正践行绿水青山就是金山银山的战略思想，为建设生态文明贡献我们的一份力量。

中国生态文化产业发展现状

2015年，中共中央、国务院先后印发了《关于加快推进生态文明建设的意见》和《生态文明体制改革总体方案》，对生态文明建设作出顶层设计，首次提出“坚持把培育生态文化作为重要支撑”。2016年国家林业局编制的《中国生态文化发展纲要(2016—2020年)》中提出，森林文化是生态文明建设的重要组成部分，包含森林文化在内的生态文化产业正在成为最具发展潜力的就业空间和普惠民生的新兴产业。2017年10月召开的十九大强调，到21世纪中叶，“把我国建成富强民主文明和谐美丽的社会主义现代化强国。”“中国特色社会主义进入新时代，我国社会主要矛盾已经转化为人民日益增长的美好生活需要和不平衡不充分的发展之间的矛盾。”“我们要建设的现代化是人与自然和谐共生的现代化……要提供更多优质生态产品以满足人民日益增长的优美生态环境需要”。2018年3月召开的两会，将“美丽”写入宪法誓词。而“生态文明”继写入党章后又写入宪法，这同样也是国家意志的生动体现。

生态文化产业的兴起及发展正是应对日益严重的生态危机，响应党和政府建设美丽新时代的必然要求。提供更多优质生态产品和服务，满足人民日益增长的对优美生态环境的需要，这是时代赋予我们的新使命。生态文化产业的发展壮大肩负着这一重任，是中国产业结构升级、追求绿色发展、人与自然和谐、实现中国伟大复兴的必然选择。

对于我国生态文化产业发展的现状，本研究主要采用文献分析以及实地调研法，先对生态文化产业的整体研究进行梳理归纳，然后选取茶文化产业、生态旅游文化产业以及森林文化产业方面的三个案例进行实地调研，发现问题、提出建议，希望以一斑窥全貌。

专家学者多从各自所属区域，结合本地经济发展现状、生态文化、地方历史文化、民族文化、民俗文化、红色文化、非物质文化遗产资源等，对本地区生态文化产业的发展进行研究。研究问题涉及生态文化产业的概念内涵、区域特色、存在问题、对策建议等几个方面。

一、生态文化产业的概念内涵

关于生态文化产业的概念，学界多从生态文化和文化产业的融合方面论述。认为生态文化产业作为一种新兴产业，是以提供生态文化产品和服务为宗旨，融合生态环境保护，充分挖掘地方历史文化特色和民族文化精华，以科技创新为支撑，并取得适度经济效益的可持续发展产业。

张文娜、史亚军认为，生态文化产业是以生态为基础，以文化为内涵，以科技为支撑，以灵活多样的产业形态为表现特征，以生产经营和市场运作为手段，视生态环保为最高理念，向消费者传递或传播生态的、环保的、健康的、文明的信息与意识，为经济社会发展注入生态文化力量的产业。生态文化产业既是一种文化，也是一种经济形态，更是一种可持续发展的产业。王永富认为，生态文化产业是以精神文化产品为载体，向消费者传播生态、环保、健康、文明信息的朝阳产业；是一种无污染、低消耗、高效益的可持续发展产业。邓显超等认为，生态文化产业以生态资源为基础，以文化创意为内涵，以科技创新为支撑，以森林文化产业、竹文化产业、花文化产业、茶文化产业、生态旅游文化产业等为表现形式，以提供多样化的生态文化产品和生态文化服务为主，视人与自然和谐为最高理念，向消费者传播生态的、环保的、文明的信息与意识，为经济社会可持续发展注入生态文化力量的产业。生态文化产业是以生态文化为引领的低碳创意产业，具有文化创意、绿色生态、经济效益、融合发展的特点。陈苏广认为，生态文化产业是以生态为依托，以传递生态文化为内容，以产业化为经营模式，以利润最大化为经营目标，提供符合生态理念的文化产品和服务以引导和满足多元化和多层次的生态消费为目的，具有生态性、文化性、经济性等多功能的新兴产业形式。韦仁忠认为，生态文化产业的定位应是以精神产品为载体，视生态环保为最高意境，向消费者传递或传播生态的、环保的、健康的、文明的信息与意识，在此基础上取得经济效益的产业模式。如生态影视书刊出版、绿色广告包装策划、生态环保会议会展、生态旅游纪念用品、生态工艺绘画雕刻、生态艺术歌舞演出等。生态文化产业既是一种文化，也是一种经济，更是一种可持续发展的产业。梁敬升认为，生态文化产业是在国家政策指导和市场引导下，以反映人与自然关系为主题，以生态文化为创意来源，体现生态文化理念，以为社会公众提供实物形态的生态文化创意产品和可参与、可选择的生态文化服务为主的市场化、产业化经营活动，具有文化创意、绿色生态、产业经营、融合发展的特征。

从以上对于生态文化产业概念的阐述可以看到：生态文化产业的概念内涵至今还没有公认的完备的表述，但各专家学者都认为它是生态、文化和科技的高度融合，且都认同以下理念：①认为生态文化产业应融合生态文化和文化产业的特征。②认为生态文化产业是为大众提供生态文化产品和服务为主要目的。③它是以自然生态环境资源为基础，以人文历史民族文化为内涵，以科技创新为支撑。④以森林文化产业、竹文化产业、花文化产业、茶文产业、生态旅游文化产业等为表现内容。⑤以生态影视书刊出版、绿色广告包装策划、生态环保会议会展、生态旅游纪念用品、生态工艺绘画雕刻、生态艺术歌舞演出为表现形式。⑥以生产经营和市场运作为手段，视生态环保为最高理念，向消费者传递或传播生态的、环保的、健康的、文明的信息与意识，为经济社会发展注入生态文化力量。

二、生态文化产业的区域特色

由于我国幅员辽阔、经济发展不平衡，生态文化产业的发展也呈现出明显的区域特征。东中西部的生态文化产业均有发展，发达的东部地区生态文化产业发展处于领先地位，而且产业发展方面更加注重科技、创新思想的融入，相关生态文化创意产业初露锋芒，向更加高、精、尖产业发展，以计算机技术为支撑的现代传媒、广告会展、动漫影视、网络游戏等生态文化创意企业异军突起。中部、西部等欠发达地区则利用得天独厚的自然风景和历史文化资源，更加注重生态环境的保护和经济的融合，低碳、环保、原生态的生态农业、生态旅游、生态工艺产品、民族、民俗活动成为发展重点。

三、生态文化产业的发展优势

1. 各级政府的政策支持

随着全球生态危机日益恶化，中国承担大国责任，提出建设生态文明、美丽中国的战略目标，为生态文化产业的发展提供政策支持。各地区也相应制定相关政策，支持生态文化产业的发展。

2. 资源丰富的生态环境

中国地大物博，自然地理环境多样，每个地方都有自己独特的生态环境优势，西部高原广袤雄伟，东部沿海风光旖旎，南部地区小桥流水，北部森林郁郁葱葱，中部平原天下粮仓。各个地区都可以结合自身的山水特色风貌，所谓“绿水青山就是金山银山”，各地都可以通过自身的环境资源优势，发展特色产业，树立特色品牌。

3. 底蕴深厚的人文历史文化

（1）历史人物、事件、古迹

中国自有文字记载以来，5000多年辉煌的历史文化，孕育出众多的优秀中华儿女，自上古时代的尧、舜、禹，到春秋战国时期的诸子百家，再到秦皇汉武、唐宗宋祖，以至近代“五四”先驱、建国英雄，无不引领时代，独领风骚。这些历史人物都是中华大地的时代精英、民族脊梁，推动着中华历史发展的潮流，他们的丰功伟绩都是我们当代人学习的榜样，各地都应该充分利用历史文化名人及其重要事件教育、引导现代人，传承中华文明。同时要保护好历史文化古迹，它们是中华民族历史活生生的印记。

（2）民族、民俗文化

我国是由56个民族组成的多民族国家，少数民族文化丰富多彩，苗药文化、傣族泼水节、新疆维吾尔族歌舞、蒙古马头琴、西藏佛教文化都是中华文化的重要组成，都凸显着各自的民族特色，蕴涵着各少数民族不同的宗教信仰，是各自生存方式的实践结晶。是对天地的崇敬、对自然的敬畏和自身生存发展相结合的典范，是人与自然和谐发展的产物，体现了浓厚的生态思想。各民族也应该将民族文化保护好，传承好。

(3)非物质文化遗产

非物质文化遗产是各族人民世代相承、与群众生活密切相关的各种传统文化表现形式和文化空间。非物质文化遗产既是历史发展的见证，又是珍贵的、具有重要价值的文化资源。年画、剪纸、皮影、木偶、染织以及篆刻、中华刺绣等都具有较高的收藏价值和很深的文化底蕴。丰富多彩的非物质文化遗产，是中华民族智慧与文明的结晶，是联结民族情感的纽带和维系国家统一的基础。各地区应加强抢救性保护，实现非物质文化的可持续发展。

四、生态文化产业发展存在的问题

生态文化产业作为一种新兴产业，由于处在刚刚起步阶段，难免有各种问题，会遇到各种发展中的阻碍。

1. 发展理念有待提升

对生态文化产业重视不够，各级政府还没有真正转变观念，没有能够高度重视生态文化产业，还仅仅停留在发展本地经济的单一思维水平，没有将生态环境、历史文化和本地经济发展有效对接，生态意识、发展理念还有待转变。

2. 产业结构不合理

即使有所发展的生态文化产业，也仅仅是建立生态产业园区，没有将生态农业、工业、旅游、科技、文化、博物馆等资源整合，生态产业链不完整。

3. 资金支持不足

没有相应的资金支持，生态文化产业的发展只能停留在理论层面，无法转换成经济效益，也无法实现本地经济发展，因此应该多方面吸引资金。

4. 专业人才匮乏

人才是任何产业发展的最终动力，目前既懂文化产业特性，又会经营管理的复合型人才不多，文化产业整体从业人员水平较低。专业人才、创意人才的缺乏，严重阻碍生态产业的发展。

5. 缺乏高科技支撑及公共服务体系

现代生态文化产业是一种环保型产业，各种节能技术、高新技术的广泛应用才能助推生态文化产业的发展。各种公共服务平台的建立是生态文化产业发展的基础，生态文化产业投融资、人才开发、管理咨询、信息交流等方面的公共服务体系尚未建立，制约了生态文化产业的发展。

五、生态文化产业发展的建议

1. 制定优惠政策、科学规划

各级政府应该加大对生态文化产业的重视，积极制定各项优惠政策，合理规划产业布局，实现生态文化产业的转型升级、结构调整。实现生态环境、历史文化、民族文化和现代科技的融合发展。

2. 加大资金支持

一方面政府加大资金投入力度，设立专项资金，用于生态文化产业的发展。另一方面，吸引民间资本积极参与。引导企业朝生态环保、文化繁荣的产业方向发展。

3. 加强文化与高科技融合

积极采用现代科技、增加创意元素，积极运用计算机和网络技术，发展影视、动漫、传媒、广告等创意产业，实现生态文化产品等更新换代，向高、精、尖技术领域发展。

4. 注重人才培养

提供宽松舒适的就业环境，积极解决人才的居住、子弟教育、医疗等切身问题。加强人才培养，通过培训、交流、会议等多种方式拓宽专业人才的学习、提升渠道，实现人才的跨越式发展。

5. 加大生态文化教育宣传力度

国家应该加大生态文化的教育宣传力度，通过电视、网络、报纸、杂志等各种渠道教育全国人民，提高生态文化素质，转变生产生活方式、消费方式，取消西方国家的奢侈消费观念，鼓励提倡健康、节能、生态、环保消费理念，并注重生态实践的推行，从外部刺激生态文化企业制造、提供生态、健康的文化产品和服务，提高全民生态意识。

6. 借鉴先进经验

积极吸取各个国家、省市先进的生态文化理念和优良做法，改善本地生态环境，通过交流、合作促进全国以致全球生态环境的改善，真正实现人类与自然的和谐发展。

生态文化产业的发展，是积极响应国家建设美丽中国的必然要求，是我国加强建设生态文明的重要步骤，是缓解日益严重的生态危机，实现人、自然、社会和谐发展的重要保障。理论来源于实践，同时也指导着实践。

六、发展生态文化产业相关案例

生态文化产业包括森林文化、竹文化、茶文化、花文化、生态旅游、休闲养生等，为了了解现阶段我国生态文化产业的实际发展情况，选取了茶文化产业、生态旅游文化产业和森林文化产业方面的三个个案进行实地调研。通过调研发现现有生态文化产业个案中存在的问题，然后给出相应建议。

（一）茶文化产业——浙江金华婺州举岩茶

中国是茶的发祥地，是“茶的祖国”。中华茶文化上下几千年，历史悠久，博大精深。2003 年 4 月 9 日，时任中共浙江省委书记习近平，到安吉县溪龙乡黄社白茶基地视察，深有感触地说：“一片叶子成就了一个产业，富裕了一方百姓”。茶文化产业勃勃兴起于各个产茶区。茶文化产业及其研究刚刚兴起，与之相关的一些概念并不十分明确。茶文化产业是一个集合型概念，是指生产和提供具有茶文化内涵的文化产品与文化服务的行业门类的总称。茶文化产业不仅只是一种文化活动，同时也是一种经济活动，还可以铸就上下游产业链条，带动相关制造、旅游、文化、物流等业态的发展。

浙江金华，自然环境优越，茶叶种植空间广阔，产茶历史悠久，茶文化积淀深厚。据三国时期的《山越史》记载，金华境内三国吴时已产茶叶。唐代金华茶叶已初始兴盛，金华婺州举岩茶早在唐代已成名品，闻名于宋朝，盛于明朝并被列为贡品，至清道光年间仍保持芽茶、叶茶两种贡品。该茶外形挺直、绿翠显毫，香气清馨，汤色清澈，滋味醇爽；叶底嫩绿成朵。据五代毛文锡撰的《茶谱》记载：“婺州有举岩茶。片片方细。所出虽少，味极甘芳。煎如碧乳。碧乳之名，以其茶之汤色如碧乳故也。”这段文字说明了婺州举岩茶，采制讲究，芽叶细嫩，产品虽少，而滋味甘醇清香，汤似碧波如乳汁。又据明朝李时珍撰的《本草纲目》记载：“金华之举岩……皆产茶有名者。”婺州举岩茶原产于群山起伏，树木葱茏，云雾茫茫，昼夜温差大。金华古代茶叶的发展为金华茶文化历史的发展奠定了物质基础。

经过实地调研，浙江金华婺州茶文化产业中值得借鉴的方面有：

1. 借势国家发展战略

金华茶产业历经千年，具有良好的发展基础。面对国家实施“一带一路”的战略机遇，加快茶产业转型升级的步伐，振兴茶经济，确立了借势而为、融入“一带一路”大格局的新思路。“在创新中谋求转型，在转型中加快发展，让老树长出新芽，让茶香飘得更远。”

2. 做长产业链

茶以药用开始，以饮用传扬，以食用发展。

（1）养生茶膳

在茶产业中打造养生茶膳，就是以茶叶入膳，用茶来料理美食，取茶叶的药效和茶叶的清香，使茶与食物完美结合，成为茶香满溢的茶饭、茶菜、茶食品、茶饮料等。它是一种大众化茶叶消费新方式，是茶叶经济的一个新的增长点。

（2）挖掘传统制作工艺

婺州举岩到了清朝末期，其传统制作工艺濒临失传。当初的制作工艺无从考证。1980 年，由地、县农商二部门和金华茶厂的茶叶工作者组成婺州举岩茶试制小组，工作人员根据文献记载中婺州举岩茶的特征，吸取著名的西湖龙井茶采制工艺，挖掘举岩茶制作工艺。2006 年，浙江采云间茶业有限公司通过注资转让商标，专门组建专家队伍对古茶制造技艺进行挖掘，成功恢复了这一历史名茶的生产，并积极进行了非物质文化遗产申报及保护工作。国发［2008］19 号文件《国务院关于公布第二批国家级非物质文化遗产名录和第一批国家级非物质文化遗产扩展项目名录的通知》正式公布，浙江采云间茶业有限公司婺州举岩茶传统制作工艺（项目编号Ⅷ－148）成功列入名录。

3. 挖掘传统文化

通过一些历史记载和神话传说，深入挖掘茶文化中的传统文化。

（1）智者禅茶

在茶文化的历史上，寺庙和茶结下了不解之缘，并对茶文化发展起到了重要作用。2016年11月8日，和戒忍大和尚商定，在重建的智者禅寺栽种了十八株从北山移来的举岩贡茶品种，戒忍大和尚亲自命名为“智者禅茶”。对于弘扬禅茶文化、实现“清、静、和、美”的当代茶文化核心理念，具有一定意义。

（2）饮茶成仙

饮茶品茗对于茶具、茶叶的品鉴，对于泡茶仪式的欣赏，对于茶汤的品味，历来都是一件雅事。

（3）书茶二绝

鹿田书院毗邻婺州举岩古茶园，“书”指历史上金华各县名流学士在鹿田书院会文讲学，留下许多墨宝；“茶”指的就是举岩茶。相传当年来自五湖四海的学子凡进书院必先煮一壶举岩茶，茶香飘逸处，文思如泉涌。鹿田书院现为省级重点文物保护单位，“书茶二绝”的佳话也流传至今。

（4）道教文化

道教是中华本土最原始、最传统的宗教信仰，它呈现了我国民族文化的优良传统和心理素质。为求道，人们宁愿舍弃世俗的享受而甘于清贫朴素的生活，刻苦磨炼。道家注重养生延命，“道法自然”，继承了远古时代的自然崇拜和神仙崇拜。道家的代表人物有老子、庄子。老子偏重养神，其思想在《道德经》诸篇可见。在举岩茶生产地有一座黄大仙祖宫，供奉着一位出生于浙江金华的道教神仙——黄大仙。传说他在金华山用茶治疗百姓眼疾，举岩茶又称“举眼茶”的故事。黄大仙祖宫内有一家老子学院，久居城市的人们渴望心灵上的宁静，在物质生活丰裕的同时，人们的精神世界迫切渴求丰实。道教“抱朴”的思想在这样的背景下，提倡人们发扬简朴、节约的美好品德。老子学院简单的房间，住着来自全国各地来清修的人们。

积极寻求借势国家大的发展战略、深入挖掘传统茶文化、积极做长产业链，这是浙江金华茶文化产业发展的优势。同时，存在的问题有：茶产业发展技术人才匮乏、茶产品品质有待提升、茶产品市场有待多方位拓展等。加大对茶产业的政策扶持力度、借助“互联网＋”和义乌市场、加快融入顶层设计，是正在积极寻求的对策。

（二）生态旅游文化产业——吉林省露水河国家森林公园

随着对自然生态环境的越来越重视，人类社会正在逐渐从以经济发展为主转而向生态文明建设发展。当今社会的发展和进步、人们生活水平的大幅度提高，使休闲旅游成为消费新热点，森林旅游作为一种生态旅游方式，已经获得了全世界的认可，国内外很多国家都重点开发森林旅游业，并获得了很好的成绩。森林旅游业是以森林旅游资源和设施为基础的一种生态旅游，森林环境不仅可以为旅游者的游玩活动创造很好的环境条件，也可以为旅游者提供他们所需要的物品以及服务。由此可以说，森林旅游是一个综合性的行业。

吉林省露水河国家森林公园隶属于吉林森工(集团)总公司露水河林业局，位于吉林省东南部、长白山腹地、松花江上游，距长白山主峰60公里，总面积25786.94公顷，森林覆盖率95.3%，是长白山植物区系“顶极群落”的中心地带，拥有地处原始森林深处的国际狩猎场和全国仅存、亚洲面积最大的原始红松母树林标志性观赏区，有“中国红松之乡”的美誉。蕴藏着丰富的矿泉水资源，农夫山泉露水河水源地出产的矿泉水是2016年G20杭州峰会和2017年“一带一路”高峰论坛指定用水。以“天然氧吧”“自然空调”著称的“沐氧园”，空气质量达到零污染标准，每立方厘米富含2万个以上负氧离子，具有怡神洗肺的神奇功效，是森林观赏和林间漫步的好去处。依山傍水而建的碧泉湖度假村，现有十几幢木制欧式别墅掩映林中，建筑古朴典雅，风格各异。夏日夜晚在此区域散步，星空闪烁、流水潺潺、蛙鸣不断，非常惬意。两座综合服务楼，宽敞大方，设备齐全。漂流景区以水体景观为主，多处温泉群汇聚而成“碧泉河”“碧泉湖”，水质清澈、水量充沛，时急时缓，可以充分感受漂流的乐趣，而且是北方独有的“不冻矿泉河”和“不冻矿泉湖”，冬天亦可漂流，是森林旅游的绝佳去处。

露水河国家森林公园于2004年12月经国家林业局批准建立，吉林省露水河林业局现下属四湖、新兴、西林河、东升四个中心林场，2015年4月实施全面停伐，全局由以木材生产为主转变成为以森林培育、森林资源综合开发、旅游餐饮、多种经营等为一体的森林经营企业。

经实地调研，目前吉林省露水河国家森林公园两方面的问题比较突出：

1. 资金紧张

随着天然林保护工程进一步深入实施，国有林区全面停止天然林采伐，露水河林业局营业收入大幅度减少，资金紧张，严重妨碍了进一步的发展和建设。

(1)多种形式引入融资模式

目前，吉林省露水河林业局正在申报第一批国家森林小镇试点，借助此机会，可以引入PPP投融资模式，支持小镇建设。

(2)进一步拓展森林产业

近年来森林资源综合开发产业也初显成效，红松果仁、黑木耳块两项产品通过了中国绿色食品发展中心“AA”级绿色产品认证和ISO 9001—2000质量体系认证。同时人参、西洋参、天麻、刺五加、高山红景天、五味子、林蛙等长白山野生动植物资源和林下丰富的金矿、硅藻土、硅石矿等矿藏资源以及常年保持7℃的偏硅酸重碳酸钙镁钠型矿泉水开发前景广阔。还有景区范围内丰富的林药资源，都可以进一步开发，并且进行深加工。

2. 文化内涵欠缺

(1)狩猎文化

其重要组成部分“露水河国际狩猎场”始建于 1987 年，其开放区有供游人狩猎的马鹿、狍子、野兔等十几种动物，封闭区有脊椎动物类 300 余种，哺乳动物类 50 余种，鸟类 200 余种，两栖类 13 种，鱼类 9 种，圆口类 3 种。景区内还有狩猎文化博物馆，对于长白山地区的狩猎历史、民俗、服饰、工具等内容通过文字、影像、图片、实景模拟的形式进行介绍。此狩猎文化博物馆两层楼，楼上是员工休息的地方，楼下左侧是前台和休息区，只有一层右侧是对于狩猎文化的介绍。建议：①进一步挖掘狩猎文化。除了对狩猎文化的历史追溯之外，可增加一些历史上对于狩猎进行描写的诗词文赋以及绘画作品。增加一些国外狩猎文化的介绍，目前对于国外狩猎只停留在事件的表述，没有对其历史文化的介绍，过于简单。②完善配套功能区。对于狩猎文化博物馆的其他空间，可围绕狩猎文化进行配套服务。

(2)长白山风情文化

长白山风情文化是比较大的文化圈，景区内通过石刻文字、剪纸等形式进行介绍，但内容泛泛，如何体现在长白山文化中景区所属地的特有文化还需进一步挖掘。

(3)林场文化

作为国有林场，在全面禁伐之前，经历了长期的作业时期。木材的采伐、运输、贸易以及林场人的生活等，对其进行介绍，可以让后人了解这段历史，同时也可以留住林场人的乡愁。

(4)树木文化

树木是森林的组成部分，吉林省级重点保护古树“长白山红松王”和富有神话传奇色彩的“连理树”、“天眼”均生长于此。中华民族对松树有特殊的感情，松树在国人心目中具有其它树种不可替代的地位。在人类加工和利用松树的过程中逐渐超越了松树作为自然物的范畴，形成了一种与松树相关的文化现象和以松树为中心的文化体系，即中国松文化，这是森林文化中的一个重要分支。对于树木文化的介绍，可以让游人在叹服于大自然的奇妙时，心灵得到熏陶、精神得到提升。

(5)科普文化

让大众了解森林、了解树木、了解我们赖以生存的生态环境，在了解的基础上形成爱护自然的意识，在此意识指引下身体力行地像爱护眼睛一样地去保护生态环境。增设科普展示区、体验区、互动区等。

(三)森林文化产业——山东枣庄峄县冠世榴园

森林文化产业是一种新兴产业，它将森林文化与创意产业结合起来，为林业产业的发展注入新的活力。目前关于森林文化产业的研究较少，学者们将森林文化与森林文化产业(产品)的关系，比喻成“魂”与“体”的辩证关系。森林文化产业，是以森林文化为核心的，能够提供各种形式的包含森林文化的产品或者服务的产业，既包括物质产品(服务)，也包括精神产品(服务)，既涉及第三产业，也涉及第二产业，它所提供的产品或者服务不仅能够创造经济价值，而且能够提高公众森林文化素养，丰富生态文明成果。林果产业是森林文化产业所包含内容的一部分。

冠世榴园位于山东省枣庄市峄城区境内，开辟培育至今已有2000余年，其中石榴的花色有红、白、黄、橙等多种，种植面积10万亩，43个品种，500万株，间有杏、桃、梨、枣、松、柏、白果、青檀等，年总产量2250万公斤，被联合国粮农组织官员誉称为“中国第一、世界少有”。

1989年，开办国际石榴节。2007年，山东珀默·珀尼卡果汁有限公司成立，是经国家工商部门批准成立的一家美国独资企业。是国内石榴浓缩汁、石榴果汁生产和销售的大型现代化企业。2008年，峄城提出推进石榴深加工、鲜果 、苗木、盆景盆栽四大基地建设，鼓励发展石榴产品加工和石榴文化研发，一批石榴加工企业先后落户峄城，相继开发了石榴茶、石榴酒、石榴汁饮料、榴芽胶囊、石榴保健品等系列产品。2009年9月1日把冠世榴园由地方政府划转福兴集团经营管理，福兴集团专门成立了山东冠世榴园旅游发展有限公司，负责冠世榴园风景区经营管理。2010年，国家发展和改革委员会、国家林业局批准在此地建立中国石榴种质资源圃异地保存区。2013年，召开第一届世界石榴大会，以色列等17个石榴种植国44名外国专家来峄城参加了大会，大会本着“丰富文化内涵、突出产业特色、提升品牌效应、服务世界各方”的思路，通过进行石榴资源保护、石榴文化挖掘、石榴产品研发等方面的领先技术研讨，进行峄城石榴高端产品展览推介，推进生态休闲旅游和文化交流，进而打造峄城与国内外石榴产业从业主体互利合作的桥梁，经贸文化交流的平台。每年还举办榴花观赏节和榴果采摘节，通过投放广告、播放宣传片、吸引石榴企业和旅行社等方式，向国内外推介冠世榴园景区，推介峄城石榴品牌。

除了政府主导外，学术界也关注冠世榴园的发展，从榴园保护、产品开发、景区规划、生态旅游等方面进行研究。山东大学2011、2012届硕士生李健、刘振学分别进行了“当代中国休闲观光农业发展模式研究”和“山东冠世榴园景区发展战略研究”，对榴园健康良性发展献言献策。

统观冠世榴园的发展，在以下两个方面经验比较突出。

1. 完备的产业链条

在峄城人眼里，石榴全身都是宝。除了卖鲜果，石榴还被加工成石榴汁、石榴酒。另外，石榴茶叶、石榴花蜂蜜、石榴醋、石榴胶囊等产品，以及从石榴籽、石榴皮、石榴隔膜中提取的超抗氧化物质石榴精油、石榴多酚以及鞣花酸等稀缺化工原料，皮可以入药，把石榴的价值发挥得淋漓尽致。除了食用价值，石榴枝可以编筐，石榴花、果、叶、干、根俱美，四时皆宜观赏。石榴盆景也因此占据了中国盆景的一席之地。现在，当地有3万余人从事石榴生产、销售、运输、贮藏、加工和石榴生态旅游等行业，年创产值20余亿元。峄城顺势而为推进村容村貌、村民俗和道德建设，一大批村庄成为生态文明村。

通过实地调研，有两方面建议：

(1)要建立适当的管理机制

在此生态文化产业链条中，石榴盆景是重要组成部分。一些老石榴树虽过了盛果期，但枝干虬曲，造型优美，从果园移到盆里便成了上好的盆景，化腐朽为神奇。当地的一些特色盆景先后在国内外花展上荣获大奖，石榴盆景栽制技艺入选山东省级非物质文化遗产名录。农户经营，盆景产业繁荣，制作石榴盆景的农户一家挨着一家。

利用石榴树制作盆景，具有很好的观赏价值和经济价值，特别是部分树龄较长、树径较大、造型独特、适宜做成盆景的石榴树，经移栽、培育成盆景后经济价值更是巨大。近年来石榴盆景市场发展迅速，需求量不断增长，大量过了经济栽培年限的石榴树被制作成盆景。石榴盆景产业逐渐发展成为当地的支柱产业。冠世榴园中的石榴树正面临自然灭失、无序更新等方面的威胁，迫切需要采取有效保护措施。如果不对石榴盆景制作活动加以合理管控，冠世榴园中的高龄石榴树将会逐年减少，它的历史文化内涵将受到严重影响。

只要建立适当的管理机制，依靠石榴树所有者并加强所有者的保护意识，逐步在保证各利益相关者的利益和业态发展需求的基础上发挥社会效益；通过不断彰显冠世榴园作为古树保护单位的“名牌”效应形成的社会效益，刺激经济效益的不断提高，更进一步凸显社会效益，便可实现冠世榴园保护机制的良性循环。

(2)要构建合理的经营模式

石榴深加工，带动了当地相关农民增收。以美国独资的石榴生产企业来说，该公司市场占有率为国内同类产品销售量的60%以上，出口美国、日本、新加坡等国家和地区，产品质量有很高的标准，因而对原材料的质量要求比较高。据当地林业局领导介绍，实际上原材料使用本地石榴的比例并不高，主要原因是本地石榴品质不高。而本地石榴品质不高和经营模式有很大关系，现在主要是农户经营，各家各户独自经营，每户经营的榴园面积很大，而且为了追求更高的经济利益，更多精力投放于盆景、根雕，很难保证石榴果实的高品质。盆景、根雕是资源型利用，只有注重果树栽培才可使产业持续发展。

探索一种适合当地果树经营的方式，对冠世榴园的持续发展至关重要。

2. 对石榴文化的深度挖掘

中国石榴博物馆，对石榴文化进行了充分的展示。通过中国石榴的分布，介绍了我国丰富的石榴资源。精神文化方面，从国外、国内两个角度进行阐释，通过历代歌咏石榴的诗词歌赋、以石榴为题材的绘画、以石榴为纹饰的工艺品、以石榴为主题的影视作品，揭示了底蕴深厚的中外文化中石榴的寓意、民俗。物质文化方面，对石榴在世界各地的品种以及石榴汁、石榴酒、石榴化妆品等石榴产业进行了介绍。除此之外，还有和石榴相关的一些科研工作的介绍。这是一座对石榴文化全面、深度挖掘，形象展示的博物馆，负责博物馆工作的研究员有关石榴文化的书籍即将付梓，这必将使更多的人了解石榴文化。而对石榴文化的了解，更会推进冠世榴园的发展。

通过调研，有两点建议：

(1)关于特色小镇建设

目前，该区将园区升级与榴园镇小城镇建设结合，按照5A级景区标准规划，整合“冠世榴园”、青檀古寺、景观大道、福韵廊形象大门、游客服务中心户外运动基地等9大节点，建设集旅游度假、文化教育、休闲娱乐于一体的生态旅游小镇。据旅游区管理者讲，这个景区还吸引了韩国、日本等地的国外游客。

就目前建设来看，主要吸引的是短途游的客人，也就是说更多的游人是来了转一圈吃顿饭就走了。整合周边的文化资源，青檀古寺的青檀文化、历史文化，冠世榴园的石榴文化等，都是可以把游人留住，让他们住下来慢慢品味的。如何将文化形象宣传展示，使游人在欣赏风景时心灵也得到浸染，这或许是特色小镇建设时可以多思考的一个方面。

(2)关于文化纪念品

到一个地方让游人带走些只属于这个地方的产品，无疑是很有意义而且很必要的一件事情。现在景区所出售的纪念品，没有特色，甚至和整体文化不协调，只顾经济利益，缺乏统筹考虑。可以紧扣主题文化设计开发一些有特色的纪念品，让游人带走。调研时得到的毛绒石榴花娃娃，是石榴文化节的吉祥物，是景区管理人员赠送的，没有看到面对游客出售。

冠世石榴园，如何将文化、产业结合起来，如何将政府、企业、农户联系起来，如何既实现本地经济发展、农民增收又保护自然生态资源、历史文化遗产，是该生态文化产业面临的机遇和挑战。

经过关于“生态文化产业”的整体研究和个案研究，我们可以看到现阶段生态文化产业主要呈现四方面的特点：①共性与个性共存。我国生态文化产业现阶段正处于勃勃发展的态势，不同区域不同产业既有共性又有各自的情况。学者们的研究分析出了问题、提出了对策，相对比较全面。但通过实地调研，具体到个案，遇到的个体问题，还需要根据相应问题提出相应的对策。②多种产业形式并存于一个业态。我们现在一般将生态文化产业的表现形式分成几大类，但通过研究我们发现，这个分类不是截然的，常常是多种产业形式并存。比如茶文化产业，就和生态旅游、休闲养生等形式交织在一起，福建省推出七条茶文化旅游专线，云南省推出以普洱茶文化为主题的旅游专线，贵州省推出凤冈县田坝茶园旅游，湖北省推出宜昌三峡国际旅游茶城等茶文化旅游项目，开辟了茶文化产业经济发展的新途径、新空间。③文化需要进一步挖掘。关于“文化”与“产业”的关系就不再赘述，在各种生态文化产业的表现形式中，可以看到对于文化的挖掘既是重点亦是难点，需要进一步不懈地努力。④发展潜力巨大。生态文化产业包含多样的表现形式，具有巨大的经济效益、生态效益和社会效益，对于促进经济转型、实现绿色发展、保护民族文化具有重要的现实意义，存在着巨大的发展潜力。

第三部分 产业调研

我国森林旅游产业发展的思考

2017 年全国森林旅游游客量达到 13.9 亿人次，占国内旅游人数的比例约 28%，创造社会综合产值 11500 亿元。森林旅游已经成为继经济林产品种植与采集业、木材加工与木竹制品制造业之后，年产值突破万亿元的第三个林业支柱产业。森林旅游直接收入从 2012 年的 618 亿元增长到 2017 年的 1400 亿元，年增长率保持在 18% 以上。5 年来全国森林旅游游客量累计达到 46 亿人次，年均增长 15.5%。

森林旅游已经实现了从林业附属工作向关系经济社会发展和民生福祉大事业的华丽蜕变，从国有林场多种经营活动转变成林业现代化建设的一大亮点。发展森林旅游实现了从“砍树”到“看树”、从“卖山头”到“卖生态”、从“卖木材”到“卖景观”、从“把林产品运出去”到“把城镇居民引进来”的历史性转变。森林旅游是我国林业重要的朝阳产业、绿色产业和富民产业，同时也是深受公众青睐的健康产业和幸福产业。近年来，我国各类森林旅游地数量和接待能力剧增。

以森林公园、湿地公园、沙漠公园为代表的各类森林旅游地数量从 5 年前的 8000 余处增加到 9000 余处。森林公园依然是森林旅游发展中的重中之重，其年接待游客量超过全国年森林旅游游客量的 70%，年接待游客量超过 100 万人次、年森林旅游收入超过 1 亿元的森林公园数量超过 110 家。与此同时，森林旅游新业态百花齐放。森林旅游从观光旅游为主向观光旅游与森林体验、森林养生（康养）、休闲度假、自然教育（研学旅行）、山地运动、生态露营等多业态并重转变。

一、中国森林旅游行业特征

1. 森林生态系统类型多样，资源优势明显

中国地域辽阔，地形地貌复杂，从南到北跨越五个气候带，不同的气候、地貌和水热条件形成了我国风格各异的陆地生态系统森林景观和丰富的动植物资源，为发展森林旅游提供了优越的条件。丰富的自然资源又与积淀丰厚、内涵深远的人文景观融合，形成了各具特色的森林旅游资源。

中国是世界上森林生态系统类型最多的国家之一。作为森林旅游产业发展基础的

各类自然资源，经过合理开发，以森林公园、湿地公园、植物园、野生动物园等方式向旅游者提供各种选择，区域发展热点凸显。

2. 森林旅游发展体系初步形成

多年来，以森林公园、湿地公园、自然保护区为主要依托的森林旅游业一直保持着15%左右的年增长速度，森林旅游年接待人数超过4.5亿人次，占国内旅游人数的1/5，森林旅游已成为我国旅游业的重要组成部分，并在推动我国旅游业又快又好发展中显示出强劲动力。

中国森林旅游产业经过多年的发展，基本形成了以森林公园为主体、湿地公园和自然保护区旅游小区、林业观光园、狩猎场等其他类型森林旅游景区协同发展的森林旅游发展体系。

3. 森林旅游人数不断增长，成为休闲养生的重要手段

森林旅游依托大量的森林资源和原始生态系统，为游客创造出宁静和谐的环境，且负氧离子含量较高，有利于游客健身强体和改善睡眠，森林休闲旅游作为健康养生的重要手段将越来越受到旅游者的重视。目前，英国、德国、西班牙、意大利到森林旅游的人数大约分别占本国人口的39%、50%、38%、46%，中国森林旅游的人数所占本国旅游人数的比例只有20%左右，但是却以年均增长率高于国内旅游业年均增长率6个百分点的速度增长。

4. 国内旅游市场是中国森林旅游游客的主体

截至目前，数据显示中国森林旅游游客以国内游客为主，国内游客约占总游客人数的97.5%，海外游客的比重很低。

随着人们收入的增加，旅游观念的转变，国内旅游消费市场出现了结构性的变化。观光、休闲、度假这三大旅游消费市场均有所增长，而增长速度最快的主要是休闲旅游市场。森林旅游作为一种健康的、文明的、亲近自然的旅游方式，越来越受到旅游者的青睐。在闲暇之余，回归自然，在森林中放松身心越来越成为一种时尚。此外，由于世界经济的低迷，国外游客来中国旅游的热情下降也是中国森林旅游业呈现此特点的重要原因。

5. 森林旅游产业技术含量与产业关联不断提升

随着森林旅游业的不断发展，其对其他产业的相互影响不断显现。发展森林旅游，需要金融、铁路交通、餐饮住宿业等行业的支持，在相关行业的影响下发展，同时，发挥旅游产业对经济的带动作用，促进其他产业的发展。

发展森林旅游的初衷源于对自然生态系统的保护与对林业产业的改革，经济的发展。任何行业的发展，效率的提高以及竞争力的形成都与行业内以及相关行业的技术水平息息相关。生态学、地理学等学科的科学技术对森林生态旅游发展过程中资源的保护，水土资源的保持等方面起着积极的重要的作用。

6. 政府及相关组织倾力合作，对森林旅游产业高度重视

2011年5月11日，国家林业局和国家旅游局《关于推进森林旅游发展的合作框架协议》签字仪式在京举行；国家林业局森林公园保护与发展中心成立；《国家级森林公园管理办法》正式施行；全国森林旅游工作领导小组成立；国家林业局组织编制《全国森林旅游发展规划(2011—2020年)》；全国森林旅游工作会议召开，2011年中国森林旅游博览会开幕；国家林业局与海南省政府《关于加快推进海南森林生态旅游建设战略合作协议》签字仪式在海口市举行等等，这些都体现了政府对森林旅游的高度重视与支持。政府的关注与支持，是森林旅游得以快速发展的重要动力。

二、中国森林旅游业存在的问题

人们对经济发展的过度追求使得人们对资源的肆意消耗严重。一些偏远的经济不发达地区，以牺牲自然资源环境为代价，获取短期的经济利益。随着森林的过度砍伐，森林涵养水源能力日渐削弱，水资源危机已经形成，森林荒芜，野生动物栖息繁衍的环境也在不断恶化，生物种类锐减。

发展森林旅游，在保护自然生态环境的前提下，转移林业居民对原始森林生产的依赖，转变林业的产业结构是实现可持续发展的必然选择。在进行森林旅游时，我们不得不面对的现实是：我国成熟林的面积、天然林的面积、原始森林的面积不断下降。砍伐严重，植树造林面积小。虽然近年来林业部门加大造林投入，但根据目前的数据，我国的森林覆盖率低于世界平均水平，至2009年，世界森林覆盖率为30.3%，中国的森林覆盖率为20.36%。在不甚丰富的森林资源基础上发展旅游业，存在许多问题。

1. 区域间发展不均衡

森林旅游的发展以丰富的森林资源为基础，依托周围的山水人文等资源发展起来。森林面积较大的森林公园多是由原有国有林场发展起来的，森林旅游的发展对资源的依赖性很大。不同地区资源的差异是造成区域间发展不均衡的一大因素。此外还存在着一些十分优秀资源由于所处地区交通不便利，基础设施不完备等硬伤造成的资源浪费。

2. 森林旅游的季节性变动大

与其他旅游方式相似，森林旅游受季节因素的影响较大，随着季节流转而发生波动。为提高森林旅游地的利用率，需要开发差异性的、能够适应不同季节旅游需求的旅游产品。譬如，冬季一些森林景区的游客人数明显下降，此时景区如果能够迎合某些特定人群的需求，注入旅游项目以文化内涵，开发“独钓寒江雪”的冬日度假养生产品。

3. 产品开发雷同，品牌缺失

长久以来，资源比较优势理论一直是指导我国旅游业发展的理论基石。这一理论认为，资源的比较优势决定景区的生存和发展。在此理论的指导下，我国旅游业发展模式实质是一种资源导向型的旅游竞争方式。这种理论在森林旅游发展初期有较强的实践指导意义，但是随着森林旅游市场竞争的日趋激烈，这种理论的局限性妨碍产业的长远发展。过度依赖资源，相互模仿，文化内涵贫乏导致了本应异质性的产品出现大量雷同，同质化现象严重，产品缺乏个性和特色，降低了游客的感知价值，进一步降低了产品对游客的吸引力，导致森林旅游市场客源不足，使良好的森林旅游资源闲置。

产品的雷同，拳头产品的缺乏直接导致森林旅游产业品牌的缺失，导致行业吸引力下降。除了九寨沟、千岛湖等特色鲜明的景区外，森林旅游市场上极少有能够吸引游客络绎前来的旅游品牌。长此以往，森林旅游就无法向其他相对成熟的旅游产品，拥有在全国范围内的知名品牌，从而影响其在旅游产业中的营销和开拓。森林旅游相关企事业单位需要结合地方特色，抛弃传统的粗放的产品开发方式。森林并非孤立于自然而存在，要结合森林所处的山水人文条件，打造一个整体的细致的森林旅游环境，给游客一种人在林中漫步的可感受的产品服务，满足森林旅游者回归自然、放松心情的需求。

4. 管理体制不顺，资源破坏浪费严重

不少森林公园与风景名胜区、自然保护区交叉重叠，重复建设现象严重，导致各种纠纷不断，严重制约了森林旅游业的发展。此外还存着多家“抢山头”的现象，尤其是某些旅游部门对林区景观偏重开发利用，很少承担培育和保护责任，影响森林旅游的长期发展。许多大型森林公园、自然资源保护区等开展旅游活动的企事业单位都是由国有企业发展而来，组织庞大臃肿、人浮于事的问题十分严重。企业内员工工作积极性低，企事业单位的应变能力差，进取精神、竞争意识薄弱。

三、提升森林旅游业的措施

针对这些问题，可以从以下方面提高森林旅游业的品质。

1. 规范市场秩序，提高服务质量

在森林旅游产业发展还未成熟的当下，政府需要下大力气解决长期困扰旅游业发展的市场秩序、服务质量和旅游安全等问题，创造一个有利于产业发展、参与国内、国际市场竞争的外部环境。2011 年，林业局及相关政府部门颁布了森林旅游业相关的一系列法规、管理办法。在实施的过程中，要严格执行各项政策，提高森林旅游产业的服务质量。同时，当政府介入行业时，应该注意并决定产业所在环境需要创造哪些条件，并鼓励企业行动。

2. 加大对旅游业发展的政策倾斜，资金支持

任何事物从产生到成熟都要经历一个过程，只是时间长短不等。一个新公司成立后，大约需要三四年即可迈入正轨；一个产业要独立、成熟，形成强大的竞争优势，则需要 10 年或更长的时间。目前，森林旅游体系初步形成，区域发展不平衡，产品单一，产业的认知度不是很高，需要政府对森林旅游产业持续政策支持，投入资金扶持产业的发展，使森林旅游产业逐步形成区域竞争力、旅游地竞争力，进而提高中国森林旅游产业的国际竞争力。

3. 深入推进旅游业改革开放，引入竞争机制

森林旅游产业在市场经济中发展，虽有政府以及相关组织的支持支撑，但仍然要参与到市场竞争中去。随着森林旅游体系的不断发展，森林旅游面临的竞争也愈加激烈。现在森林旅游产业缺乏丰富的品牌产品，管理体制不完善等不足仍然存在，如何建立森林旅游产业的长久竞争优势、提高各森林旅游企业的综合实力成为我们面临的亟待解决的一大课题。竞争机制的引入，有利于激发森林旅游产业内的创新，促进旅游企业的成长。

在国内竞争条件下，区域的特色才会更加明显，进而强化整个产业的竞争优势。良性的国内市场竞争与随之而来的长期竞争优势，是外国竞争者无法复制的。国内市场竞争所创造的竞争优势，可以使中国森林旅游产业在国际森林旅游业中脱颖而出。对于中国森林旅游产业的发展来说，引进竞争机制，培养良性竞争的环境，对于产业的蓬勃发展十分必要。

在进行产业发展时，要注意以下几种关系的控制：

首先是管理体制的关系，完善管理机构，探讨管理模式，搞活经营机制，在明确森林资源产权的基础上，可以实行所有权和经营权分离，鼓励各种社会主体参与森林旅游的开发建设。

其次是资源开发与保护的关系，发展森林旅游，必须以科学发展观为指导，坚持“生态优先”的原则，不断加大森林资源的培育和保护力度，在此基础上，充分开发利用森林资源，发展森林旅游业，壮大林业经济，反哺林业生态建设。

第三是政策扶持和多元投入的关系，走市场化开发的路子，加大森林旅游招商引资力度，鼓励兴办森林旅游，政府则从政策上给予扶持。

4. 积极推进旅游业改革试点工作，探索旅游业改革发展新模式

政府在推进森林旅游业全面发展的同时，选择一些具备条件的旅游地进行改革试点工作，进行重点建设，探索新的发展方式，起到对整个行业的示范领导作用。吸纳各方意见，鼓励创新，不断尝试、调整，为行业的可持续发展做好先驱准备工作。

5. 宣传推广，扩大森林旅游产业的认知度

对于森林旅游产品的宣传，不能像其他产业的产品的宣传。森林旅游是在可持续发展的基础上，以自然景观为主体，以保护自然为目的，同时发展林业生态建设，改善林区群众生活的科学的、高雅的、文明的旅游方式。对森林旅游产品、森林旅游产业的宣传，应当站在系统产业的高度上考虑，宣传活动符合产业发展的战略规划，对产业长远的发展有良好的影响。

具体来说，为了加快森林旅游业发展，政府和相关部门应多做引导和扶持工作，如对资源和基础设施建设的投入，线路的串接、整体包装、宣传推介，从外部环境上给开发者以强劲动力。

6. 重视教育和训练，注重研发

随着森林旅游产业的发展，对管理的要求，对专业化的要求越来越为迫切，来自外部的竞争压力迫使我们重视对人才的培养，对科技的发展。现在，旅游消费者的知识水平越来越高，对旅游服务要求也越加挑剔，这就要求行业内各个环节都应当精益求精。一个旅游企业的力量难以在如此复杂广阔的范围内产生反响，这就需要政府及相关行业组织加强与研究机构、学校、培训组织的合作，共同推动行业的发展。

7. 培育国内市场，引导国内需求向高层次发展

政府具有培育和塑造国内需求及其性质的作用。政府的行为可以引导一国消费群体或积极或消极的行为。面对全球气候变化的影响，人们对低碳生活方式的崇尚，诸如森林旅游的健康旅游市场已初具规模。为了保护脆弱的自然资源，把发展森林旅游上升为国家战略，完成建设生态文明的重要任务，实现兴林富民战略支撑点，推动绿色低碳发展的重点领域，促进旅游业发展的新的增长点，对国内市场的培育引导是我们的必然选择。

对国内市场的培育，有利于我国森林旅游产业形成长久的产业竞争力，为产业的永续发展奠定坚实的基础。

8. 政府引导林农参与

森林旅游是生态旅游的一种，生态旅游的主要特点是当地社区群众的参与。在森林旅游开发过程中，要积极吸引林场职工和当地农民，通过兴办农家乐餐饮住宿、林果园以及参与景区的设计开发等森林旅游活动，增加经济收入，改善生活水平。同时，要以丰富的森林资源和林、果、茶资源为依托，开展多种活动，放大森林旅游的社会经济效应。政府需要制定一些政策，提高林农参与森林旅游发展的热情。

四、中国森林旅游业可持续发展分析

森林是陆地生态系统的主体，是陆地上最大的可再生资源库、生物质能源库、生物基因库，也是陆地上最大的“储碳库”和最经济的“吸碳器”。森林不仅具有涵养水源、保持水土、防风固沙、保护物种、固碳释氧、净化环境等独特功能，为人类生产不可缺少的生态产品，又能为人类提供木材、药材、食品和能源等多种物质产品，还能为人类提供森林观光、休闲度假、生态疗养和文化传承的场所。良好的森林生态系统是人类生存发展不可或缺的生态基础和物质基础。

可持续发展以提高生活质量为目标，要求经济发展与环境承载力相协调，促进社会进步，主张采取适当的经济手段、技术措施和政府干预等方式以减缓自然资源的耗竭速率（对不可再生资源）或使资源消耗率低于再生速率（对可再生资源），达到经济发展的可持续性。因此，可持续发展要遵循公平原则、可持续性原则、需求性原则和共同性原则等四大基本原则。为了使历史文化遗产资源能够较完整地保存下来，对其保护和利用也应该遵循上述基本原则。

森林旅游不仅需要树木多，关键是有与之相应的特有的森林环境条件，包括地貌、岩石、流水、野生动物和特有的气候条件等。森林生态系统能够提供多种服务功能，比如涵养水源、释氧固碳、调节气候、休闲游憩等。森林对人类的贡献不仅仅表现在经济方面，更表现在森林生态系统在全球范围、生物圈平衡的作用。在进行森林旅游时，森林对游客提供的产品不仅仅是实体的，还表现在其他方面，诸如森林生态的供给服务、调节服务、文化服务。

发展森林旅游时，要坚持以森林生态为主的原则，主体应当是森林。在发展旅游经济的同时，注重自然资源的保护，特别是有较高价值的自然生物资源。发展森林旅游，并不是对森林资源没有消耗的。为保持森林旅游的可持续发展，利用先进的科学技术，保护旅游地的森林生态系统。旅游管理经营部门，不能为了森林旅游能够提供的当前利益而牺牲未来的长远利益。

此外，发展森林旅游与当地民俗文化相结合。围绕中心景点建设旅游循环圈边建设边开放。森林旅游项目投资大，建设回收期长避免因投资失误而造成的损失。森林公园不断挖掘和丰富生态旅游的文化内涵，推出以生态教育、科普教育和爱国主义教育为主题的旅游活动，使人们在寓教于乐中增长知识，受到教育，有力地推动各地精神文明建设和社会文化事业的发展。

五、中国森林旅游业发展政策

多年来，以森林公园、湿地公园、自然保护区为主要依托的森林旅游业一直保持着15%左右的年增长速度，森林旅游年接待人数占国内旅游人数的1/5左右。森林旅游已成为我国旅游业的重要组成部分，并在推动我国旅游业又快又好发展中显示出强劲动力。

将森林旅游作为推进现代林业发展和旅游业升级转型的强劲动力，实现兴林富民和兴旅富民的重要途径。按照发展现代林业、建设生态文明、推动科学发展的总体要求，解放思想，深化改革，创新体制机制，转变发展方式，加强统筹协调和部门合作。坚持严格保护、科学规划、合理利用、协调发展，实现森林资源保护与利用、生态与产业良性发展的格局；坚持以人为本，因地制宜，整合资源，打造特色，不断满足人民群众日益增长的森林旅游需求；坚持协同发展，加强区域合作，加强森林旅游与文化旅游、乡村旅游、红色旅游的融合，实现资源互补，利益共享；坚持改革创新，建立适应市场经济发展的管理体制和经营机制，不断提升森林旅游的产业规模和发展质量。

到2020年，各类森林旅游景区总数达到8000处，构建起以森林公园为主体，湿地公园、自然保护区旅游小区、森林植物园（树木园）、林业观光园等相结合的森林旅游发展体系，形成较为完善的森林旅游基础设施和服务接待能力，开发一批特色鲜明的森林旅游专项产品，推出一批国际国内一流的森林旅游景区。全国年森林旅游人数达到14亿人次，创社会综合产值达8000亿元，将森林旅游培育成林业支柱产业，满足城乡居民森林旅游的需求，促进森林旅游健康持续发展。

将森林旅游统筹纳入全国旅游发展规划。编制《全国森林旅游发展规划》及各省、自治区、直辖市森林旅游建设发展规划，挖掘森林旅游发展潜力，统筹各类森林旅游景区发展。指导森林旅游景区认真做好总体规划的编制和修订，增强规划的科学性和可操作性；增强规划实施的严肃性，坚持以总体规划统领景区的开发建设；坚持“以人为本、重在自然、贵在和谐、精在特色”的景区开发理念。

完善法规、标准。进一步完善现有法律法规，明确森林的游憩功能，确立森林旅游发展的法律地位；研究制定《森林公园管理条例》《湿地公园管理条例》，加强森林公园、湿地公园的规范化管理建设；推动地方性法规的制定，对于重要的森林旅游景区，鼓励制定“一园（区）一法”。完善森林旅游标准化体系，逐步制定森林旅游景区在规划、保护、管理、建设、经营、服务等领域的国家标准或行业标准。积极开展标准化试点示范工作，进一步提升森林旅游标准化服务水平。

加大投入力度。各级林业、旅游行政主管部门要紧密合作，积极争取将森林旅游发展纳入各地经济社会发展规划，把城市型、城郊型森林旅游景区纳入城市公共服务网络；加大对森林旅游基础设施建设的投入，积极争取将森林旅游景区发展需要融入铁路、公路、水运码头、支线机场等相关建设规划。积极争取将国家级森林公园、湿地公园的基础设施建设纳入林业基本建设中央投资计划。把发展森林旅游作为各级林业基本建设、林业产业扶持、林业重点工程、旅游发展基金等项目资金的重要支持方向。积极争取国家文化和自然遗产地保护、旅游景区基础设施建设等国家项目的支持。扩大林业信贷对森林旅游的扶持，积极推进金融机构的信贷支持。鼓励各类经济实体依法投资森林旅游景区景点、旅游项目、商业网点、服务接待以及交通运输等的建设和经营。

加强监督检查。建立健全对森林旅游景区的监督检查制度，规范监督检查机制。督促森林旅游景区加强资源保护，加快开发建设步伐，实施规范化保护、建设、管理、经营和服务。加大执法力度，严厉打击各类违法占用林地、破坏森林风景资源和生态环境的开发建设行为，严厉打击各类非法旅游经营活动，严肃查处无规划或不按规划进行建设的行为，坚决取缔不按程序审批、不符合主体功能定位的开发建设项目。充分发挥行业协会的作用，维护旅游经营者和旅游消费者合法权益，提高行业自律水平。

我国沙产业发展现状和思考

一、我国沙产业发展情况

我国沙产业发展步伐明显加快，效果开始显现。据不完全统计，最近几年，我国沙产业年产值逾1000亿元，且发展势头良好，体现在以下几个方面。

1. 人们对沙化土地有了新的认识

在沙产业理论指导下和沙区广大干部群众长期的生动实践，沙产业已给人们带来了实实在在的利益。很多地方提出防沙治沙“不以绿色划句号”，做到了生态、生计兼顾，治沙、致富双赢，“绿起来”、“富起来”结合，做到了变沙害为沙利。昔日不毛之地的“沙窝子”变成了“绿色家园”，变成了“聚宝盆”，沙地也不再被他们看作是“癌症”。沙产业的成功实践已使人们进一步认识到“用沙”是防沙治沙的有机组成部分。防沙、治沙、用沙正在成为我国沙区广大干部群众的自觉行动。

2. 沙产业加快了沙区群众脱贫致富和区域经济发展步伐

国家林业局长期以来重视沙区群众脱贫致富，特别是党的十七大提出，确保2020年实现全面建成小康社会的奋斗目标的要求后，根据国务院对防沙治沙工作的要求，依据林业工作和防沙治沙工作的特点，国家林业局又与时俱进提出“兴林治沙富民”的新要求。在坚持强化保护和生态建设优先基本原则的基础上，积极引导企业、实体和沙区群众利用沙区资源优势，发展特色产业，增加农民收入，在很多沙区取得了喜人的效果。我国的“三北”防护林工程实施30年来仅增加林木蓄积量一项就增加经济价值3000多亿元，为中央政府投资的66倍；年产薪柴800多万吨解决了700多万户农民的烧柴问题；年产干鲜果品3600万吨，占全国年产量的1/3，年产值537亿元；营造柠条等灌木饲料林7500万亩(10亩柠条可为一头奶牛提供一年的优质饲料)。在内蒙古的库布齐、乌兰布和、巴丹吉林、腾格里和科尔沁等沙区，已逐渐形成了一个以发展沙产业为主的民营企业群体。如位于库布其沙漠的鄂尔多斯市，在企业的带动下，大力发展沙产业，解决了15万农牧户就业，农牧民人均年增收1900元；位于科尔沁沙地的通辽市奈曼旗多年来坚持发展沙产业、在种、养、加、游等方面成功地走出了一条用沙、兴沙的产业化之路，沙产业已成为当地农民的重要收入来源和解决就业的重要渠道，也已成为当地重要支柱产业。2010年，上海世博会举行内蒙古“奈曼日”，高层访谈的主题是发展沙产业、遏制荒漠化。奈曼旗的沙产业产品，在会上受到了国内专家和国外权威同行的高度评价。联合国国际信息发展组织罗马总部总干事长丹尼尔·巴瑞奥先生说：“奈曼人在用沙治沙上给全球树立了一个很好的榜样。”新疆、青海、陕西、甘肃、宁夏也都因地制宜地发展沙产业，较大幅度地增加了农民收入，推动了当地经济发展，成效显著。位于黄河故道的河南、河北、山东、江苏和安徽的沙区，长期以来所营造的防风固沙林，已形成了我国速生丰产林基地，结合木材加工业和林下经济的发展，已成为当地农民收入的重要来源，也促进了当地经济发展。

3. 沙产业发展加快了防沙治沙生态建设

沙产业的发展使企业和群众得到了实实在在的利益，他们越来越进一步认识到防沙治沙可以发展沙产业，防沙治沙就是发展沙产业。他们用发展沙产业增加的收入，继续投入防沙治沙生态建设发展沙产业。这样，在防沙治沙和沙产业之间形成了互动的、良性循环的运行机制，起到了配置资源的作用，吸引了社会各种生产要素向沙区聚集，加快了防沙治沙生态建设。

4. 防沙治沙和沙产业的发展拓展了中华民族生存与发展空间

长期的防沙、治沙和用沙，全国在总体上已实现了由“沙逼人退转为人逼沙退”。每年已有1717平方公里的沙化土地转变为绿地，折合每分钟就有近5亩沙地转变为绿地。很多沙区生态状况有了较显著改善，沙区群众的生活水平也有较明显提高。许多过去风沙肆虐的地方，通过发展沙产业，已转变成了人沙和谐相处的宜居之地，为沙区群众，为中华民族的生存和发展拓展了生存空间。

二、开展的主要工作

沙产业是我国已故著名科学家钱学森院士于1984年提出的一种新型产业形态，经长期实践，其内涵和外延不断得到扩充和完善。目前，社会上形成了比较一致的认识，沙产业就是根据沙区光能资源丰富、水资源紧缺的特点，通过新技术的应用，培育多采光、少用水的产业，就是在改善沙区生态的同时，利用沙区自然条件，通过合理开发利用沙区药用、食用、饲用和其他可作为工业原材料的生物资源及阳光资源、景观资源等，增加沙区群众收入，促进沙区经济和社会的持续发展。长期以来，党中央、国务院高度重视防沙治沙和沙产业发展，根据《防沙治沙法》和《国务院关于进一步加强防沙治沙工作的决定》，国家林业局作为全国防沙治沙行政主管部门，在抓好防沙治沙生态建设的同时，积极会同相关部门在发展沙产业方面主要做了以下几个方面工作。

1. 制订出台了扶持沙产业发展的相关政策

为扶持沙产业发展，1991年以来，国家林业局会同财政部、中国人民银行、国家税务总局等部门在开发利用沙漠资源、土地承包、税费优惠、贴息贷款、权益保障等方面多次下发文件，出台了一系列政策措施，对沙产业发展予以扶持。2009年国家林业局联合财政部印发的《林业贷款中央财政贴息资金管理办法》规定，对沙区企业从事种植、养殖和林产品加工业的贷款项目予以贴息。“十一五”期间，国家累计安排治沙贴息贷款100亿元，中央财政贴息5亿多元，有力推动了沙产业的发展。

2. 加强了对沙产业发展的宏观指导

一是2005年，国务院颁发的《关于进一步加强防沙治沙工作的决定》和批复的《全国防沙治沙规划》都明确规定，允许合理开发利用沙区资源，鼓励并积极引导各种实体充分利用沙区的光、热、风、土地等优势资源，发展特色产业；二是国家林业局就京津风沙源治理工程的沙产业发展问题专门下发指导文件，确定区域产业发展的重点领域和政策措施，促进了兴林富民战略实施，巩固了工程建设成果；三是国家林业局已将沙产业正式列入《林业发展“十二五”发展规划》；四是根据中央有关精神和《林业发展“十二五”规划》的要求，2011年，国家林业局印发了《关于进一步加快发展沙产业的意见》，明确了沙产业发展目标和具体措施，进一步加大了对沙产业的宏观指导。

3. 重视社会支持

为取得全社会对我国防沙治沙和沙产业发展的支持，提高沙产业开发建设水平，2003年以来，国家林业局分别在北京、宁夏、内蒙古成功举办了三届全国沙产业博览会。2011年，沙产业作为独立的新兴特色产业，第一次亮相在浙江义乌举办的第二届中国国际林博会，展出内容包括种植、养殖和加工等9个大类，展销特色产品达300多个。由于沙区阳光资源充足，空气、土壤和水资源质优等特殊的良好自然环境，生产的沙产业产品为有机食品，特色鲜明、品质高、口感好。又由于参展品种多，如沙棘、枸杞、大枣、核桃、香梨、苹果等干鲜果品、饮品和肉苁蓉、锁阳、甘草等名贵药材以及沙地杂粮杂豆、花生和以沙为原料做成的建筑材料等。琳琅满目的沙产业产品，受到了社会的广泛关注、认可和好评。多年来，国家林业局多次以现场会、博览会、论坛、国际学术交流等多种有效形式宣传沙产业成效和重大意义，取得了全社会关注和支持，特别是企业的参与，有力推动了沙产业快速发展。

4. 总结经验探索沙产业发展模式

根据《防沙治沙法》规定和《国务院进一步加强防沙治沙工作的决定》的要求，为加快改善沙区生态环境和帮助农牧民脱贫致富，2003年起，国家林业局在全国不同沙化土地类型区共批准建立38个防沙治沙综合示范区，涉及24个省(自治区、直辖市)的130个县(市、区)，旨在探索总结完善兴林治沙富民的政策、机制和模式。2005年以来，国家林业局先后在内蒙古、新疆、宁夏、陕西、江西、湖北等省份召开了防沙治沙和沙产业发展经验交流现场会。各地沙产业的蓬勃发展，已起到了兴林富民的良好效果。

5. 重视理论和科技对沙产业发展的推动作用

长期以来，国家林业局十分重视社会学术团体和教学研究等社会有关单位在发展沙产业方面发挥的重要作用。尤其是近10年来，为进一步落实党中央和国务院领导关于科学治沙和发展沙产业的重要指示精神，国家林业局认真落实，积极开展工作，已取得了较丰富的成果。主要做了以下几件事：一是在温家宝总理的亲切关怀下，2003年，由60多位院士和资深专家领衔，研究队伍近300人参加完成的，作为中国国家战略之一的《中国可持续发展林业战略研究》中，专门形成了《荒漠化防治战略》，明确提出了我国荒漠化防治的战略思路与对策、战略目标与布局，以及战略保障，特别是在战略目标中，确定到2050年，使我国的荒漠化土地基本得到治理，并建成稳定高效的生态防护体系，发达的“沙产业”体系；二是要求中国治沙暨沙业学会、中国林业科学研究院和北京林业大学等学术团体和教学研究部门的专家学者，深入沙区考察调研、开展沙产业技术咨询、科普及政策宣传、研究沙产业理论和在国际学术交流与合作方面，做了大量富有成效的工作，受到了沙区各级政府和基层部门和群众的肯定和好评。在理论联系实际的基础上，这些单位发表出版了《中国治沙暨沙产业研究》《中国沙产业》《中国沙漠化防治》《中国的荒漠化及其防治》等数百万字的比较权威的理论专著和论文。一系列科学研究成果，奠定和丰富了我国沙产业理论体系。三是经科技部批准立项，2007年，由中国林业科学研究院牵头，会同中国科学院、教育部、国家气象局和甘肃省的18家科研、教学机构的100余名专家共同参与、完成了对“库姆塔格沙漠综合科学考察”。至此，我国已全部完成了对八大沙漠的综合科学考察；四是国家林业局于2010年专门成立防沙治沙研究所，加强防沙治沙和沙产业学术理论研究。

三、沙产业发展存在的突出问题

尽管我国沙产已取得了较好成绩，但和我国经济社会发展的要求看，我国的沙产业发展还存在着亟需解决的突出问题。

1. 认识问题

根据沙产业理论，沙产业是面向未来的新兴产业、阳光产业、事关我国西部经济社会快速发展、是事关中华民族发展空间的战略性产业。对此，很多地方还没有足够的认识。又担心抓沙产业会影响防沙治沙生态建设，因此，发展沙产业还没有摆上应有的位置。

2. 科技含量低

根据沙产业理论和长期成功实践，沙产业的技术路线是“多采光、少用水、靠科技、创效益”。因此，沙产业是知识密集型产业，是高科技产业。但目前的情况是沙产业缺乏科学引导，科技创新不够，科学技术缺少重大突破，致使沙产业知识密集度低，科技含量低。如对沙生植物重利用，轻种植、轻品种选育、轻品种改良的情况还比较普遍的存在，这种情况直接影响到加工产品的数量和质量。产品加工，还较普遍地存在着自发的、作坊式的状况，初级产品多，产业链短，技术含量低。个别地方破坏植被、浪费资源的现象还比较严重。总之，沙产业总体上还处在传统的、粗放的、组织化程度低的发展阶段。

3. 政策扶持不够

沙产业是知识密集型的高科技产业，是新兴产业、自然条件恶劣，风险大。由于在资金投入、税收等政策扶持不够，企业和社会参与的动力不足。

四、下一步发展沙产业的指导思想及主要工作

以科学发展观为指导，贯彻落实(中发〔2012〕1号)提出的“鼓励企业等社会力量运用产业化方式开展防沙治沙”的要求，顺应沙区各族人民过上更好生活新期待。以科学发展为主题，以加快转变发展方式为主线，按照预防为主、科学治理、合理利用的方针，依靠科技进步，遵循自然规律和经济规律，坚持防沙治沙生态建设与促进农牧民脱贫致富相结合的原则，统筹规划，突出重点，分步实施。坚持解放思想、实事求是、开拓进取，加快建立发达的沙产业体系，为全面建设小康社会做出贡献。

按照2012年党中央1号文件中关于鼓励企业等社会力量运用产业化方式开展防沙治沙的要求和《国务院关于进一步加强防沙治沙工作的决定》和全国防沙治沙大会的精神，为切实推进我国沙产业发展，下一步我们要重点做好以下几方面的工作：

1. 努力营造有利于沙产业发展的社会氛围

要大张旗鼓地宣传沙产业发展在促进生态建设和经济发展中的重要作用，提高全社会对沙产业的认识；要深入宣传沙产业开发的巨大潜力和先进典型，增强人们搞好沙产业的信心；要广泛宣传国家鼓励沙产业发展的优惠政策，调动社会各界参与沙产业开发的积极性。通过宣传，努力在思想认识上达到一个新高度，营造全社会重视、支持和参与沙产业开发的良好氛围。

2. 认真编制沙产业发展规划

按照《全国防沙治沙规划》，在认真开展调查研究的基础上，尽快组织编制《全国沙产业发展规划》，明确沙产业发展的总体思路、阶段目标、项目布局、重点领域、保障措施等，指导全国的沙产业发展。

3. 制定沙产业相关的规范和标准

组织有关技术人员研究制定沙产业相关的指标体系和标准，界定沙产业的范围，明确沙产业的统计标准，规范沙产业相关事项。

4. 强化科技创新和新技术推广应用

鼓励科技人员开展技术创新，针对沙产业发展的关键性技术难题，开展多部门、多学科、多层次的联合攻关。针对不同类型区研发生态经济兼用型树种、草种，探索先进适用的造林种草技术和抗旱节水技术，总结沙产业发展模式。积极推广应用现代技术手段，提高沙产业开发的科技含量。

5. 完善落实促进沙产业发展的扶持政策

《国务院关于进一步加强防沙治沙工作的决定》在税收、信贷、补偿等方面制定了一系列扶持政策，落实《沙产业发展指导意见》，进一步完善相关的配套政策，不断创新沙产业发展的体制机制，充分调动广大农民群众、社会各界参与沙产业开发的积极性。

6. 扶持龙头企业搞好产业化治沙

根据2017年中央1号文件精神，国家林业局将组织研究相关政策，依托重点生态建设工程，积极扶持一批有特色、科技含量高、有市场竞争优势辐射带动力强的沙产业龙头企业，利用沙区独特的自然条件，大力培育沙区特色资源和旅游产业，加快产业聚集、产业延伸、产业升级步伐，逐步形成产业集群，加快沙产业基地建设，实行产业化和规模化治沙。

我国野生动植物繁育利用产业发展前景

野生动植物资源具有多样性、生态性、可再生性等显著特点。发展野生动植物繁育利用产业，不仅符合加强生态建设的要求，也是传承民族传统的需要，并且还与市场需求多样化、消费品天然化趋势相吻合，具有难以估量的巨大潜力和市场空间。近年来，林业部门加强政策指导、技术扶持、规范管理，促使该产业在我国得到迅速发展。2011 年估算总产值已突破 1000 亿元，为医药、民族工艺等产业提供了有力保障，在局部区域甚至成为农村经济发展和农民增收的主要动力。我国野生动植物种类多、分布广，并且资源繁育方式可不占用耕地，又与我国当前农村经济模式相适应，发展野生动植物繁育利用产业具有得天独厚的优势。特别是在其他产品市场逐步趋于饱和的情况下，对野生动植物产品一直呈现旺盛需求，为此，建议国家抓住时机对该产业强化宏观规划，引导结构调整和适当投入扶持，可望为解决“三农”问题开辟出一条新的途径。

一、野生动植物繁育利用产业的特点

我国野生动植物种类十分丰富，仅脊椎动物就达 6000 种左右，高等植物达 3 万多种，适生条件多种多样，经济利用价值各不相同，是发展野生动植物繁育利用产业的物质基础。由于野生动植物资源的特性，该产业与其他产业有明显不同的特点，其市场空间也难以由其他产业来填补，具有巨大的发展潜力。

1. 野生动植物繁育利用，对加强生态建设具有积极的促进作用

野生动植物是自然生态系统的主要组成部分，决定了野生动植物适生于森林、湿地、草原、荒漠等各类自然生态系统，只要按照其自然生态习性开展繁育，不仅不会危害生态，还能有效发挥其在维护生态平衡中的作用。如：在森林湿地区域散养林蛙有利于防治森林病虫害，在森林里散养鹿类、麝类、雉类等草食动物可提高林地肥力

和有益于林木生长，林下散种野生植物大多数情况下不会影响到林木生长。此外，通过野生动植物繁育来满足市场需求，可有效遏制对非正常渠道来源的野生动植物及其产品的需求，有利于遏制乱捕滥猎、乱挖滥采、走私野生动植物等非法行为。如：我国梅花鹿繁育的成功，为市场提供了大量鹿茸等产品，盗猎野生梅花鹿的现象极少发生，其结果有利于保护野外资源和维护生态平衡。

2. 野生动植物繁育利用，为经济发展提供了多种多样的物质资源，并具有不可替代性

在我国，野生动植物繁育利用涉及诸多行业，具体包括医药、传统工艺及装饰品、毛皮及高级皮革、乐器、名贵家具、食品、保健品及化妆品、花卉、园艺、生态旅游等领域，现阶段相关产品已高达数千种，并且由野生动植物提供的物质材料具有特殊性，难以被其他物质所替代。如：麝香、羚羊角、獐宝的特殊药用功效，红豆杉中提取的紫杉醇和喜树中提取的喜树碱被用于治疗癌症，麻疯树中提取的植物油可望替代燃油等。可以预计，由于野生动植物种类的多样性，随着科学技术的不断进步，今后还将有更多的物质材料从野生动植物中源源不断开发出来，这与经济发展对物质资源的需求日益多样化趋势相一致，呈现出巨大的开发潜力。

3. 野生动植物繁育利用具有广阔的市场空间

野生动植物资源属于稀缺资源，与正常需求相比，缺口很大。以麝香为例，年均需求量在2吨以上，但从保障中医药可持续发展的角度核算，现阶段每年启用的麝香量已不足500千克，按货值计算的每年资源缺口额约2亿元。类似的情况在其他野生动植物种中比比皆是，如蛇类、穿山甲、高鼻羚羊、石斛、红豆杉等。据初步统计测算，我国现阶段野生动植物原料缺口货值达500亿~600亿元，即使大量转由进口解决，也还有货值约200亿元的野生动植物原料没有来源，只能实行限产，制约了经济发展。如果大力发展野生动植物繁育，以现阶段水平核算，仅提供原料一项年产值就可以提高500亿~600亿元，其延伸的制成品价值则将高达数千亿元。此外，科技进步对野生动植物新产品的开发，国际上追求天然食品及天然原料的趋势，观赏野生动植物生态旅游的兴起，还将进一步拓宽野生动植物繁育利用产品的市场。因此，其发展空间十分广阔。

4. 野生动植物繁育利用，适宜于偏远落后地区，可为当地经济发展和群众脱贫致富开辟新的出路

我国野生动植物分布的一大特点，就是大多分布于偏远落后地区。受各种条件限制，这些区域常常不适于发展工业或高新技术产业。但其自然条件和保存的生态系统恰恰适宜开展野生动植物繁育，加之野生动植物不危害生态、其产品价值高昂的特点，是当地经济实现新增长和促进群众脱贫致富的新途径。林业部门于20世纪90年代中期在黑龙江林区指导推广林蛙养殖，在林间溪流中繁殖孵化的林蛙个体在林下散养，现年产量已达到1.5亿只左右，产值约6亿元，解决就业人口约3万人，成为当地经济一大新亮点；在云南省，林下松茸采集出口，年出口创汇5000多万美元，位居云南省出口创汇第一位，带动了一大批农民增收。再以野生动植物原材料高达数百亿元的市场缺口核算，如果这一市场缺口转化为繁育产值，总体上可解决数百万农村剩余劳动力就业问题，其延伸效益更为巨大。

5. 野生动植物繁育利用，与传扬民族传统有着密切的关系

我国野生动植物繁育利用历史悠久，有许多民族传统就是起源于野生动植物繁育利用或依赖野生动植物资源，如传统中医药（涉及野生动植物原材料上千种）、民族乐器（二胡、手鼓）、传统雕刻工艺（牙雕、角雕）、传统马戏表演、民族服饰，等等。这些民族传统涉及的野生动植物资源一旦告罄，相关民族传统的继承和发扬必然受到严重影响，甚至面临危机。

人多地少，一直是我国农村经济发展的一大瓶颈。在农村土地资源十分有限且必须首先确保基本农田用于粮食作物生产的情况下，在森林等生态用地上发展野生动植物繁育，不仅可有效促进资源增长和改善生态环境，还可缓解野生动植物原材料严重不足的矛盾，进而维护相关中医药、毛皮及高级皮革、保健品及化妆品、食品、名贵家具等制造业的可持续发展，并将对民族传统的继承和发扬发挥积极作用。同时，由于野生动植物繁育适应偏远地区的特点，以及该产业的巨大市场空间，还可以为发展农村经济和解决剩余劳动力就业问题提供一条新的出路。

二、野生动植物繁育利用产业现状和存在的问题

近年来，在我国不断加强生态建设进程中，林业部门对引导和扶持野生动植物繁育利用产业日益重视，不断加强政策指导、扩大种源储备、积极提供技术及市场信息服务、实行规范管理，特别是提出了“以利用野外资源为主朝利用人工繁育资源为主转变”的战略方向，促使该产业迅速呈现出勃勃生机。据初步统计，截至2011年年底，全国野生动物养殖单位及养殖户达25000家左右，野生植物种植单位及种植户近20000家，开发利用及进出口企业约15000家，年总产值达1000亿元，形成了由龙头企业、繁育基地和养殖、种植户构成的资源繁育、加工利用和销售出口“一条龙”产业链，市场出路稳定，在局部地区对促进当地经济发展和农民增收取得了明显成效，还有效保障了一大批传统产业的可持续发展。

虽然我国野生动植物繁育利用产业近年来发展迅速，但与社会需求的快速增长相比，仍处于滞后状况，主要体现在三个方面：一是繁育资源总量严重不足，市场缺口高达数百亿元；二是深加工技术落后，没有充分开发出资源价值，如林蛙油、紫杉醇等出口到国外，经再次加工后的价值将提高数倍甚至数十倍；三是野外观鸟和观赏野生动物等生态旅游还几乎是空白，而在许多国家这已成为促进旅游业发展的重要动力，甚至是部分国家的一大支柱产业。尤其值得重视的是，由于产业发展跟不上市场需求的增长，巨大的市场空间不仅没能转化为生产力，还导致走私、乱捕滥猎、乱挖滥采等违法现象屡禁不止，反而给野生动植物保护形成了巨大压力，国际社会借此指责我国保护政策的情况也时有发生。

还必须看到，在野生动植物繁育利用产业具有巨大市场空间的情况下，该产业却

表现出继续发展乏力的迹象，具体可归因于以下几方面的问题。

1. 种源储备严重不足

开展野生动植物繁育，首先必须有种源作保障。虽然林业部门多方筹集资金建立了一些种源基地，但由于国家投入极为有限，除少数种类的野生动植物种源保有量达到一定规模外，绝大多数种类的野生动植物种源保有量极少或根本没有。繁育单位在没有种源的情况下，要么是根本无法开展繁育活动，要么是购买非法从野外猎捕的野生动物或非法从野外采集的野生植物，还有的铤而走险从走私渠道获取种源。这不仅严重制约了野生动植物繁育利用产业的发展，还危及野生动植物保护，并损害了我国的国际声誉。

2. 技术支持体系不健全

野生动植物种类多，生物学特性千差万别，因此其繁育技术也各不相同，特别是与我国农村传统种养技术有很大差别，需要提供专业技术支持。但现实情况是，我国尚没有建立起野生动植物繁育技术支持体系，林业部门虽然一直通过其建立的种源基地提供一些技术支持，但因种源基地数量、规模极为有限，技术支持还只能覆盖很小的范围。在这一现实面前，绝大部分从业人员只能自找门路或自己摸索技术，导致技术成本、技术风险增加，延长了投入产出周期，还常常出现因从业人员不懂技术致使宝贵的野生动植物种源大量死亡的现象。此外，由于科技投入不足，还有很多种类的野生动植物的繁育技术没有攻克，也是一大重要制约因素。

3. 市场信息服务尚不到位

不同的野生动植物原材料或产品大多有特定的需求方，如：制造二胡需要蟒皮、生产喜树碱需要喜树枝叶等，难以通过普通市场进行销售出售，需要有相应的市场信息服务，以建立高效的流通渠道。但由于缺乏有效的市场信息服务渠道，特别是偏远地区从业人员组织化程度不高，大多只能自己寻找市场，不仅增加了风险和成本，还常常出现市场急需的野生动植物原材料或产品积压在繁育者手中找不到出路的现象。

4. 生产高端产品的深加工能力较弱

虽然大多数野生动植物制成品在国际市场上价格十分高昂，但我国出口的却大多是初加工产品，甚至是直接出口原料，其原因就是我国深加工野生动植物原材料的能力较弱，生产高端产品的企业少。由此导致的后果是，国外企业占据了野生动植物加工生产的大部分利润，并在很大程度上左右市场，我国野生动植物繁育利用的市场出路也因此很不稳定。

5. 规范管理措施有待加强

野生动植物资源不仅具有资源特性，还具有生态习性，必须统筹兼顾保护和繁育利用，其关键是要切实防止走私或非法从野外获得的野生动植物进入流通领域。此外，随着人类文明程度的提高，改善野生动物驯养繁殖条件，防止残酷对待野生动物行为，也是必须面对的现实。这对强化规范化管理的要求越来越高，既要保障合法来源的野生动植物原材料或其产品的高效流通，又能有效阻击非法繁育利用行为。为此，国家林业局和国家工商总局于 2003 年开始推行公告制度和野生动植物产品统一标识制度，收到了很好成效。但这一措施的推行需要有相应的执法力量作保障，否则，就难以从根本上遏制走私、非法从野外获得或非法繁育利用的野生动植物及其产品进入市场的现象，乱捕滥猎野生动物和乱挖滥采野生植物等破坏资源的趋势就难以从根本上得到扭转，国际社会的指责甚至是抵制我国野生动植物贸易的事件就还会发生，最终影响到该产业的发展。

三、政策建议

野生动植物繁育利用产业发展现状与社会需求的巨大差距，显示出该产业的广阔前景。但要真正实现资源保护和繁育利用产业的协调、可持续发展，还迫切需要采取一系列扶持、提高、规范等措施，解决导致产业继续发展乏力的各方面问题，具体建议如下。

1. 统筹规划，因地制宜，分类指导

编制全国性野生动植物繁育利用产业发展规划，根据各地自然条件和社会经济需求，提出适宜发展的种类及其繁育利用方式、规模，防止“一哄而上、盲目发展”的情况，并将繁育利用活动按资源消耗型、特殊需求和观赏娱乐等不同用途进行区分，分别予以相应的政策指导，确保有关政策适应该产业的特点。

2. 加大基础投入，制订鼓励扶持政策

根据产业发展对种源的需求和对专业技术的依赖，在种源储备、技术攻关等产业基础领域，由国家列专项给予资金投入，增扩建一批野生动植物种源基地，组织繁育利用科技攻关队伍，为产业的继续发展提供种源和技术保障，打破制约产业发展的瓶颈。针对我国野生动植物深加工技术较为落后的情况，国家可以适当扶持龙头企业的研发活动，甚至组织专业技术力量与龙头企业共同开发研究，尽最大可能挖掘野生动植物资源的延伸价值。同时，考虑到野生动植物繁育利用产业兼顾生态保护、民族传统等公益性质，国家还应研究制订必要的鼓励扶持政策，在税收、信贷等方面对该产业给予一定的优惠，在贫困地区还应适当安排专项扶持基金，从而有效吸引社会资金、人才等资源进入该领域，增强行业实力，提升行业整体水平。

3. 健全组织体系，扩展技术支持和市场信息服务

以保护管理体系为主线，整合相关民间团体、科研单位、中介机构、种源基地、龙头企业等力量，形成较为完整的组织体系，为从事野生动植物繁育利用的企业和个人，提供专业技术支持和市场信息服务，使从业人员能够更好地将本地优势与技术、市场因子结合起来，准确定位，明确目标，降低技术成本和市场风险，实现产业的稳定发展。通过健全组织体系，还将提高行业的组织化程度，有效防止虚假信息坑害农民等情况的发生。

4. 强化宏观调控手段，建立市场准入机制，加大执法监管力度

严格控制资源消耗总量，对特殊需要的野生动植物资源实行“定点、定向、定量”管理制度，优先保障重点领域和重点产业，提高资源利用效益。在流通领域，各有关部门要协调一致，共同推行野生动植物及其产品认证制度、公告制度和统一标识制度，把住市场准入关，严格禁止非法来源的野生动植物及其产品进入市场。同时，各执法部门要加强协作，确保监管到位，遏制非法繁育利用行为，从而为合法从事繁育利用的企业和个人营造良好的国际国内市场环境。

野生动植物资源严重不足和市场需求日益增长，两者之间的巨大反差，恰恰为野生动植物繁育利用产业的发展提供了市场空间。抓住这一机遇，利用野生动植物繁育能有效兼顾生态保护和适宜偏远农村地区的特点，在我国大规模开展生态建设的进程中，国家及时统筹规划、加大基础投入、完善扶持政策、规范执法监管，以科学合理的方式利用生态用地发展野生动植物繁育利用，不仅将极大提高生态用地的生产力，还将更好地维护民族传统的传承和相关重要产业的可持续发展，并且在社会资金、人才、技术和信息等资源通过野生动植物繁育利用产业流向偏远农村地区的过程中，必将对当地农村经济发展和农民增收产生巨大的促进作用。

我国红木家具市场调研分析

红木是指紫檀属、黄檀属、柿属、崖豆属及铁刀木属树种的心材，其密度、结构和材色符合国家标准(GB/T 18107—2000)规定的必备条件的木材。此外，上述5属中国家标准未列入的其他树种的心材，其密度、结构和材色符合国家标准的也可称为红木。

红木是我国历史和文化瑰宝，蕴含着博大精深的红木文化。红木产业链长，涉及林业、机械、建筑、家具、环保、旅游、文化、房地产、园林、建材、收藏等多个行业，并对上下游产业，如林业经营、木质建材和古玩收藏等产业有明显带动效应，并具有环境友好、健康可持续等特点。

改革开放以后，随着国民经济的高速发展，人民生活水平和文化情趣的不断提高，人们对红木制品的需求越来越旺盛，红木制品已从宫廷走到寻常普通百姓家，越来越受到市场的青睐。

一、我国红木产业市场情况及发展趋势

(一)来源及市场情况

红木资源稀缺、珍贵。根据我国国情及资源现实与产业发展趋势，我国政府一直鼓励像红木这样的资源性极强的木制品进口，并对木制家具进口实施了零关税的政策。目前，我国市场上流通的主要红木有：

(1)紫檀

紫檀是红木中的精品，主产地是印度，生长期500年左右，木料色泽紫黑，密度大、硬度高，手感细腻，有轻微檀香气味。目前市场上流通的紫檀家具，都是明清时期，从印度、南非运回国内的。很少有大件产品，主要以罗汉床、写字台、书柜为主。市场价格为每吨60万~300万元。

(2)黑酸枝

黑酸枝包括刀状黑黄檀、黑黄檀、阔叶黄檀、卢氏黑黄檀、东非黑黄檀、巴西黑

黄檀、亚马孙黄檀、伯利兹黄檀 8 种。黑酸枝木类中的卢氏黑黄檀(*Dalbergia louvelii*)来自非洲马达加斯加，东非黑黄檀(*D. melanoxylon*)来自东非，阔叶黄檀(*D. latifolia*)来自印度和印度尼西亚；市场价格为每吨 20 万 ~80 万元。

(3)红酸枝

红酸枝包括巴里黄檀、塞州黄檀、交趾黄檀、绒毛黄檀、中美洲黄檀、奥氏黄檀及微凹黄檀 7 种。红酸枝木类中的奥氏黄檀(*D. oliveri*)和交趾黄檀(*D. cochinchinensis*)来自中南半岛、微凹黄檀(*D. retusa*) 来南美及中美洲；红酸枝市场价格为每吨 5 万 ~50 万元。

(4)花梨木

花梨木包括越柬紫檀、安达曼紫檀、刺猬紫檀、印度紫檀、大果紫檀、囊状紫檀，及鸟足紫檀 7 种。花梨木木材有光泽，材色较均匀，有深色条纹，具清香气；结构细而均匀，耐腐、耐久性强。花梨木类(*Pterocarpus* spp.)来源东南亚、非洲和拉丁美洲；缅甸花梨木市场价格为每吨 1 万 ~2 万元。

(5)香枝木类

心材红褐色，久则变为暗色。材色不均匀，常杂有深褐色条纹。木材有光泽，油性大，具浓郁降香。目前，市场上最好的黄花梨来自海南，原有的黄花梨木已被砍伐殆尽。在所有的红木中，黄花梨是细腻度最高的木种，它含油量很高，光泽度好，质感温润如玉，被称为木料中的“君子”。黄花梨生长周期在 500 年左右，海南黄花梨市场价格为每吨 600 万 ~2000 万元。越南黄花梨每吨 200 万 ~600 万元。

(6)乌木类

包括乌木、厚瓣乌木、毛药乌木、蓬塞乌木，分别来自斯里兰卡及印度南部、热带西非及菲律宾。市场价格每吨 1. 5 万 ~2. 2 万元。

(7)条纹乌木类(*Diospyros* spp.)

来自东南亚，质量最好的是印度尼西亚的苏拉威西岛，现有的来自巴布亚新几内亚。市场价格每吨 1. 5 万 ~3 万元。

(8)鸡翅木类(*Millettia* spp. /*Cassia* spp.)

包括非洲崖豆木和白花崖豆木，来源刚果、缅甸和泰国。市场价格每吨 7000 ~8000 元。

(二)产业区域和规模

我国红木相关企业地域分布较广，主要集中在广西凭祥，福建莆田地区的仙游，广东深圳和大涌，浙江东阳和义乌，山东淄博，江苏苏州和南京，河北廊坊和北京等地区。

据有关资料统计，截至 2011 年年底，全国红木行业生产企业超过 1 万家，产值超过 400 亿元，从业人员约 80 万。仅浙江东阳，2011 年红木相关企业达 1400 家左右，其中工商注册 800 家左右，家庭作坊式 600 家左右，产值 500 万以上规模企业达 80 家，拥有 15 个自主名牌，行业从业人数达 10 万，总产值超过 50 亿元。

广东大涌红木家具产业起步于 1979 年，在 30 多年的发展进程里，大涌镇作为全国最大的红木家具生产专业镇，成为规模化、专业化、科技化和现代化的产业集群。大涌目前有红木生产和加工企业 300 多家，红木产业年销售额超过 20 亿元。获得了“中国红木雕刻艺术之乡”“中国红木家具生产专业镇”两个国家级区域品牌。

（三）产业特点和发展趋势

尽管遭遇了“红木家具暴跌”新闻打压、名贵木材资源持续紧缺、局部地域红木家具企业掺白皮等不少问题，整体来看整个行业依旧保持了良好的发展势头，呈现出蓬勃生机。

1. 市场得到极大扩展，新品牌、新企业不断涌现

红木制品因具有资源稀缺且短期难以再生、艺术欣赏性和实用性并重、传统文化内涵浓郁，保值增值的效应稳定而明显等特点，多年来被投资者所青睐。特别是近 2 年以来，政府连续出台政策加强了房地产调控、调整了银行储蓄利息，并采取系列措施防止经济过热以及遏制通货膨胀。在这种经济环境下，市场上的投资开始分散，大量资金或者大批购买名贵木材，或者直接投资建厂，斥资千万甚至过亿的新生企业层出不穷，新品牌、新企业不断涌现。据调查，1998 年在北京市红木家具生产企业不足 10 家，连同外地在京销售的企业也仅有 20 ~ 30 家，而到 2011 年，规模已超过 2000 家。

2. 原材料价格上涨，行业整合加剧

随着红木制品供销两旺的态势发展，红木制品消费者的群体持续扩大。红木原材料价格一路上涨。有关资料显示，2006 年前红酸枝的价格是 1. 5 万元/吨，目前均价已涨到 9 万 ~ 10 万/吨，5 年翻了近乎 6 倍；2007 年年初，小叶紫檀的售价为 15 万 ~ 20 万/吨，随着黄花梨逐步消失，在不到 4 年的时间中，小叶紫檀已经涨到 120 万 ~ 150 万/吨，翻了近 10 倍还多。

中小企业由于资金有限，无法直接从越南、老挝、缅甸、印度等红木原材料产地进口原材料，只能从国内木材供应商处采购木材，其价格要远远高于红木原材料产地的木材价格。为了获得短期利益，不少家庭式作坊和中小企业使用少量的资金采购原材料，甚至生产制作含有大量白皮的红木制品，导致产品附加值不高，企业利润低。特别是经历了“一套红木家具从 8000 万元跌至 60 万元的虚假报道”和“白皮事件”后，将加速红木行业的整合。

3. 市场分化更加清晰，红木定制业成热点

据统计，我国已经成为世界的头号奢侈品和艺术品消费大国，而红木家具兼具奢侈品和艺术品的属性，使它成为大量投资收藏者的追捧对象。从而促使不同的红木企业有了不同的定位。有的定位高端收藏，有的定位中端消费者，有的则定位于满足红木爱好者。一些不适应市场的低端产品逐渐被淘汰，定制红木产业成为热点。

4. 消费逐步回归理性实用，品牌意识更加明显

红木家具暴涨暴跌，与消费者的认知有关。许多人因为红木方面的知识不够，常常被误导，进行盲目投资。近几年红木家具消费开始转向理性，除了用料，更多人开始注重红木家具的实用性与工艺性。结构精美、做工精细的红木家具最受欢迎。另外，

而随着中国消费者品牌意识的增强，红木家具品牌的美誉度也成为许多消费者选择产品时的重要参考。在这样的大环境下，红木家具企业一方面不得不致力于为消费者提供更优质更具艺术感的红木家具用品，另一方面也必须在经营管理上不断创新，以应对日益激烈的市场竞争，只有这样才能适应市场的宏观趋势，立于不败之地。

5. 代理成为主流销售模式，经销商成为企业占领市场的关键

目前，我国绝大多数红木制品企业都采用经销商代理品牌建点销售的形式，也有部分采用厂家直营门市或参股的形式。少部分企业也在尝试改变渠道运营模式，减少经销商，通过增开直营店、电子商务等模式直走终端，直接面向消费者，以期获得更高的利润回报。

但是，现阶段来看，直营店主要担当着产品展示的功能，测试产品的市场反应。同时，由于红木制品贵重，消费者一般看到产品之后才会购买，有的消费者甚至到厂家进行直接采购。这就决定了现阶段还是需要在卖场组织下，企业与经销商携手来开拓市场。

当然，红木行业也存在发展瓶颈，主要是资源短缺、技工短缺、产品成本上涨、行业事件频发等。红木产业的规范和发展，国内外珍贵的红木木材资源的栽培与开发利用等，需要政府主管部门政策和资金的扶持，更需要行业协会组织行业调研、标准制订、品牌培育、技术培训、向主管部门反映行业发展需要等，才能真正将珍贵资源变为产业优势和经济优势，促使我国红木产业健康、快速发展。

二、红酸枝国内市场情况

红酸枝是热带常绿大乔木，属豆科黄檀属。因其新切面有酸枝木特有的酸香气，故称之为酸枝。我国北方称之为“老红木”，广东、广西称之为“酸枝”，《红木》标准定为“红酸枝”，主要产于印度，以及东南亚一些国家。

红酸枝木的材质有所不同，心材材色有深有浅，材色约分为偏红色系和偏褐色系。偏红色系的红酸枝木心材新切面柠檬红、红褐至紫红褐、常带明显黑色条纹，主要产地为中南半岛。心材材色也是有深有浅，色浅的偏黄色，纹理较直；偏褐色系的红酸枝木心材新切面紫红褐或暗红褐色，常带黑褐或栗褐色细条纹，产于东南亚。

1. 市场原料和行情

目前市场上的红酸枝来源繁杂。主要来源于东南亚，现在逐渐转向中美洲、南美洲及非洲。

在中国传统家具所用材料中，红酸枝的产地大致有泰国、柬埔寨、越南、老挝等。目前，泰国红酸枝在市场上已经多年不见踪影，老挝红酸枝因色泽沉稳、材质油润细密而最受人喜爱，但材料供应情况也不容乐观。通过走访调查几个比较大的红酸枝材料批发市场显示，70% ~80% 的红酸枝料都是树头、树根和产地经处理正材后的边皮次料，正材、大料所占的比例非常少。根据这种情况，可以判断红酸枝原材料供应开始出现短缺的情况。

据调查，现国内约 10000 多家仿古家具企业，若其中有 1/3 的企业使用老红酸枝来制作仿古家具，按照每家企业每年耗用50～100吨的用量来计算，每年所需进口的老红酸枝材料要达到15万～30万吨。而材料来源数量远远满足不了3000多家企业对老红酸枝的需求。这种供应与需求的失衡，造成材料供应紧张，市场行情持续上扬。

2. 市场价格

近两年红酸枝木材砍伐严重，大料老料迅速减少，价位也在飞快攀升。目前红酸枝市场价格为：长1.5m、直径0.15～0.2m的A级原木每吨60000～75000元；长2m、直径0.2m的AAA级原木每吨120000～140000元，具体还要看材料的完整度。

3. 发展趋势和前景

长期以来，由于木材烘干技术的欠缺、本地木材的使用习惯和物流受漕运水系所限等原因，红酸枝取材具有鲜明的地域性，多集中在上海、苏州、京津、福建、广东沿海一带，传统意义上的红木行业企业在地域分布上相对集中，且非常有限。因此，红酸枝产品并不被新兴的一些红木制品消费地所熟知。红木行业诸多经销商和消费者，对红木的认知和了解均来自于红酸枝以外的材种，缅甸花梨和非洲花梨的市场表现抢眼，是因为这两类种材尚有大料，原材料的价格相对于日渐稀有的高端材更便宜，这类材种制成的产品价位，普通消费者承受得起。

因经销商和消费者缺乏足够的了解，红酸枝家具在市场上直接反映出两种情况：第一，一枝独秀；第二，价格坚挺。一枝独秀的情况使得内行的红木买家、藏家因为体量不足，缺少比对而丧失购买兴趣，而价格坚挺又使得产品交易机会变少，销售周期变长，运营成本增加，继而对高端红木的品牌商造成压力。

数百年来，红酸枝在“红木大家族”中的独特地位，其在红木文化沿袭中，作为黄花梨和小叶紫檀替代材的符号化身份。可以预料：如果不加以严格保护，不超过五年，即便是老挝，红酸枝也会将像黄花梨一样稀有。据有关数据显示，仅仅在仙游市场一天消耗的大红酸枝就约达3000吨左右。由于其目前价格和黄花梨、小叶紫檀比仍然有较大距离，未来几年红酸枝的升值比例将是最大的。从长远来看，今天的红酸枝就是明天的黄花梨，购买和收藏红酸枝前景极好。

三、红木原料利用思路——以红酸枝为例

1. 销售原材料

近来红木原料市场交投也出现冷清迹象。但调查走访发现大红酸枝价格未跌反涨。虽然不少红木产业城近期频繁出现换铺、缩小经营面积的现象，不过，红木产品与材料的整体市场价格并未出现大变化。从2010年底到现在，红酸枝材料价上涨了七八成。所以若拥有大量红酸枝原料，直接销售原材料是一个很好的做法。

红酸枝产量大，有宽大材幅，颜色花纹美丽，材质优良，广泛用于制作各种类型、款式红木古典家具，也适宜制作装饰工艺品，乐器、雕刻等，是上等的好木材，深受广大收藏爱好者的喜爱。

同属高档红木，大、小叶紫檀和海南黄花梨、红酸枝一直被公认为高档红木家具

的代表。红酸枝的密度和比重与紫檀的差别并不是很大，资源同样有限。因此红酸枝未来上涨的空间相当大。

红酸枝历史地位独特。中国明代高级家具所用木材大多以黄花梨与紫檀为主，到了清代，以上两类木料逐渐稀少，红酸枝木被广泛应用并逐渐成为黄花梨、紫檀的代用品，备受当时上流社会的推崇。现在小叶紫檀和黄花梨已经进入奢侈品的行列，材料价格要再大涨很难。不少人现在都买原材料压箱，不轻易用于制作红木家具，这使曾经被忽略的红酸枝一跃成为“当红炸子鸡”。

红酸枝价格上涨空间大。目前紫檀是30多万元/吨；黄花梨60万元/吨；红酸枝的价格是黄花梨的1/5～1/4。

2. 进行生产加工

若拥有大量红酸枝原料，进行生产加工亦是一个可行的做法。可与知名品牌的红木产业企业合作，由一方负责提供优质的原材料，一方提供成熟的技术工人及销售渠道，短期内实现共赢。生产加工中要注意以下事项。

(1)把好选材关

红木制品加工的第一道工序就是选材。选材不当不仅会造成企业经济上的损失，而且还会使一些极其珍贵的资源被无可挽回地浪费掉。出精品、出高端产品的关键在于选材得当。

在选材中还要特别注意木瘤(也就是瘿木)，是指树根部位结瘤或树干结瘤部位的木材，为树木木质增生的结果。木瘤有特殊的纹理和色泽，是制作高端制品难得的原料。但有的企业忽视了选材这一环节，把木瘤作为废料扔掉。有的则将长有美丽花纹的木瘤，直接锯开作为加工桌腿、侧板等不重要的构件的原料，实在是暴殄天物。

(2)杜绝不合格品

在红木制品整个加工过程中，从原料的贮存、干燥、加工、涂饰到包装运输，都要严格进行质量控制，杜绝不合格品的产生。红木制品的原材料是极其珍贵的资源，要教育从业人员，红木资源来之不易，要惜木如金。

(3)积极采用加工新技术

红木制品质量问题突出地表现在木材干燥的环节上。红木树种的木材密度大，硬度高，水分在木材中的移动阻力较大，不易干燥。如将干燥不合格的木材用以加工红木制品，后果是不难想象的。红木制品变形走样、板面开裂大都由于干燥环节没有处理好。因此，应当把木材的干燥作为重要的质量控制环节。要积极采用先进的干燥技术和设备，保证干燥这一重要的环节不出问题。此外，要积极推动计算机设计、计算机拼板及数控加工技术在红木制品制造业的应用。

要特别注重实行手工加工的机械化。尽管红木制品加工需要一定的手工操作，但从发展的眼光来看，红木制品的生产要逐步摆脱手工生产，实行机械化。有的企业为了使红木制品表面能够产生包浆的效果，不惜雇佣专人每天用手不停地在物件表面摩挲。这样的工作没有经年累月的时日是不能完成的，而利用机械完成这一工作并非没有可能。

(4)发展小材小料的加工技术

由于红木制品在选材和加工中需要做到尽善尽美、精益求精，所以加工红木制品在制作过程中原材料的利用率极低，由此产生了大量的加工剩余物。这些加工剩余物也是极其珍贵的资源，但很多加工企业却将之随便遗弃，造成了极大的原料浪费。要积极开发诸如小摆饰、把玩件等新产品。积极发展小材小料的加工技术，要把红木制品加工剩余物这一宝贵的资源充分利用起来。

我国杜仲橡胶战略储备与产业发展

杜仲是我国十分重要的国家战略资源。杜仲能够形成一个庞大产业，基础是其本身所具有的独特和无法替代的性能，既是世界上极具发展潜力的优质天然橡胶资源，又是名贵药材树种，同时也是改善生态环境、增加碳汇的重要树种。

发展杜仲橡胶产业，是解决我国天然橡胶资源匮乏的惟一途径；发展杜仲橡胶产业，能够优化林业产业结构，促进林业三大效益有机结合；同时发展杜仲产业，能够有效提高国民身体素质和健康水平。但是，在杜仲产业发展和升级过程中，遇到一些突出问题，需要认真研究影响杜仲产业发展的关键瓶颈问题，找出有效解决办法，促进我国杜仲橡胶资源与产业健康发展。

一、我国杜仲产业发展主要瓶颈问题分析

（一）资源瓶颈

由于杜仲长期取皮入药的利用特点，2000 多年来，我国一直沿用传统的药用经营模式，树高可达 20 米以上，主要产品是杜仲皮，木材、果实、树叶等为副产品。20 世纪 80 年代末至 90 年代中期，杜仲皮市场需求旺盛，价格快速蹿升，从 1988 年国内杜仲皮市场价每千克 20 ~ 30 元，迅速提高到 1994 年的每千克 100 ~ 200 元，出口价格更是高达每千克 60 ~ 80 美元（按照当时汇率折合人民币 510 ~ 690 元）。但是，1996 年杜仲皮价格暴跌至每千克 5 ~ 10 元，在 1996—2010 年杜仲皮价格一直在谷底徘徊了 15 年，期间杜仲皮市场价基本维持在每千克 8 ~ 20 元的低位，经济效益的直线下滑，严重挫伤了林农经营杜仲的积极性，杜仲产业遭遇到前所未有的挑战。杜仲资源从 1988—1995 年急速发展，到 2000 年，林农无奈开始砍伐杜仲树，为决策者和研究人员带来更多的思考。究其原因，一方面杜仲栽培面积膨胀式扩大，全国杜仲栽培面积从 1988 年的约 2 万公顷迅速扩张到 1995 年的 40 万公顷左右，栽培面积在短短 8 年时间内扩大了约 20 倍，资源无限扩张，杜仲皮产量大幅度提高，而杜仲皮作为中药材其受众群体和市场容量均相对稳定，资源盲目扩张造成杜仲皮严重供过于求；而另一方面，

在老杜仲产区，仍然一直沿用传统的药用栽培模式，取皮入药的单一用途，当杜仲皮市场滑坡时，经济效益直线下降。据调查，全国杜仲主要产区，杜仲曾经是林农主要的收入来源，杜仲收入占林农全部收入的 50% ~80%，是林农赖以生存的主要经济来源。而目前“皮贱伤农”已经严重影响到杜仲主要产区林农的收入，在河南汝阳、陕西略阳和贵州遵义等国家级杜仲基地县甚至已经影响了地方经济的发展。

在杜仲皮市场处于低谷时，中国林业科学研究院等单位一直努力在杜仲综合利用方面开展创新研究，且卓有成效。从单一的杜仲皮利用的传统药用栽培模式，到杜仲果实、杜仲叶、杜仲雄花、木材综合开发的果园化栽培模式的创新；从单一药用研究，上升到国家战略资源的杜仲橡胶、关乎民生和国民健康的杜仲亚麻酸油及杜仲花粉资源、涉及食品安全的杜仲叶功能饲料等研究与应用的全方位突破，这些都为杜仲产业的发展注入了强大的活力。杜仲果实、杜仲雄花、杜仲叶等开始全面利用，市场价格稳中有升，市场活力开始显现。然而，全国大多数产区，现有杜仲资源树体高大，在立地条件较好的伏牛山区，20 年生胸径可达 20 ~25 厘米，树高 15 ~20 米。而杜仲果实产量每亩仅 5 千克左右，杜仲雄花鲜花每亩产量不足 10 千克，每亩杜仲叶产量也仅 100 千克左右。由于杜仲皮收购价一直偏低，每公斤仅 5 ~15 元，林农靠杜仲皮基本没有收益；杜仲果实采收率不足 20%，杜仲叶则基本没有利用；由于杜仲雄花茶等产品的开发，杜仲雄花近几年开始利用，但产量低。林农靠种植杜仲每亩年收入不足 500 元。且传统药用栽培模式杜仲果实、雄花等原料采集十分困难，采集成本高，这些资源在现代杜仲产业化开发中利用率极低，效益差的现状没有得到根本改变。当地政府和林业主管部门对改变杜仲产业现状的愿望是迫切的，然而对杜仲产业发展的新技术和新阶段尚没有清晰的认识。

目前 95% 以上的现有林为传统药用林栽培模式，杜仲橡胶产量低，综合效益差。以我国现有杜仲橡胶资源，年产杜仲橡胶不足 5 万吨，面对全国每年 300 万吨左右的需求量，仅仅利用现有资源根本无法解决天然橡胶的巨大缺口。另外，由于传统栽培模式产量低、效益差，利用现有资源开展杜仲橡胶产业化开发难度极大。进行杜仲资源培育技术创新，大幅度提高杜仲橡胶资源产量和质量，成了摆在我们面前的重大课题。

杜仲果园化栽培模式是我国杜仲橡胶资源与产业发展的方向和主要栽培模式，是杜红岩在 20 世纪 90 年代初首创的栽培模式，将我国沿用 2000 余年的传统药用经营模式进行了重大改革，由传统生产杜仲皮为主的药用栽培模式转向以生产杜仲果实为主，果、雄花、叶、皮、木材综合利用的全新栽培模式，使杜仲生产逐步走向果园化、园艺化，相关技术 2002 年获得国家发明专利。经过 20 多年的系统研究，取得重大突破，果园化栽培模式盛果期杜仲产果量和果实产胶量比药用栽培模式提高 40 倍以上，经济效益大幅度提高，2011 年荣获河南省科技进步一等奖。

但是果园化栽培模式与系列技术目前尚未在全国主要产区大规模示范推广，高产杜仲橡胶资源战略储备严重不足，制定大力培育杜仲橡胶资源的国家战略规划，快速培育杜仲橡胶资源，增强杜仲橡胶资源战略储备已迫在眉睫。

（二）企业人才与管理瓶颈

杜仲产业集群是以杜仲橡胶、医药、功能食品、杜仲“碳汇”等为基础的生物产品产业链，该产业链所开发的产品涵盖橡胶工业、航空航天、国防、船舶、化工、体育、医疗、食品等国民经济许多部门，其用途之广，经济价值之高，是其它任何一种天然植物无法比拟的。杜仲产业是典型的新兴工农业复合循环经济产业体系。

由于杜仲产业的特殊性，与普通的果树及其他经济林产业有着明显的差异。果树等经济林树种，一般农户都可以根据市场情况和自己的条件进行种植，种植规模可大可小。而杜仲产业链长，涉及行业多，产业覆盖面广，且所有杜仲原料都需要加工成产品后，才能投放市场。必须要有一定的种植规模才能满足较大规模生产的需求，如要满足 1 万吨杜仲橡胶的生产规模，需要 3 万公顷以上的杜仲果园种植面积，这是一般农户和小企业无法做到的。杜仲橡胶资源及其产业发展，迫切需要一批强有力的大型企业进行带动。但是，目前参与杜仲橡胶资源培育及其产业开发的企业，几乎都是中小规模的民营企业，企业发展过程中存在许多十分突出的问题。

首先，从事杜仲开发的企业规模普遍较小。企业年产值不超过 1 亿元，甚至不足千万，这样规模的企业，根本无法带动杜仲产业和地方经济的发展，甚至连带动部分农民增收和企业生存都十分困难。如湖北、湖南、陕西、甘肃一些杜仲企业，都在艰难的挣扎中维持生计；其次，从企业人才队伍建设和人才储备方面投入严重不足。几乎所有参与杜仲产业的企业没有基本的技术和研发团队、宣传和营销团队等，严重影响了产品的销售和企业可持续发展；再次，从管理水平上，小农经济的烙印在目前杜仲企业上反映得十分明显，与现代化企业的要求和标准都有相当大的差距。企业管理者普遍学历水平不高，管理水平低，一些开金矿、煤矿的个体老板投资杜仲企业，对杜仲产业缺乏全面的理解，对现代企业的管理模式缺乏基本的了解，家族式管理现象普遍，这严重影响了产业的发展；另外，企业思路不清，产品在低层次重复的现象十分严重。杜仲橡胶是我国十分重要的战略资源，由于种种原因目前杜仲橡胶产品开发尚没有实现产业化。但是，目前多数杜仲企业没有真正重视杜仲橡胶产品的研发，而是在杜仲茶等保健品上低层次重复开发，科技含量和附加值低，产品质量和综合效益差，这严重影响了整个杜仲产业的健康发展。大型国有企业介入杜仲产业，培育杜仲产业的航母对促进杜仲产业腾飞极其重要。

(三)技术瓶颈

科技支撑对杜仲产业的发展起到了有力的推动作用。以中国林业科学研究院经济林研究开发中心为核心的全国杜仲研究团队长期系统开展杜仲橡胶资源的育种、栽培和综合利用研究，承担国家和部省级杜仲育种、栽培和综合利用方面的攻关课题 20 多个。经过国家 5 个五年计划的研究，已形成以中国林业科学研究院经济林研究开发中心为核心，覆盖林业、医药和化工(橡胶)等行业专家组成的全国杜仲研究和创新团队。选育出一批高产杜仲橡胶(药、雄花)良种，其中国审杜仲良种 10 个；完成了杜仲全基因组精细图绘制，这是我国完成的第一个天然橡胶植物基因组精细图，也是世界上第一个木本药用植物基因组精细图，将杜仲作为胶用和木本药用植物的模式植物，搭建了分子遗传学和育种研究的关键技术平台；通过杜仲果园化高效栽培模式与技术创新，大幅度提高了杜仲产胶量；通过杜仲果实、雄花、叶、皮、木材综合利用，并开展杜仲雄花茶等一系列功能产品研发，获得国家发明专利20余项，从研究思路与产业发展等方面都指明了方向。实践证明，取得了良好的示范效果，显著提高了杜仲全树利用效率和整体效益。

但是，科技支撑仍然是杜仲产业发展十分薄弱的环节：①现有良种远远不能满足未来杜仲橡胶资源与产业发展需求；②栽培模式与技术需要进一步研究与创新；③产品特别是保健品的研发低层次重复现象十分普遍；④杜仲橡胶绿色提取及其产品研发技术还很不成熟，目前没有一家能够真正进行产业化开发的杜仲橡胶加工企业，与杜仲橡胶的国家战略地位极不相符，已经严重影响了杜仲橡胶及其相关产业的健康发展。

（四）国家政策瓶颈

除杜仲橡胶外，杜仲还是名贵中药材。杜仲自古以来就是中药上品，杜仲叶、杜仲皮、杜仲雄花、杜仲籽油等经过毒理药理实验，均属于无毒级的，为药食同源的珍贵资源。但是，杜仲产品开发涉及食品等诸多领域，在产品产业化过程中遇到许多政策问题。2013年7月29日，甘肃润霖杜仲产业开发有限公司向兰州市工商局申请杜仲橡胶生产、杜仲食品加工等注册经营范围，结果无法注册。工商局执行的是20年前确定的杜仲中药材许可范围。该公司遇到的困难和问题专题报告至甘肃省工商局，省工商局高度重视，专题向国家工商总局请示给予支持。这一个事件折射出国家政策或者管理工作的缺陷。由于国家有关部门对中药材生产、加工与经营管理工作的滞后，造成杜仲综合开发利用过程中遇到各种问题和阻力。目前仅有杜仲籽油和杜仲雄花作为新资源食品原料获得国家卫生计生委批准，打通了杜仲籽油和杜仲雄花系列产品产业化开发的通路。但是杜仲叶、杜仲皮等原料尚没有被列为新资源食品原料，其产品的产业化开发仍然受到根本的制约，这已经严重影响了杜仲产业可持续发展。

（五）行业管理瓶颈

杜仲是我国特有经济林树种，国家林业局是杜仲橡胶资源培育的行业管理部门，对杜仲橡胶资源培育和产业发展负有直接领导责任。但是杜仲产业又涉及化工、橡胶工业、航空航天、国防、医疗等多个部门，在管理上存在一定困难；工业和信息化部虽然在橡胶生产加工等方面有优势，但是杜仲橡胶资源培育不属于其管辖范围；医药部门在统筹杜仲产业发展方面同样存在一定难度。国务院目前尚没有协调杜仲产业发展的专门机构，杜仲产业发展过程中遇到的许多问题难以协调解决。多部门统一协调发展，是杜仲产业健康发展的必由之路。

二、国情调研等对杜仲产业发展的促进作用

（一）国情调研对杜仲产业的推动作用

为推动杜仲产业快速发展，中国社会科学院将杜仲橡胶资源培育与产业列为重大国情调研项目，邀请了跨部门的专家、领导、企业家加入杜仲项目课题组，赴河南、

甘肃、上海、山东、安徽等地进行调研。新华社、中央电视台参与并向社会介绍了国情调研杜仲项目的实践活动。国情调研杜仲产业项目是国家的研究智库首次进行的跨部门、跨行业的重点创新工程实践项目，集生态环境建设、生态资源产业开发、生态文化产业建设于一体，涉及科研院所、企业、地方政府等多部门共同参与，旨在研究和推动杜仲橡胶资源培育和综合产业可持续发展，具有重要的战略意义。

几年来，国情调研杜仲项目得到了多方面支持和帮助。特别是在国家有关部门支持下，中国社会科学院社会发展研究中心、中国林科院经济林研究开发中心、国家林业局杜仲工程技术研究中心、地方政府和相关企业探索合作模式与机制，正在走出一条杜仲绿色资源综合开发利用的生态文明建设道路。

(二)橡胶协会杜仲产业促进会对杜仲产业的推动作用

为推动杜仲橡胶产业发展，中国橡胶工业协会成立杜仲产业促进会，从2010年开始，先后组织数次杜仲产业发展论坛，为参与杜仲产业的企业、科研单位、高校等提供了相互交流的平台，为促进杜仲橡胶产业发展起到了良好的推动作用。

但是受行业归口的局限性，在协调杜仲橡胶资源培育和杜仲橡胶以外的产品开发等方面显得力不从心。

(三)国家林业局杜仲工程技术研究中心对杜仲产业发展的推动作用

2013年1月国家林业局批复，依托中国林科院经济林研究开发中心成立“国家林业局杜仲工程技术研究中心”。“杜仲工程中心”成立以来，组建了全国杜仲研究与产业开发团队，在杜仲定向育种、栽培模式、资源综合利用、产品研发等领域开展深入研究，取得多项具有里程碑意义的重大突破，对杜仲资源培育方式进行了革命性的创新，孵化出大量的科技成果，并以产业化、规模化为目标，促使科技成果的转化，推动杜仲产业发展方式由粗放、低产、低效、单一转向精细、高产、高效、综合方向发展。“杜仲工程中心”与中国社会科学院社会发展研究中心开展长期合作与跟踪研究，成立了杜仲产业发展专家委员会、项目研究和建设专业组。承担指导杜仲橡胶资源培育、橡胶产品研发及杜仲综合产品开发等可行性评审、项目投资建设、项目验收等行业管理职能，引导企业建设务实、健康、有序的生态杜仲产业可持续发展模式。

国家林业局杜仲工程技术研究中心拥有不可替代的技术和人才资源。研究开发团队经过近30年的不懈努力，选育出一批高产杜仲良种；突破了杜仲高效栽培的技术瓶颈，杜仲橡胶产量提高30~40倍，接近三叶橡胶的水平；完成了对杜仲研究具有里程碑意义的全基因组测序与全基因组精细图的绘制工作；建立了杜仲橡胶绿色提取及系列产品研发技术体系；研发出杜仲雄花茶、杜仲α-亚麻酸、杜仲雄花酒等一系列功能产品，为传统杜仲产业向现代杜仲产业转变和持续健康发展提供了强有力的科技支撑。

(四)《杜仲产业绿皮书》对杜仲产业的推动作用

为有效利用我国珍贵的杜仲资源，加快我国杜仲产业发展，中国社会科学院与国家新闻出版总署联合批复立项，从2013年开始由中国社会科学院发布《杜仲产业绿皮书》（中国杜仲橡胶资源与产业发展报告）。

《杜仲产业绿皮书》是我国第一个以单个树种对社会发布的绿皮书，一方面显示了国家对杜仲橡胶产业的高度重视，另一方面说明杜仲橡胶产业在我国国民经济和国家战略中的重要地位和作用。

《杜仲产业绿皮书》根据我国杜仲橡胶资源及产业发展的实际需要，对杜仲橡胶及综合开发产业发展进行研究、科学布局和规划建设提出政策建议，编撰集创意研究、决策指挥、工程实践于一体的国家智库型权威性年度研究报告，旨在为我国杜仲橡胶资源与产业开发向中央、国家有关部门提供理论指导和决策咨询。《杜仲产业绿皮书》依照生态文明理念，按照生态学原则建立的自然、经济、社会和人协调发展的中国杜仲种植产业开发项目，是国家高度重视，科技力量研究发展到新阶段的新型资源产业，是中国杜仲产业化发展的必由之路。

2013年9月18日，《杜仲产业绿皮书：中国杜仲橡胶资源培育与产业发展报告（2013）》新闻发布会暨"中国杜仲橡胶资源培育与产业发展年会"2013第一次年会在中国社会科学院会议中心举行。中央电视台、新华社、人民日报、光明日报、中国网等30家新闻媒体参加了新闻发布会。中国网进行了网络直播，国务院新闻办网站、凤凰网等300多家新闻媒体和网站进行了报道或转载。《杜仲产业绿皮书》的发布得到了国家有关部委的高度重视，杜仲产业的发展受到了空前的关注，全国各产区咨询杜仲资源培育与产业发展的来电络绎不绝，一些大型央企对参与杜仲产业发展表现出浓厚兴趣，民间资本要求参与杜仲产业发展的呼声越来越高，我国杜仲产业已经迈入加速发展的轨道，迎来了最好的发展机遇。

三、促进我国杜仲产业发展建议

（一）强力推进杜仲橡胶资源培育

杜仲橡胶资源是整个杜仲产业发展的基础。我国适宜杜仲种植的区域十分广阔，要满足我国杜仲橡胶资源战略储备的需求，首先必须建立适应现代杜仲橡胶资源及其产业发展的新的培育模式和技术。高产杜仲橡胶良种和果园化高效培育技术等是新型杜仲橡胶资源培育的必由之路。采用高产杜仲橡胶良种和果园化高效培育技术，强力推进杜仲橡胶资源培育，才能满足300公顷以上杜仲橡胶资源战略储备的需要。这将投入巨资新造林近300万公顷，这么大规模的新型杜仲橡胶资源，不仅涉及国家安全和国计民生，而且有利于生态民生林业发展和林业战略地位提升。就投资方式而言，杜仲橡胶资源培育可以采用国家、地方、企业等多种投资主体相结合的方式。就杜仲橡胶资源培育基地建立的模式而言，一是可以采用大中型企业独立建立新型杜仲橡胶资源培育基地；二是可以采用公司＋合作社（或农户）紧密合作的模式建立新型杜仲橡胶资源培育基地；三可以采用政府＋企业＋合作社（或农户）合作的模式，政府和企业共同出资，专业合作社和农户以劳动力等形式入股，共同建立新型杜仲橡胶资源培育基地。在新型杜仲橡胶资源培育基地建设过程中，国家和地方政府出台支持杜仲橡胶资源培育的鼓励政策，促进杜仲橡胶资源国家战略储备和杜仲产业持续健康稳定发展。

(二)林业行业管理部门要承担起杜仲产业发展的重任

杜仲是我国特有经济林树种，国家林业局是杜仲资源与产业发展的归口行业管理部门，承担着杜仲产业发展规划、杜仲造林规划及其杜仲橡胶资源培育工程建设等职能，对杜仲橡胶资源培育和产业发展负有直接领导责任。但是杜仲产业又涉及化工、橡胶工业、航空航天、国防、医疗等多个部门，在管理上存在一定困难；工业和信息化部虽然在橡胶生产加工等方面有优势，而杜仲橡胶资源培育不属于其管辖范围；医药部门在统筹杜仲产业发展方面同样存在一定难度。由国家林业局牵头，协调国家发展改革委、财政部、科技部、工信部等有关部门，多部门统一协调发展，是杜仲产业健康发展的必由之路。指导杜仲橡胶及其系列产品产业化开发、杜仲中药及其功能产品产业化开发等，快速扩大杜仲橡胶资源种植规模，使我国杜仲产业迈入有序、健康、快速发展的轨道。

杜仲橡胶种植、加工利用以及行业管理等方面尚存在许多问题，一是现有资源产量低，无法进行大规模产业化开发，必须快速发展高产杜仲橡胶良种，推广高效栽培技术，扩大杜仲橡胶林种植面积，为杜仲橡胶产业发展提供优良的资源保障；二是杜仲橡胶产业发展过程中，其延伸产品如食品(饮料)、功能饲料、杜仲亚麻酸油产品等产业化过程中，科研单位、企业均遇到了生产许可等问题，成熟的技术加工产品无法进入市场，急需相关部门统一协调解决；三是杜仲橡胶及其配套产品综合开发缺乏有序性、规范性和质量标准等。上述情况严重影响了杜仲产业的健康快速发展。由国家林业行业主管部门成立统筹规划杜仲产业发展办公机构，对其实施规范管理已刻不容缓。

因此，我们建议尽快成立由国家林业局牵头的杜仲产业发展办公室，由其统一组织制定全国杜仲产业发展政策、法规并监督执行，制定杜仲橡胶资源培育和产业发展规划、杜仲造林和良种繁育实施计划；负责推广杜仲橡胶良种、高效培育技术；负责协调国家发展改革委、财政部、科技部、工信部等有关部门，指导、协调、服务管理杜仲橡胶及其系列产品产业化开发等，快速扩大杜仲橡胶资源培育种植规模；指导和引导相关企业进行标准化生产，逐步完善规范市场；逐步形成功能完备、运行规范、生态资源永续发展的新型杜仲产业经济。这对促进我国优质杜仲橡胶资源培育，强力推动国家战略性新兴产业健康快速发展都具有十分重要的战略意义。

(三)加大中央财政对杜仲橡胶资源培育和杜仲新产品的研发投入

我国杜仲产业发展急需中央加大财政投入，将杜仲列入国家和行业中长期科技发展规划，加强科技支撑力度，以具备良好研发基础的企业为主体，科研院所和高等院校为依托，加快研发步伐，促进科研成果产业化。特别是重点倾斜扶持杜仲橡胶资源培育与产品研发，杜仲绿色功能饲料等的研发与推广应用。

（四）加大对杜仲橡胶资源培育和杜仲新产品开发的财政补贴政策和税收优惠政策

在一定时期内采取一定的财政补贴政策，降低杜仲新资源食品的消费价格，使我国人民能够真正享受到自己辛勤劳动的果实。认真贯彻执行中共中央《关于加快推进农业科技创新并持续增强农产品供给保障能力的若干意见》，采取一定的税收优惠政策，鼓励企业增加开发投入，进行技术创新，依靠科技创新驱动，引领支撑现代生态农业企业建设，通过实践，总结经验，建立高效、节能、环保型高新技术企业。

（五）拓宽杜仲橡胶资源培育的投融资渠道

要从根本上改善杜仲新资源食品开发农业企业的资金状况，必须拓宽投资模式，多渠道融资，需要财政、银行、银监、保监等管理部门通力合作，利用好各种专项扶持资金，建设杜仲新资源食品产业投融资服务平台，完善多元融资体制，鼓励和引导设立杜仲新资源食品产业风险投资基金，为民间资本和社会资本进入杜仲新资源食品产业畅通渠道。

（六）发挥行业协会等社团组织的作用

充分发挥杜仲产业协会组织功能，为杜仲新产品的开发营造良好的发展环境，减轻企业负担，支持企业发展。中国林业产业联合会杜仲产业协会承担组织杜仲产业发展，为企业推广先进做法，引进国外先进经验，学习日本等国外杜仲保健食品产业先进理念，构建“杜仲产业协会＋杜仲龙头企业＋杜仲专业合作组织＋基地农户”四位一体新型产业化模式，走规模化、产业化及科、工、贸一体化的道路。不断生产出高科技含量的优质名牌产品，立足国内，开拓国际市场，拓展国际市场、加强行业自律、维护行业利益、促进林农增收，促进我国杜仲橡胶资源培育和杜仲新资源食品产业健康、有序的发展。需要一个强有力的机构充分发挥社会组织的协同配合作用，加强资源整合，充分利用社会资源，推进、加大产学研合作力度，按照产业集群构建区域创新体系，为我国杜仲橡胶资源培育和杜仲新资源食品的开发与发展搭建一个高效的平台。

（七）制定并逐步完善杜仲培育技术和新产品质量标准

在当前杜仲橡胶资源培育和杜仲新产品未出台国家标准的情况下，中国社会科学院社会发展研究中心、国家林业局杜仲工程研究中心、河南大学药学院合作研究，上海华仲檀成公司参与实践，已经制定了较为规范、科学的指导培育杜仲橡胶资源和杜仲新资源食品的生产标准，全程参与指导相关企业生产和产品标准制定工作，并逐步提升为地方标准、行业标准、国家标准，规范市场。促进我国杜仲橡胶资源与产业的健康发展。

林业产业电商平台建设实践分析

因为互联网的应用已经介入到人们日常生活各个环节，包括购物、商品交付、物流管理、企业生产和营销、企业品牌宣传和展示的各个环节，这就使得企业家不得不把商业战略、商业规划的相当一部分重心放在互联网的能力和互联网的应用上来思考。企业家如果脱离互联网，还是按照原有的商业模式进行经营和思考问题，其企业经营目标和格局可能出现两种情况：一是企业产品宣传、品牌宣传难以高效到达目标人群，经营效率降低，导致企业的经营规模和经营效益都受到实质影响；二是企业的产品和设计被后来者按互联网商业运作快速超越，导致企业经营陷入困境，甚至破产。这样，因为人们的行为已经越来越网络化，导致企业经营行为也必须相应地在互联网上展开，这就是广义的互联网思维。

从广义的互联网思维概念可以看出，互联网思维就是商业经营的互联网化。同样，电子商务也有广义的概念和狭义的概念，广义的电商是指借助互联网的各种功能，从产品设计、生产和包装、广告宣传、营销等各环节都可能借助互联网实现跨越发展或创新经营；而狭义的电商一般单指网上营销和交易。本文后面提到电商，普遍指广义的电子商务。

事实上，由于商业环境的互联网化，无论是互联网思维还是电商思维，已经不只是先进和落后的问题了，互联网思维已经变成一种基础的商业经营能力。没有互联网思维能力，关系到的不仅是企业的发展问题，更关系到企业的生存能力问题。

一、电商平台在林业产业中的价值和意义

从前面的引言可以看出，对于林业行业和林下企业而言，互联网思维一方面迫使企业个体在生产、合作、流通、经营等方面进行内部的互联网化变革，另一方面，因为企业和社会流通消费等环节的互联网化，则必然导致行业内各种第三方综合服务性互联网平台的出现。如行业内面向行业企业资金服务的融资平台、面向行业内产品销售的各种垂直电商销售平台、面向行业内商品展销而出现的在线产品展示交易平台，以及面向行业内产品质量保护的质量追溯管理平台等。

在这样的互联网思维背景下，企业具体能在哪些方面进行或者参与电子商务的改进和变革呢？实际上，电子商务绝不仅仅是一个销售的概念，电商化的变革涉及企业经营的方方面面，以下分别讨论。

1. 借助互联网思维，企业能调动社会资源共同参与产品研发和设计

按照传统的产品从研发生产销售的周期，产品研发设计应包括以下阶段：产品研发、产品规格设计、包装设计、宣传方案、市场验证、设计优化和规格修改等各个阶段(图1、图2)，尤其在产品的市场验证和设计更改、模具更改、包装更改等环节，不仅周期长、成本高、而且需要反复验证修改。在设计和模具、生产线配置方面的反复修改设计必然导致企业经营效率低下，进而影响企业的规模化宣传和系统销售，导致企业产品长期在小规模、低水平下经营，形成市场效益不高、研发不敢投入、营销难以铺开、资金不敢投入的恶性循环，只能靠政府或者行业补贴生存，直至被收购或者破产。

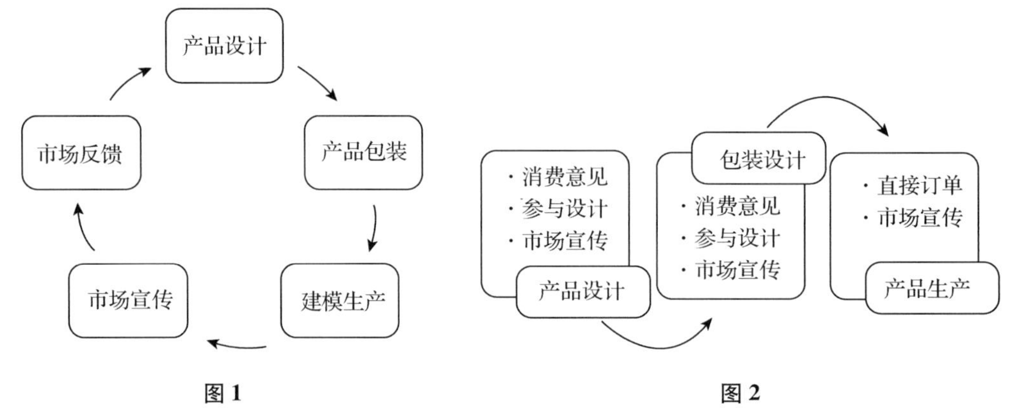

图1 **图2**

图1：传统模式下的企业产品开发生产过程，产品设计(质量、定位、规格、包装等)的好坏只能等生产投放到市场才能得到验证，且消费者不参与设计。

图2：互联网下企业产品设计和生产过程。产品各个阶段都可以得到消费参与和消费反馈，每个阶段都可以和消费者互动。并且在产品设计阶段，就可以得到大规模宣传，在产品还没有生产出来之前，就可以得到大量订单。

按照互联网思维，企业可能在产品研发和设计环节直接面向消费者，由消费者直接参与意见，对产品的品质、价格、规格、包装形态等方面的设计给予全方位的评价，甚至消费者直接参与产品的功能、性能、品质和规格设计，进而因为消费者参与了产品设计，使得产品在研发设计阶段就得到了大规模的品牌传播，产品还没有生产就已经有了大批量的消费客户。这方面最典型的例子就是手机企业小米，小米是“互联网模式”最典型的引导者，小米手机从技术到工艺和外部功能，都是互联网上的消费者讨论设计。小米在接受互联网上“极客”的设计方案的同时，对设计进行公布，直接得到网上的客户订单。

林产品企业虽然难以达到电子产品这样的极致设计，一般也没有如此大的规模，但是这种“消费者参与设计和品牌传播”互联网思维理念仍然可以参考，在产品包装和生产设计阶段，把自己的产品在合适的网站进行推广，征集消费者的意见，这样直接改进产品包装的同时，也宣传了企业产品，还赢得了很多初级客户。

2. 企业可以用小成本，多种社会化网络媒体进行品牌宣传和推广

2014 年 12 月，百度手机端的搜索量正式超过 PC 端，标志着移动互联网对原来 PC 端网络系统的正式超越，而且移动互联网的使用量仍然在加速增长。随着互联网一代人的成长，年轻人的日常关注、他们的生活、他们的消费，都会从网络和各种移动终端开始。据统计，刚刚过去的 2015 年元旦，当天仅微信上频繁出现的新年祝福视频就有 4.2 万个，这些视频在元旦三天的总转发量达到 17 亿人次。这些视频有些是夸张的视频效果、有些是夸张的评论拼接、有些是创意的搞笑、还有一些特殊新闻素材。总之，视频的内容都是吸引眼球和吸引关注的，但是所有视频的最终目的就一个：那就是推送企业和产品广告信息。据统计，元旦期间，至少有 3000 家企业通过这样高频度的视频转发达到了广告宣传的效果。

这种在线产品宣传和推广的平台很多，除了微信、微博等移动媒体外，优酷、百度等在线和移动兼顾的媒体也是重要的平台。

互联网上的产品宣传和推广手段绝不仅仅是视频，社会化媒体的种类的新闻、故事、采访、文章、各种消费者参与的互动媒体都是重要的传播平台。以下是除企业独立电商外，适合林产品企业在电子商务营销和品牌推广中着重考虑的社会媒体平台。

分类	主要社会媒体	企业电商推广功能	重要程度
电子商务	淘宝、京东、当当、凡客、360	品牌和销售功能	重要
团购网站	美团、糯米、拉手网、高朋	销售功能	重要
论坛	天涯、百度社区、猫扑	品牌功能	一般
视频	优酷、土豆、爱奇艺、KU6	品牌推广	重要参考
博客	新浪博客、和讯	品牌推广	重要参考
移动社交	微博、微信	品牌推广	重要
音乐	虾米、多米、搜狗		
问答	百度问答、天涯、新浪	品牌推广	一般
百科	百度百科、MBAlib、Hudong	品牌推广	一般
商务社交	天际网、优士网、若临		
社交网络	开心网、豆瓣、QQ 空间、51		
社交游戏	腾讯游戏、人人游戏、淘米		
消费点评	大众点评、口碑网、饭统网		
签到位置	街旁、切客、人人、微领地		

3. 产品流通和营销是电子商务的最基本功能

无论互联网如何发展，实物产品不可能在互联网上直接递送。但是电子商务的发展确实已经把物流的效率提升到了极致。当前电商发展的现实是：第一、所有非实物类的文化类产品都将逐步被引入到互联网，通过网络直接制作、宣传、展示、传播、消费，传统的报刊亭、书店、培训课和培训教材、文艺演出、展会等实体平台，都已经逐渐电商化；第二、所有的实物传播的消费品，都已经逐步走上 B2B 或 B2C 形式的互联网电商模式，2014 年年底，电商成交总量达 12 万亿，B2C 电商达到 2.5 万亿；第

三、电子商务和大数据的发展，使得各种商品能快速地锁定到目标客户上，例如高端的生鲜产品航空直邮、各类功能性保健产品的网上营销、各类高端林产品向高消费能力人群的传递等等。

大数据的概念，实际就是对人、事、物和各类“过程”进行各种各样的标签、分类和串联。在很多移动互联网的平台上，大数据是支撑性的概念和逻辑，所有的电商网站要对客户信息、购买习惯、产品信息、物流和价格因素等进行后台的数据归类和分析，这些后台的数据就是所谓的大数据。通过后台的数据，消费人群被有效地做出各种划分，使得精准营销越来越成为可能，也越来越成为企业重要的竞争手段。

4. 行业多功能平台的价值与日俱增，动作慢就可能失去未来

总体来说，电商金融、电商物流、条码管理和追溯、在线支付都已经成为基本的技术和基础的商业能力，企业和管理者都无需为这些能力的可靠性和安全性担心。但是最关键的问题是，无论是物流、条码追溯，还是在线支付和在线社区的互动宣传，都要依赖于一个行业平台，这些平台可能是金融服务平台，也可能是行业垂直的在线统一展示和电子交易平台，可能独立的或者整合的条码追溯管理平台，或者是行业内垂直社区，当然，以上几种平台会以各种组合整合在一个或几个垂直平台上运营。这些平台一旦得到成功运营，其价值是非常远大的，会对上游的商家和下游的消费者形成商业关注和商业价值垄断。问题的关键是，这些平台和价值以后会属于谁？平台属于谁，这决定了平台上千千万万企业和商家的趋向和团队归属问题，因此，平台之争是目前各行业自身和第三方平台 BAT(百度、阿里巴巴、腾讯)的战略争夺的关键。

当前的现实是，一方面，所有的纵向行业内的行业经营者或者是行业协会，都在努力建设自己行业内的互联网平台，以实现自身在行业内的长期价值，防止行业被 BAT 等第三方平台扩张淹没；另一方面，以 BAT 为首的第三方电商和互联网平台也正在向所有的行业进行纵向的扩张，他们分别希望在宣传传播、电子商务、行业社区方面形成行业平台，吸引行业关注，进而实现各自的长期商业价值。因此，在林业行业，应快速推进自身的信息化平台建设，以统一的数据信息平台为基础，实现林业行业内社区互动(包括管理部门、协会、林业企业)、电商推广、质量追溯管理的整体方案，帮助林业企业提升品牌能力和创新经营能力，让林业企业有自己的舞台。

5. 跨行业资源整合是互联网思维的重要内容

任何一个互联网平台的建设，从规划设计、到内容组织和产品组织、再到推广运营，都会包括以下重要团队资源：商业战略设计团队、数据和网站设计团队、融资和财务团队、商业营销和合作管理团队、网站运营和推广团队、网上交易和支付等。因此，平台的建设只是一步最简单的起点，平台的设计和运营推进才是根本。对于一个电子商务平台，网站建设只是万里长征的第一步，是简单的事情，运营才是关键。大的电商平台都会整合跨行业的资源进入，才能把平台运营好。

因此，企业理解电子商务，或者企业要经营电子商务，一定要认识到，电子商务不是简单的网络销售，企业要做好电商，企业或企业内部团队必须具备营销策划、产品包装、品牌推广、电商推广、文案制作等多方面的能力。因此，一个好的网络平台，实际就是一个全面的团队，这个平台团队能帮助企业提升产品营销宣传，能给企业招商引资，能帮企业带来各类第三方合作，能帮企业带来实际的品牌效应和销售规模。

6. 产品品质和质量保护是企业发展电子商务的重要基础和前提

电子商务的发展，让企业的经营从原来以经营产品为主，转变为经营消费者和经营渠道平台为主。而电子商务发展的重要保证，就是消费者参与的口碑和评价体系，因此，企业要做好电商，必须要保证好的品质。有这样一句话：“企业有好的产品和好的品质，未必能做好电子商务。但是如果企业没有好的产品品质，就一定做不好电子商务。”各类电商平台从以下方面促进企业产品品质提升和质量保护：一是消费者评价体系；市场机制淘汰落后的，自然选择好的产品和好的经营；二是企业通过电商经营，规模和效益提升带来的设计、生产和管理系统提升；三是电子和玩具设计类企业，消费者参与设计，带来产品品质和功能的提升；四是企业加入条码追溯查询体系，让消费者通过扫描条码，来达成产品生产信息追溯和品质溯源。

综上所述，企业家要看到，互联网思维也好，电子商务也好，企业创新转型也好，其核心的本质变化就一点，那就是企业的品牌宣传、营销推广和客户经营，都要把相当的精力甚至全部的精力转向从互联网上进行。

二、当前林业产业企业经营和营销主要面临的问题

数据显示，2014 年我国进入流通领域的农林副产品价值总额为 2.45 万亿元，但通过电子商务流通的农林产品仅占 3% 左右，该领域的电商市场潜力让巨头们眼红不已；同时，生鲜食品网购超过 300% 的增速又让更多的中小型电商企业和创业者们心动，不愿坐等被巨头挤压至死的，前仆后继地投身生鲜。

2014 年，国内生鲜市场规模有望突破 1000 亿元，但庞大而诱人的市场背后却是整个农林产品电商平台的亏损现实。据报道，中国目前全国涉农电子商务平台超过 3 万家，其中农林产品电子商务已达 3000 家，却几无一家盈利。除了寥寥可数几家巨头外，在此之前试水过生鲜电商的，如优菜网、好帮手、谊万家、永辉半边天、天鲜配等，早已被遗忘。沱沱工社、本来生活、菜管家、易果网等，依然无一能谈得上成功的。农林行业的电商经营，存在以下主要问题。

1. 林业行业因区域和行业原因，商业经营落后

无论是大兴安岭地区、长白山地区，还是云南四川的林区，中国的林业产区基本上都是远离核心城市的地区。这些地区远离核心城市，生产和经营也都相对落后，所以，即使有最好的产品，但是因为产品包装设计能力弱、营销能力弱，所以既不能通过品牌宣传策划来赢得产品品质对应的额外收益，也不能通过大规模的品牌营销，实现与产品地位相对应的额外利润。

2. 专业人才缺乏，导致企业创新能力不足

当前，由于互联网的发展，企业品牌宣传和产品设计、产品宣传方面的竞争十分激烈。壳壳果的核桃和其他地区的核桃未必有本质区别，但是消费者就会认为壳壳果的好，为什么？就是因为他们在互联网上建立了品牌，做了很多方面的宣传。那么一

个中小林产品生产企业，在现代商业环境下要想达到同等竞争能力，必须要同时具备多方面的能力，例如企业宣传材料的制作，包括营销策划、合作类的方案、各类 PPT 类的包装宣讲材料、产品卖点设计、网站上图文资料和视觉设计等，这都需要市场策划、电商推广策划、营销、文案设计等方面的人才，没有这些人才，企业即使有好的产品，也无法在市场上实现产品的价值。

3. 企业规模小，经营分散，同质化竞争严重

传统企业的创业，一般是以市场需求为导向来开创的，都是先看见市场上某项技术或产品的需求空间，在考虑清楚如何实现该商业机会后，才会找资金、建团队、开公司。所以他们的优势往往是商业策划能力和市场营销能力；而林业企业很多企业成立的背景有两个：一是有林产品资源，二是有当地政府支持。所以，从他们成立的背景看，很多普通林户经过简单的生产引入，就能成立企业，商业策划能力和市场营销能力本身就不是成立时具备的。这样，往往就在当地形成了分散和同质化的经营，但是这种同质化竞争往往非但没有提升产品包装策划和设计能力，反而在价格和利润上互相竞争，削弱了整体商业环境的盈利能力。

4. 营销能力在互联网思维下被强烈考验，电商推广和经营思路局限，无法打开局面

由于前述原因，很多企业由于人力资源、企业规模、同质化竞争等原因，没有能力持续投入电子商务经营建设。一方面，企业除了花钱投广告这一途径外，企业不知道怎么宣传和推广，而且投广告也看不清效果；另一方面，企业的产品推广找不到有效的通路，线上销售投入大销售效果不清晰，线下销售少人问津。当然也有成功的情况，比如浙江诸暨的香榧产业，诸暨香榧销路通畅，主要靠的是线上电子商务，但是诸暨的电商销售不是靠一家企业，也不是靠两家，而是靠数百家小企业一起在互联网上持续加热，最终形成规模效益，形成少数企业在销售量上的突破。仅仅就营销范畴的电子商务来说，农林行业的电商也有很多具体问题。

产业政策限制，快递运输中无法像商超集采或者批发市场商家集中运输一样享受绿色通道优惠，高速公路过路费抬高物流成本，导致无法和商超及菜市场竞争。

保鲜困难，顾客无法一次大量采购，货品单价偏低，单价提升难度较大，单个订单利润额有限。

农林产品品类货源标准化程度较低，分拣过程中的损耗率较高，不同批次产品品质差异较大，产品品质控制困难，顾客体验很难保证。

运营模式和定位困难，农林产品电商在国内还是新生事物，没有现成的经验可供借鉴，目标群体定位及运营模式规划只能在摸索中前进。实际上，生鲜电商在国外也是一个新生模式。

消费者教育不够，前期推广成本较高，订单数量不足，利润有限，无法分担相应费用。订单分散，集中度不够，最后一公里配送难度大，配送费用奇高。

配送过程中快递公司暴力分拣普遍，生鲜产品又不耐碰撞，商家发出的是好货，顾客收到的不一定是好货，运输途中磕伤碰伤严重，当前快递公司普遍不为生鲜破损担保。

5. 电子商务从业人员紧缺

电子商务全行业火爆，导致电子商务人力资源成本升高。冷链配套设施不足，生鲜保鲜贮存条件偏差，流通环节腐烂损耗比例较高。目前生鲜电商的物流损耗普遍在5%～8%，有的甚至超过10%。

三、电商时代林业产业经营提升的破局之道

在前述的互联网时代的商业背景下，林下企业如何赢得商业上的突破？如何解决企业竞争力不足、缺少人力资源、缺少平台支撑等问题，以及如何避免简单的同质化竞争呢？以下是几个方面的参考建议。

1. 提升差异化设计能力

产品品质。目前中国市场消费商品泛滥，产品质量参差不齐，产品过度包装，虚假宣传大行其道，在这样的背景下，消费者真正的需求是质优价廉、包装适当、简单有品质的商品。因此企业的产品要立足于品质，从产品本身生产上，要严格自律，追求长久经营和消费者口碑，还要从产品包装上追求质量，用简约的包装，拒绝包装浪费，这才是消费者希望看到的。

广泛的商业接触，打开经营视野。前面提到，林下企业一般在商业落后的区域，企业经营还是以过去的封闭式自我经营为主，这在互联网时代已经落后。那么企业在哪些方面能改变经营模式呢？一是广泛发展各类第三方合作，企业家要勇敢地走出去接受各个方面的商业头脑风暴，才能有广阔的视野，才能在决策上形成客观全面的合作。

了解多样化的创新宣传推广手段。传统的电视广告和纸媒体广告还存在，但是总体的市场份额已经降低到企业营销宣传成本的20%以下，其总体的广告转效益的能力也不足10年前其效益能力的30%。因此，企业要借助现有新的营销推广手段来从多个角度考虑企业品牌和产品的宣传推广。

营销模式多样化。传统的企业营销模式大概有两三种，一种是直销模式，不管是规模批发、还是走各地营销渠道，还是走终端零售店或商超，直销是通过企业内部的销售团队，面对客户把产品卖出去的模式；另一种是各种代理模式，即企业不建立自己的销售团队，而是通过各地的营销渠道把产品销售出去。但是在互联网时代，企业的营销模式选择就太多了，如企业自建电商销售、企业到第三方电商销售、企业参与行业整合销售、垂直大客户的电商平台、线上宣传线下体验式销售等等。

2. 行业性支持平台建设

据各专业公司的分析统计，从2013年开始，所有的行业都开始进入行业平台建设时期。行业平台一般指纵向行业内的各类业务支撑信息化平台，这类平台不仅整合行业内或者第三方的公共资源，而且给行业内企业提供了一个宣传、推广、展示和聚会的通道，另外，通过这类行业平台能形成行业的大数据，有了大数据就可以直接建设

更多的第三方支持和应用，直接帮助企业进行品牌推广和产品推广。这类行业平台一般有：行业内的融资平台，这类平台非常多，在林业产业联合会下面的金融分会就具有这种性质；行业内的电商平台，这是最多最广泛也是竞争最激烈的一类，蔬菜、水果、坚果、苗木、花卉都有这类的电商平台；行业内部质量追溯和消费信用服务平台，这类平台与行业、企业内部电商平台或各类第三方销售平台进行配合，提供产品的产地和流通环节信息追溯，一般情况下不独立存在；线上行业展厅，行业内提供企业展示和产品展示的平台，这类平台其价值的根本在于大数据，除行业企业数据、行业产品数据外，还要收集行业销售渠道的数据和行业消费者的数据，通过这类平台的建设，能为企业提供更开阔的营销思考。而且行业数据是行业所有平台的公共资源，一旦掌握这些数据，就会有更多的思路，开展更多有价值的服务。

四、几种典型的电商营销模式和主要代表企业

近几年，我国生鲜电商得到了迅速发展。据不完全统计，目前全国农林产品电商平台已逾3000家，农林产品网上交易量增长快速，以阿里巴巴平台为例，农林产品销售额从2010年的13亿元迅速发展到2012年的198亿再到2013年前五个月的150亿元，年均增长超过200%。据2014农业信息化高峰论坛透露，2013年农林产品电子商务交易额已超过500亿元。

总体上看，目前农林产品类电子商务的渗透率还不到1%，大大滞后于服装、电子类产品，有着极大的发展空间。除了阿里巴巴、京东等平台电商外，包括中粮集团等食品企业、顺丰速运等快递企业也纷纷进入农林产品电商领域。随着产品标准化、诚信、物流等制约农林产品电商发展的瓶颈逐步得到解决，农林产品电商即将进入生机盎然的春天。追溯系统必将对农林电商起到很大的推动作用，因为诚信问题是制约农林电商最严重的问题。举例来说，有机产品很火很热，但是非常遗憾，我们国内应该说没有多少产品是可以达到有机的标准的。

1. O2O模式

即线上下单，线下取货的模式，比较典型的代表是智能电子菜箱模式。“武汉天征”公司生产设备，由家事易使用推广的电子菜箱模式“电商+冷链快递物流+智能终端取货”的先进商业模式。2012年，“电子菜箱”在武汉悄然流行，上午在网上选好菜，下午就可以在家门口的菜箱里取菜，而且价格比超市便宜20%。

“青年菜君”线上订货，实体店取货模式。“青年菜君”隶属于才俊青年（北京）科技有限公司，由陈文、任牧、黄炽威于2013年年底创立，地点位于北京地铁13号线回龙观站，是一家经营半成品净菜为主的O2O公司。2014年8月中旬，“青年菜君”获得了梅花天使创始合伙人吴世春与九合创投创始合伙人王啸联合提供的千万元级A轮投资。

2. C2B2C模式

比较典型的代表是中国地理标志产品商城。该商城是国内首家销售国家认证（注册审定的）地理标志产品的网上商城。商城面向地理标志产品生产经营者和终端消费者，提供线上销售服务，同时还建成了国内首个地理标志文化博物馆。

“地理标志产品”，是指产自特定地域，所具有的质量、声誉或其他特性本质上取决于该产地的自然因素和人文因素，经审核批准以地理名称进行命名的产品。“地理标志产品”具有以下几个特点：①有良好声誉；②有特定地理条件的自然因素和人文因素；③传统的种植加工技术；④经国家主管部门注册并保护。

“鲜生来了”，在2017年的12月12号，由新农人代表毕慧芳老师发起的一个活动，没花一分钱的推广费用，在24小时之内卖出了5200箱的苹果，同时获得了将近两万的电商平台的用户。

3.“产地＋平台＋消费者”的模式

比较典型的代表是“中粮我买网”和“一号店”原产地直采，“京东”的原产商供货及渠道商供货，“天猫”的生产或者渠道商开店，目前发展速度最快，也是当前赔钱最多的，特别是“阿里巴巴”的推广费已经占据了平台销售的30%，甚至更多，农林产品建议避开阿里，因为农林产品是没有那么多的利润空间来交这个费用的。

这第三种模式发展最为迅猛，比如“三只松鼠”，比如“采集家”。据“采集家”品牌负责人冯章玉介绍，该品牌成立不过一年的时间，就已经凭借优质的品质和高效又充满人情味的服务，收获了一大批忠诚的消费者，并引得了投资机构的注意。

4. 全业务链模式

比较典型的代表是佳沃集团。佳沃集团是联想控股的现代农业板块公司，主要从事现代农业和食品领域的投资和相关业务运营。佳沃集团是中国最大的水果全产业链企业，在海外及中国拥有规模化的蓝莓和奇异果种植基地，领先的种苗繁育中心、工程技术中心、分选加工中心、冷链物流平台和品牌营销网络。同时佳沃也正在茶叶、葡萄酒等领域进行投资和业务布局。

“沱沱工社”母公司是九城集团，成立于1995年，是一家供应链管理公司。2003年12月成为美国纳斯达克上市企业。“沱沱工社”属于有机、天然、高品质食品网上超市。

2009年4月，九城集团正式进军食品B2C领域，注资5000万成立九城天时生态农业有限公司，在北京、上海等地投建上千亩有机农场。凭借雄厚的资金实力，九城集团整合了新鲜食品生产、加工、B2C网络化销售全产业链各相关环节，并依托“透明供应链”产品质量透明管理体系在食品行业供应链上的独特应用，将“新鲜日配”这一B2C领域难以逾越的梦想变成现实，但是它的配送成本占到45%。

5. C2B 模式

典型案例 是“买果果”，创始人刘平。C2B模式可以像订杂志一样订水果，每月200元，隔两天给顾客送水果，品种不限。

据了解，目前“买果果”主要销售进口水果，进货渠道则主要是河南本地的水果市场。根据刘平提供的数据，“买果果”用户在第一个月订购水果后，第二个月的再次订购的比例是20%，第三个月则只剩下10%。

6. B2M2 模式

典型代表是“吉星生鲜”，主营净菜水果。团队15人，运营10个微信个人号、150

个QQ群、一个微信订阅号、一个微信服务号、两家高档小区社区店。投资50万，主要从昆明农林产品批发市场拿货，微信上下单，店取+送货上门。盈利状况良好，月利润3万~5万。

目前，已知的一家唯一盈利的农林电商，所以生鲜电商一定要放弃传统平台，很好地运用免费的社会化经营，因为电商的发展已经把流量费用吵得太高了，脱离了本身的价值，本身利润就不是特别高，没必要去和3C，去和服装争流量，有效地运用好微信、微博等社会化媒体平台，导流量小的肯定比你用传统媒体要好得多。如小米微博账号2754个，他们给小米每年带来的价值不少于15亿~20亿元，所以这个时代要想清楚再动。

木材加工集约化发展战略分析

近年来，世界经济进入一个新的时期，我国木材加工业随着世界经济的变化也有了新的发展形势。欧洲、美国、日本等木质林产品进口大国(地区)的市场持续低迷，对中国出口导向型木材加工企业的生存与发展造成极大的挑战。部分中小木材加工企业因此倒闭，而很多企业处于停产、半停产的状态。然而也有很多企业通过调整市场营销策略、产品开发策略、技术研发策略、产业转型升级等途径，成功缓解金融危机造成的不利影响。

1. 莆田秀屿国家级木材贸易加工示范区

中国莆田秀屿国家级木材贸易加工示范区(简称示范区)，总体规划面积13平方公里，截至2014年9月园区已入驻企业102家，实现产值31.85亿元。园区中有以标准木业有限公司(简称标准木业)、福人木业有限公司(简称福人木业)、宏龙木业有限公司(简称宏龙木业)、豪杨木制家具有限公司(简称豪杨家具)等为代表的一批木材加工企业。园区内企业生产的产品以系列家具(实木家具、古典家具、酒店家具、玻璃家具、工艺家具、仿木欧式家具、衣柜、橱柜等)、人造板(中纤板、细木工板、胶合板、集装箱地板、挤塑板、扣板等)、装饰板(无节板、集成板、实木地板、强化地板等)和实木门、楼梯、各种锯材、铁路枕木、防腐木以及活性炭、彩印包装箱、沙发泡棉为主，示范区内企业已组成较为完整、循环的产业链。

2. 金融危机对示范区木材加工企业的影响

海外订单减少，出口贸易业务开展受阻。金融危机爆发后，美国、欧盟和日本等发达国家和地区消费市场萎缩，导致示范区内的木材加工企业国外订单急剧减少，原有订单也纷纷要求延期交货，出口贸易额和产量仍未恢复至金融危机前的水平。标准木业原本大量出口日本的标准锯材、胶合板、中密度板等产品，订单量急剧减少；主要向加拿大、美国出口欧式家具的某家具生产企业，出口量从危机前的每年300多柜萎缩至现在的30多柜；福人木业的中纤板、刨花板和复合地板的出口贸易业务停滞。

出口转国内销售的市场策略较为普遍。后危机时代，福人木业对日本、美国和欧洲出口额锐减，主攻国内市场，目前产品主要销往浙江省、江苏省、广东省和上海市，客户多为家具、橱柜、地板、门板等木制品生产企业。标准木业、宏龙木业、欧式家具等企业则采取国内市场为主、国际市场为辅的市场策略，一方面挖掘国内市场大发展的红利，另一方面守住国外客户和国外市场，等待经济复苏后的国际市场机会。

产品生产萎缩，员工和设备闲置，库存压力剧增。出口减少直接导致木材加工企业的产品生产萎缩，再加上国内外激烈的市场竞争，很多企业处于停产、半停产的歇工状态，部分企业甚至停业或倒闭。标准木业表示，金融危机加上欧洲债务危机，锯材出口停滞使得从德国引进的先进LINCK全自动锯材加工生产线一直处于停产、半停产状态。市场销售和生产不稳定导致部分企业的库存压力也不断上升，如豪杨家具2013年的销售收入约3000万，但产成品库存余额达1500万元。

生产成本上升，加剧木材加工企业的生存压力。标准木业已将原木进口转向加拿大、新西兰等实施森林认证的国家，宏龙木业从北美地区进口原木，相比原来从非洲、马来西亚、越南、俄罗斯等非森林认证原木的进口成本增加了。另外，示范区内企业多为劳动密集型企业，“用工难”促使示范区内企业为员工支付越来越高的工资，企业还主动做好员工“五险一金”缴存工作，确实面临劳动力成本上升的压力。某欧式木制家具生产企业表示，雕花工人的工资从2006年的50元/天增长至现在的300元/天。但是福人木业、标准木业和福建省荔元活性炭实业有限公司均表示，员工工资涨幅不大，对企业经营成本的影响不大，更大挑战还是在于市场萎靡不振。

3. 新时期木材加工企业的应对策略调查

首先，重视产品开发与设计的投入。国内外顾客消费偏好的不同，要求木材加工企业应为国内顾客和国际顾客开发不同的产品。例如，宏龙木业总经理指出，欧洲、美国等发达国家和地区的房地产业多为精装房，木门、橱柜等木制家具和相关木制品在尺寸、样式、花色、雕刻图案等方面采用统一规格。但是金融危机后企业转向国内市场后发现，中国住宅地产多为毛坯房，国内消费者的个性化需求较高，对木门、橱柜等家用木制品的规格、样式、花色、雕刻图案等的要求多样化。这要求宏龙木业等木门生产企业加快提高柔性化生产水平，为低成本生产多样化、个性化产品奠定基础。但是某欧式家具生产企业在开发国内市场时，将用于出口的传统欧式家具直接用于国内销售，效果非常不理想。而福人木业的成功经验值得推广，经营理念已由原来的“生产导向”转变为“客户导向”，非常重视国内消费者个性化需求，技术人员经常协助销售人员深入市场，及时掌握顾客关注的焦点和需求，同时非常重视根据木制家具企业、橱柜企业等企业类客户对人造板规格的要求，进行生产调整或开发新产品。福人木业开发出铅笔用中密度纤维板、竹木混合高密度纤维板、跑步机板等100多个花色品种，广泛使用于家具、音响、工艺品、玩具和装修业等多个领域，填补了行业产品十几项空白，为巩固和开拓国内市场提供有效的产品保障。

其次，重视技术创新与工艺流程创新。标准木业已成立“市级技术研发中心”，该研发中心包括研发一部、研发二部、研发三部，共有职工人数35人；福人木业已成立省级企业技术中心，公司共有工程师100多名，其中高级工程师30多名。两家企业的研发中心负责承接技术改造、产品标准化、生产工艺改进及新产品开发等重要的任务。同时，示范区内企业还重视与高校、科研机构、产业链相关企业的合作。例如，标准木业与上海大学、南京林业大学、福建农林大学进行合作，加强人才与技术成果的对接；联合中科院常州先进制造研究所、福建林业勘察设计院等科研机构对从德国引进的林克制材生产线进行技术改造，实现原木自动化运输、材积测算、分选等工艺要求，改变传统的人工作业模式，进一步降低锯材的加工成本。福人木业表示，研发人员在不断开发新产品的同时，也注重与设备供应商沟通交流，根据生产实际对引进设备与生产工艺进行改进与改良，一方面帮助企业更好地根据客户要求进行生产规格、性能等参数的调整，助力企业从少批次、大批量生产向多批次、小批量生产转变，另一方面提升企业技术人员准确判断设备的潜在问题并及时进行预防或维修的能力，降低设备故障频率与运营成本。

第二，重视国内品牌塑造与销售渠道建设。新时期，为开发国内市场，示范区内如标准木业等大中型企业，已经强化国内市场的营销活动。标准木业加大广告投入，通过电视、报纸、杂志、路牌、互联网等媒体宣传企业和产品，委托泉州元氏广告进行设计，对公司的 VI、CI 形象进行包装、策划；建立自己的企业网站，提供 WEB、E - mail、论坛等服务，实现网上订货、网上招商合作、网上客户服务、网上签约等电子商务功能；委托福建省视觉魔方影视文化传媒有限公司制作企业宣传片。标准木业的国内营销活动取得良好效果，针叶树锯材产品被评为福建省名牌产品等荣誉称号，公司的图形商标也被评为福建省著名商标和中国驰名商标。同时，标准木业采取品牌专营店、直营店、特许加盟店、寻找代理商和经销商等多种方式结合，加快国内线下销售渠道建设；通过参加展览会、投资洽谈会、商会等形式来扩大知名度，争取国内市场订单，降低出口减少带来的不利影响。巨大的资金投入使得示范区内中小企业无法学习标准木业的做法。但是为了生存与发展，示范区内许多中小企业通过努力探索，实施与大中型企业差异化的营销策略。部分中小企业努力争取为国内品牌做贴牌生产；部分中小企业寻找大中型企业放弃或无法顾及的中小客户（包括生产企业或零售商等），通过精准的人员推销方式，采取面对面沟通与谈判方式，并利用优质服务满足中小客户的要求，获得中小客户的订单，虽然无法实现销售收入的快速增长，但在市场低迷时期对中小企业生存至关重要。

第四，重视供应商管理以保障木质原料供应。示范区内的中型企业或木材进口企业，积极通过与森林资源丰富的国家或企业建立稳定的合作伙伴关系，保障木材原料的供应量和价格稳定。例如，标准木业与加拿大 BC 省政府及林业产业公司合作，建立培育基地，占地 4.33 万公顷，共同开发加拿大黄松、SPF 等木材资源；宏龙木业与北美地区林业巨头 STC 集团和 TRANS - PAC 公司等砍伐商签订 30 年的进口协议。部分大中型企业通过建设原料林基地来保障原料供应，如福人木业母公司福人集团拥有 3.33 万公顷原料林生产基地。中小企业或非木材进口企业，主要采取与木材进口商合作为主、自主采购为辅的原材料采购策略。同时，减少采购印度尼西亚、俄罗斯等受到美国等重点监控国家的木材，进口已获森林认证的原木以及标准木业、福人木业也已通过国际森林体系 FSC - COC 认证，避免企业自身产品以及下游客户的产品出口美国、欧盟等要求森林认证国家和地区时遭遇准入限制，对国内木材加工业产业链整体出口增长具有重要意义。

第五，产业升级助力降低原材料与劳动力成本。①充分利用林业废弃物生产人造板。福人木业充分利用林业三剩物和次小薪材生产中密度纤维板，确认为资源综合利用产品，年综合利用170万立方米“三剩物”，不仅有效减轻原材料供应及其成本上升压力，每年还可保护1.13万公顷森林资源。②提高机械化和智能化水平，提高原材料利用效率。标准木业引进德国LINCK全自动锯材加工生产线，配置原木剥皮机、3D扫描、自动对中进料系统、削片机、双轴圆锯机等设备，保证最大的出材水平率和最高的等级品率，且可满足日本、欧美国家客户以及国内客户对锯材规格化要求，实现低成本的、高质量的规模化定制生产。③强化员工的培养与培训，提高技术人员的技术水平。标准木业表示，根据家具规格进行科学选料与开料，直接关系整个家具产品生产成本的30%，而员工的技术水平与生产经验直接关系选料与开料准确性；开料、组装、雕刻、开线等均为“机器+人工”合作完成，如开料为人工画线、电锯等机器切割，标准化和较简单的雕刻多由机器完成，降低劳动力成本。

最后，产业升级助力适应低碳环保趋势。①单个企业内部自我实现节能减排。案例中，福人木业加强对清洁生产设备与生产流程改造。用于供热的锅炉弃用燃煤，改烧生产过程中产生的下脚料、固体废弃物，节约能源消耗；燃烧废弃物所产生的热量、烟气全部用于中纤板的干燥和生产设备加热，进一步节约能源消耗；投资污水处理装置，将经环保池的脱渣、脱泥处理后的生产污水作为锅炉补给水，节约清水使用量。②示范区内企业通力合作，打造能源节约型、环境友好型示范园区，实现试验区内企业共同减排。示范区内呈现良好现象：木材外皮可做锅炉燃料，产生蒸汽用于木材烘干；里面一点的皮可用于制作中密度纤维板、人造板；再往里点可用于制作无节板、集成板；加工过程中产生的刨花可用做燃料，而木屑可用于生产活性炭。例如，标准木业也充分利用生产过程中产生的废料进行锅炉加热，产生的蒸汽与烟气热量不仅用于企业内部的生产设备供热与物料和产品烘干，还为示范区内的其他企业提供物料与产品烘干服务，实现各种形式的能量在园区内部得到充分利用，实现资源节约型、环境友好型园区的建设目标。

4. 木材加工企业应对实践的政策启示

(1)鼓励木材加工企业建立开放的创新模式

在李克强总理倡导“万众创新”的新形势下，企业技术创新合作对象被放大，从同行业或跨行业企业、高校、科研机构拓展至内部普通员工、外部普通大众，这就需建立比产学研合作更为开放的合作创新模式，从企业外部寻找技术创新解决方案，以求低成本、快速地在国内和国际市场上建立竞争优势。第一，引导木材加工企业利用中介公司网站建立与其他研发机构和个人的联系，通过互联网悬赏寻求科研解决方案。第二，充分利用“众创空间”扶持政策，扶持大中型企业创建自己的开放式创新网站(类似宝洁公司的“联系与发展”网站)，将研发转向联发模式，为“万众创新”的成果对接搭建新平台，欢迎研究机构、高校、客户、供应商、个人甚至竞争对手，向企业提交符合企业要求的创新成果，成为企业的合作伙伴，创新成果可涉及产品、技术、商业模式、商标、包装及设计等方面。第三，扶持商业性技术中介服务网络平台或技术猎头公司的发展，营利性企业会壮大木材加工领域的技术经纪人，为“万众创新”战略的实施搭建更开放的平台，为木材加工企业提供高效、针对性强的技术对接服务。

(2)推进木材加工企业由制造升级“智造”

案例分析表明，消费者个性化需求日益增强的背景下，木材加工企业须建立与之相适应的大规模个性化定制生产方式，这要求企业由“制造”升级至以柔性化为主要特征的“智造”，以满足市场消费者的个性化需求。第一，在“制造”升级“智造”的大趋势下，政府部门应加快编制《全国林产工业机械产业发展规划》，建立“国产智能生产装备开发与应用专项资金”，扶持木工机械和造纸机械的研发创新，促进木材加工机械向数控化、自动化、大型化、高速化、节能化、绿色化转变，为“制造”向“智造”转型升级提供机械设备支撑。第二，推进木材加工业实施“互联网＋”战略，基于互联网、云技术等建立柔性化的生产驱动系统。政府可通过财税政策，支持木材加工企业加大先进机械设备与信息化系统建设投资，帮助企业实现设计数字化、装备智能化、生产自动化、管理现代化和营销网络化。帮助木材加工企业利用互联网、大数据技术与消费者紧密联系在一起，及时收集消费需求数据、信息，迅捷地传达给设计人员或设计软件，设计软件又传递给下单环节，下单环节传递给生产部门进行排产，最后传递至物流配送环节，完成整个消费、设计、物料供应、生产与配送全流程，实现生产方式由大批量、标准化的推动式生产向多品种、小批量、快翻新的市场需求拉动式生产转变。

(3)强化对木材加工企业的技术与管理辅导

第一，加大资金投入，增加辅导项目的频数与覆盖范围。政府或相关部门应加大资金投入力度，实现辅导项目在木材加工业集聚省份的全覆盖，至少要实现集聚省份地级市的全覆盖，将企业所在地与集中辅导地点的距离缩至最短，最大程度吸引木材加工企业参与辅导项目。第二，在培训内容上，除相关理论知识外，还应加强经营理念、营销策划、产品开发理念等方面的辅导，加强木材加工企业成功案例的宣传推广。在项目组成员中应包括技术创新成功的企业代表，直观介绍其技术创新、经营管理的成功经验，让其他企业直观地感受技术创新过程和经营成功所需要的准备，提高技术与管理辅导项目的效果。第三，通过技术创新与管理辅导项目，引导木材加工企业完成思维模式从“销售导向”向“顾客导向”转变，准确把握国内消费者和国际消费者在消费偏好、审美等方面的差异，为国内渠道商和国际渠道商研发和提供适销对路的产品，针对国内市场设计区别于国际市场的营销策略，实现国内市场与国际市场齐头并进的发展。

(4)扶持木材加工企业海外建立原料基地

标准木业等企业个案分析表明，大型木材加工企业或木材供应商，以通过独资、合资、合作等方式，在国外建立原料林基地，以保证木质原料的稳定供应。因此，政府应完善海外工业原料林基地建设的扶持政策，为木材加工企业建立海外原料林生产基地创造条件。例如，设立国家境外森林资源开发基金，作为境外森林资源开发项目建设的资本金；国家政策性银行对境外森林资源开发项目优先提供贷款和优惠利率支持；优先支持从事境外森林资源开发的森工企业在国内外资本市场上市或增发股票，为企业筹集境外资源开发资金创造条件；政府可通过财政补贴、贷款扶持、税收优惠等措施，优先扶持部分有实力的国有林场，代表国家进行海外森林资源生产基地建设投资，然后将所生产的木材原料回销国内市场；培训木材加工企业利用上海市、福建省、广东省、天津市自贸试验区的自由贸易账户等金融创新政策，拓展海外融资渠道为海外原料林基地建设开拓资金来源，缓解原料林基地建设的资金压力。

第四部分 林业产业诚信报告

林业产业企业诚信工作报告

一、当前林业产业诚信现状及问题分析

1. 林业产业诚信工作取得的成绩

自党的十六大特别提出社会主义核心价值体系的主要内容以来，党中央进一步明确社会主义核心价值观基本范畴的任务，诚信建设被提到重要位置；党的十八大报告在加强社会主义核心价值体系建设的任务要求倡导爱国、敬业、诚信、友善，积极培育和践行社会主义核心价值观，国务院颁布了《社会信用体系建设规划纲要（2014—2020年）》，党中央、国务院把诚信工作列入当前工作的重中之重。要求全国各行各业加快建设社会信用体系、构筑诚实守信的经济社会环境；要求全国各地全面推进包括政务诚信、商务诚信、社会诚信等在内的社会信用体系建设，要求企业要把诚信经营作为安身立命之本，切实做到重合同、守信用；要求发挥行业组织自律和市场机制作用，培育和规范信用服务市场，形成全社会共同参与，推进信用体系建设的合力。

林业是生态建设保护的主体，也是一项重要的绿色产业。而诚信可靠的林产品在老百姓的日常生活中发挥着越来越重要的作用，已经成为人民群众提高生活质量的一个新期待。我国林业产业总产值已由2002年的4634亿元增加到2013年的4.95万亿元，十年增长近9倍，为经济社会发展作出了重大贡献。我们从中可以看到林业产业发展的市场潜力。预计到2020年全国林业产业总产值将达到10万亿元，相当于在现在的基础上再翻一番。

林业产业能在短时间内取得如此巨大成绩，其主要原因是我们务林人选择了诚信理念、诚信经营、诚信服务的理念。

仁者民生为本，智者诚信为重。弘扬诚信，就是关注民生。而民生连着民心，民生凝聚民力，民生关系发展，发展决定民生。抓民生，首先当从诚信抓起。2012年以来，中国林业产业联合会秘书处在国家林业局党组的正确领导下，认真贯彻党的十八大，党中央国务院和习近平总书记、李克强总理有关加快诚信体系建设指示精神，落实国家林业局党组和局主要领导与联合会主要领导有关加快做好林业产业诚信指示精神，在林业产业界有条不紊地推进诚信工作。

2012 年 6 月，中国林业产业联合会秘书处组织吉林森工、龙江森工、长白山森工、浙江世友、大卫地板等全国 30 余家林业骨干企业在井冈山发起诚信经营的庄严承诺之后，顺应林业骨干企业要求，报林业主管部门领导批准，发起组织成立了吉林森工等 240 余家涵盖一、二、三产业林业企业广泛参与的中国林业产业诚信联盟，制定了联盟章程、会员管理办法和财务管理办法；组织福建永安、福建金森、生活家、圣象、大自然家居、康欣新材料、大卫等企业在北京、上海、郑州、三明等地开展“诚信中国行”推广活动；发起、组织国家林业局林产设计院、中国林业科学研究院木材工业研究所、北京林业大学、南京林业大学的专家学者起草、吉林森工等林业骨干企业广泛参与的《中国林业产业诚信体系》《中国林业产业行业诚信标准》《中国林业产业 5A 级诚信企业评定规程》《中国林业产业诚信企业品牌评定、品牌标识使用规程》等行业诚信体系、标准和规程，从而使林业产业诚信工作走入规范化、标准化。

2. 诚信缺失导致的社会问题

在看到成绩的同时，我们不得不认识到目前正处于社会重大转轨时期，经济、社会、政治体制还不够完善，各项法律制度滞后，而且林业产业中的人造板、家具、木竹地板、木门窗以及森林食品等行业，准入门槛低，缺乏有效的市场监管机制，致使少数缺乏诚信意识的企业混入其中，故而发生了许多诚信缺失事件，给林业产业界带来了较大的负面效应。从诚信主体来看，林业产业诚信主要包括政府诚信、企业诚信和个人诚信。这三类主体在当前都存在或多或少的诚信问题，个别地方政府有制造虚假增长指数者，林业企业中不乏制造假冒伪劣产品者，林业科研领域也有少数学术造假者等等。有研究者对政府诚信缺失方面进行了归纳，主要体现为有些地方政府和部门政策多变、不守承诺、随意性大、暗箱操作、弄虚作假、欺上瞒下、虚报成绩等。根据调研，林业企业诚信缺失主要方面表现在：一些企业任意逃废银行债务，银企之间陷入信用危机；企业之间失信赖账，商业信用日趋萎缩；制造和销售假冒伪劣商品，严重损害消费者利益；会计人员做假账，提供虚假财务报告，发布虚假财务信息，误导投资者和消费者；偷税、漏税、走私、骗汇、骗取出口退税屡禁不止。这些受经济利益诱惑，为追求各自利益最大化的企业和个人，破坏了林业产业本身具备的软实力。这些问题的存在，已经严重影响了林业产业健康发展。具体表现在如下几个方面：

一是加大社会运行成本，引发社会信任危机。行业诚信度下降，对产业发展已产生消极影响。林业产业诚信缺失不仅造成行业之间互不信任相互提防，使得相互间的交流和沟通变得更加困难。不讲诚信的企业行为，破坏性极大。诚信缺失事件如不及时得到法律的惩罚，将会导致不诚信行为的扩散，引发整个社会对林产品的诚信危机。诚信缺失使得一些不法分子靠骗人暴富，也加剧了社会财富分配不公，导致公众对社会和政府产生强烈不满，严重影响社会稳定。

二是诚信缺失的“示范效应”扭曲了正常的社会经济秩序。诚信缺失会造成交易主体不被对方信任，限制交易主体自身发展，为防范交易风险被迫增加交易成本。在信用领域的主要表现是：失信行为最初只是表现在很少一部分市场参与者身上，但如果失信行为没有得到及时的惩罚，那些守信者就会对自己的行为做出调整，从而出现失信行为。若越来越多的市场参与者认同了这一理念，诚信缺失就会成为一种普遍的现象，整个林业产业市场经济秩序就发生扭曲，诚信链条就会发生中断和损害，市场机制和市场经济规则就会受到破坏。

3. 林业产业诚信缺失的原因分析

随着社会的发展，诚信已不仅是一种伦理范畴，而是在伦理范畴的基础上，又赋予了法制内涵，实现由道德自律向法律规制的转化，最终筑就诚实守信这一道德准则的法律化。诚信缺失成为我国林业产业发展中突出的"软肋"，尤其是近年来也发生的制假售假、商业欺诈、逃债骗贷等一系列诚信事件，极大地影响了林业企业的生产、经营活动，给我国林业产业健康发展带来了极大的负面影响，广大企业和公众深受其害。诚信缺失导致了太多的社会问题。这些问题不仅加大社会的运行成本，引发整个社会的信任危机，扰乱正常的社会经济秩序，严重者甚至会影响社会的安定。

一是传统文化诚信的缺失；二是经济政策及其相应法律法规的缺位；三是企业由利益引发的诚信缺失。

以上三项诚信缺失，犹如三道难题，阻碍着林业产业诚信工作的正常进行。

二、当前解决诚信问题的对策、思考及建议

林业产业诚信体系建设是一个把与诚信建设有关的政策、文化、制度等资源有机地整合起来的系统工程，必须建立行之有效的保障体系，确保其工作有序进行。建立林业产业政策保障支撑体系，势在必行。

1. 强化责任落实，确保林业产业诚信工作有序开展

一是各地区林业主管部门要统一思想，按照国务院《社会信用体系建设规划纲要》总体要求，成立规划纲要推进小组，根据职责分工和工作实际，制定具体落实方案；二是各地区林业产业部门要定期对本地区林业产业相关行业社会信用体系建设情况进行总结和评估，及时发现问题并提出改进措施。三是对社会信用体系建设成效突出的地区、部门和单位，按规定予以表彰，对推进不力、失信现象多发地区、部门和单位的负责人，按规定实施行政问责。

2. 健全林业产业诚信工作组织保障

完善林业产业诚信工作组织协调机制。完善林业产业诚信工作建设联席会议制度，充分发挥其统筹协调作用，加强对各地区、各部门社会信用体系建设工作的指导、督促和检查。按照国务院颁发的《社会信用体系建设规划纲要》的要求，成立全国性及地方林业产业诚信工作协会，上线联动，加强行业自律，充分发挥林业产业各类社会组织在推进社会信用体系建设中的作用。

3. 加大政策支持力度

各级人民政府要根据社会信用体系建设需要，将应由政府负担的经费纳入财政预算予以保障。加大对信用基础设施建设、重点领域创新示范工程等方面的资金支持。

鼓励各地区、各部门结合规划纲要部署和自身工作实际，在社会信用体系建设创新示范领域先行先试，并在政府投资、融资安排等方面给予支持。

4. 加大林业产业诚信体系建设政策支持

加大对林业产业诚信体系建设、基础设施建设、重点领域创新示范工程等方面的资金支持。鼓励各地区、各企业结合规划纲要部署和自身工作实际，在社会信用体系建设创新示范领域先行先试，并在政府投资、融资安排等方面给予支持。

5. 实施林业产业诚信体系建设专项工程

(1)林业产业信用体系建设工程

为林农、林场、林农＋林企＝基地合作社、林产品生产、加工企业与服务等涉林成员建立信用档案，夯实林业产业诚信体系建设信用基础。推进林产品生产、加工、流通和服务等涉林企业信用建设。建立健全林业企业信用联保制度，推进、完善林业企业信用担保体系。

(2)小微企业信用体系建设工程

建立健全适合林业产业小微企业特点的信用记录和评价体系，完善小微企业信用信息查询、共享服务网络及区域性小微企业信用记录。引导各类信用服务机构为林业产业小微企业提供信用服务，创新小微企业集合信用服务方式，鼓励开展形式多样的小微企业诚信宣传和培训活动，为林业产业小微企业便利融资和健康发展营造良好的信用环境。

6. 推动林业产业诚信建设创新示范

(1)推动林业产业地方诚信建设综合示范

示范地区率先对本地区各部门、各单位的信用信息进行整合，形成统一的林业产业信用信息共享平台，依法向社会有序开放。示范地区各部门在开展经济社会管理和提供公共服务过程中，强化使用林业产业信用信息和信用产品，并作为政府管理和服务的必备要件。

(2)推动林业产业区域诚信建设合作示范

探索建立区域信用联动机制，开展区域信用体系建设创新示范，推进信用信息交换共享，实现跨地区信用奖惩联动，优化区域信用环境。

(3)重点领域和行业信用信息应用示范

在林浆造纸、木竹产品加工、涉林食品药品安全、生态环境保护、安全生产、产品质量、林业产业工程建设、涉林电子商务、涉林证券期货、涉林融资担保、涉林政府采购、涉林招标投标等领域，试点推行林业产业诚信信用报告制度。

7. 进一步完善运行机制

聘请林业专家、认证专家、食品安全专家等相关专家作为顾问团，为林业诚信体系建设提供技术保障；积极鼓励企业自主研发，制定对诚信企业和认证产品的综合要求的体系标准，为林业诚信体系建设提供制度保障；充分发挥市场征信机制的作用，鼓励和引导各种社会资本投入林业诚信体系建设工作，为其提供资金保障。

8. 加强林业产业诚信企业知识产权保护保密保障制度建设

加强对林业产业诚信企业知识产权保护保密工作的引导，建立诚信企业保密管理制度，采取相应的保密措施，切实落实保密工作责任制，严格保守诚信企业的信息安全。

9. 加大林业产业诚信体系建设的推广

利用报纸、杂志、电视、自建网络等平台为林业产业诚信体系建设提供宣传推广保障，增加消费者对林业产业诚信企业及其认证产品的认可度、美誉度。

三、完善林业产业诚信体系奖惩机制

完善的林业产业诚信体系运行机制是保障林业产业诚信体系各系统协调运行的制度基础。其中守信激励和失信惩戒机制是保障林业产业诚信工作运行的核心。

1. 构建林业产业守信激励和失信惩戒机制

首先是加强对林业产业守信主体的奖励和激励。加大对林业产业守信行为的表彰和宣传力度；其次是加强对失信的林业产业主体进行约束和惩戒，强化行政监管性约束和惩戒，健全林业产业失信惩戒制度，建立林业产业行业黑名单制度和市场退出机制，使失信者受到惩戒；三是推动形成林业产业社会性约束和惩戒机制，完善林业产业社会舆论监督机制，加强对失信行为的披露和曝光，发挥群众评议讨论、批评报道等作用 。

2. 建立林业产业失信行为有奖举报制度

通过诚信信息交换共享，实现多部门、跨地区诚信奖惩联动，使守信者处处受益、失信者寸步难行。

四、建立健全诚信法律法规和标准体系

1. 完善林业产业诚信法律法规体系

推进林业产业诚信立法工作，使林业产业诚信信息征集、查询、应用、互联互通、诚信信息安全和主体权益保护等有法可依。编制、出台《林业产业征信业管理条例》相关配套制度和实施细则，建立异议处理、投诉办理和侵权责任追究制度。

2. 建立林业产业诚信信息分类管理制度

制定林业产业诚信信息目录，明确林业产业诚信信息分类，按照林业产业诚信信息的属性，结合保护个人隐私和商业秘密，依法推进林业产业诚信信息在采集、共享、使用、公开等环节的分类管理，加大对贩卖个人隐私和商业秘密行为的查处力度。

3. 建立林业产业统一社会诚信代码制度

建立自然人、法人和其他组织统一社会诚信代码制度。完善相关制度标准，推动林业产业在经济社会活动中广泛使用统一社会诚信代码。

4. 加快诚信标准体系建设

需依据《林业产业诚信体系》《中国林业产业行业诚信标准》《中国林业产业5A级诚信企业评定规程》《中国林业产业诚信企业品牌评定、品牌标识使用规程》等规范性文

件，规范诚信工作，规范企业行为。

五、培育和规范林业产业诚信服务市场

发展各类林业产业诚信服务机构，逐步建立林业产业公共诚信服务机构和社会诚信服务机构互为补充、诚信信息基础服务和增值服务相辅相成的多层次、全方位的诚信服务组织体系。

1. 推进并规范林业产业诚信评级行业发展

培育发展林业产业本土评级机构，增强我国林业产业评级机构的国际影响力。规范发展林业产业诚信评级市场，提高林业产业诚信评级行业的整体公信力。鼓励我国林业产业评级机构参与国际竞争和制定国际标准，加强与其他国家诚信评级机构的协调和合作。

2. 推动林业产业诚信服务产品广泛运用

拓展林业产业诚信服务产品应用范围，加大林业产业诚信服务产品在社会治理和市场交易中的应用。鼓励林业产业诚信服务产品开发和创新，推动诚信保险、诚信担保、商业保理、履约担保、诚信管理咨询及培训等诚信服务业务发展。

3. 建立林业产业政务诚信信息有序开放制度

明确林业产业政务诚信信息的开放分类和基本目录，有序扩大林业产业政务诚信信息对社会的开放，优化林业产业诚信调查、诚信评级和诚信管理等行业的发展环境。

4. 完善林业产业诚信服务市场监管体制

根据林业产业诚信服务市场、机构业务的不同特点，依法实施分类监管，完善监管制度，明确监管职责，切实维护市场秩序。推动建立林业产业诚信服务机构准入与退出机制，实现从业资格认定的公开透明，进一步完善诚信服务业务规范，促进诚信服务业健康发展。

5. 推动林业产业诚信服务机构完善法人治理

强化林业产业诚信服务机构内部控制，完善约束机制，提升林业产业诚信服务质量。

6. 加强林业产业诚信服务机构自身诚信建设

林业产业诚信服务机构要确立行为准则，加强规范管理，提高服务质量，坚持公正性和独立性，提升公信力。鼓励各类林业产业诚信服务机构设立首席诚信监督官，加强自身诚信管理。

六、保护林业产业诚信信息主体权益

1. 健全林业产业诚信信息主体权益保护机制

充分发挥林业产业行政监管、行业自律和社会监督在诚信信息主体权益保护中的

作用，综合运用法律、经济和行政等手段，切实保护诚信信息主体权益。加强对诚信信息主体的引导教育，不断增强其维护自身合法权益的意识。

2. 建立林业产业自我纠错、主动自新的社会鼓励与关爱机制

以建立针对未成年人失信行为的教育机制为重点，通过对已悔过改正旧有轻微失信行为的社会成员予以适当保护，形成守信正向激励机制。

3. 建立林业产业诚信信息侵权责任追究机制

制定林业产业诚信信息异议处理、投诉办理、诉讼管理制度及操作细则。进一步加大执法力度，对林业产业诚信服务机构泄露国家秘密、商业秘密和侵犯个人隐私等违法行为，依法予以严厉处罚。通过各类媒体披露各种侵害信息主体权益的行为，强化社会监督作用。

七、强化林业产业诚信信息安全管理

1. 健全林业产业诚信信息安全管理体制

完善林业产业诚信信息保护和网络信任体系，建立健全诚信信息安全监控体系。加大诚信信息安全监督检查力度，开展诚信信息安全风险评估，实行诚信信息安全等级保护。开展诚信信息系统安全认证，加强诚信信息服务系统安全管理。建立和完善诚信信息安全应急处理机制。加强诚信信息安全基础设施建设。

2. 加强林业产业诚信服务机构诚信信息安全内部管理

强化林业产业诚信服务机构信息安全防护能力，加大安全保障、技术研发和资金投入，高起点、高标准建设诚信信息安全保障系统。依法制定和实施诚信信息采集、整理、加工、保存、使用等方面的规章制度。

八、循序渐进，推进四个林业产业信息平台建设

林业行业诚信信息平台建设，从根本上需要信息化系统的支撑和管理，只有把政策和行业标准等体系指标固化成可以操作的流程，同时提供友好的客户体验，帮助林业产业逐步形成一套完善而又统一的品牌管理、信用管理和产品管理机制，树立行业标准和职业诚信在林业产业的坚实地位，同时鼓励林业产业向信息化、专业化、高端化发展。中国林业产业诚信联盟将逐步推进建设以下四个信息化管理平台。

1. 中国林业产业诚信企业征信体系平台

征信系统建设可以降低企业融资成本，使企业获取更大的授信额度、更优质的银行金融服务。并可以及时掌握行业动态以及政策信息，择优选择企业进行重点扶持，提高企业自身的竞争力，同时加大业内的公信程度，吸引更多优质企业。

2. 中国林业产业诚信企业信息大数据平台

搭建中国林业产业诚信企业信息大数据平台，能够打通林业产业诚信企业数据孤岛，实现企业数据互通互联、资源共享，实现数据统一管理，能够全面了解掌握诚信

企业统计分析结果。

企业信息大数据系统可以将林业产业的所有诚信企业入库，并给每一个企业设定多项指标，对企业进行规模分区、区域分布，智能检索、数据分析、动态监测跟踪。并且企业大数据系统可以进行征信分析，对诚信企业设定征信指标，反应企业的信用指数、信用评级，为金融机构提供参考。

以林业产业诚信服务平台为载体，集合林业体系内企业共同需求，整合行业普遍采用的生产运行系统及财务金融系统数据，共建林业产业信用平台。按照“循序渐进，急用先行”的原则，优先构建征信系统，授信系统，大数据分析系统，银行对接系统等等，帮助林业产业“用数据，换资金”，积极开展产业链融资，吸引金融机构关注力，推进全行业产融结合。

3. 中国林业产业诚信企业品牌管理推广平台

(1) 中国林业产业诚信企业品牌管理

参考个人护照管理模式，借助 RFID 技术，将向林业产业诚信体系认证的企业发放品牌认证标签，标签中会加密存储认证企业的唯一标示(例如：董事长个人的影像和指纹信息)，作为防伪及溯源的唯一标准。并且借助一次性使用的 RFID 标签技术(例如：瓶盖、瓶塞、包装袋、产品名牌、一次性粘贴标签、身份证书等)，将林业企业诚信体系认证与认证企业产品紧密联系在一起。

(2) 中国林业产业诚信企业品牌推广

中国林业产业诚信企业品牌推广平台将诚信企业作为典范，以国际标准或国内标准为准则，经国际或国内林业相关标准认证贴标的产品作为主体，打造林业产业品牌，宣传诚信企业，推广诚信企业认证产品。诚信企业认证产品通过国家认证认可监督委员会批准成立的第三方认证机构认证，第三方认证机构保证了认证的权威性，公正性。

利用报纸、杂志、电视、自建网络等平台为林业诚信体系建设提供宣传推广保障，通过发布在互联网、微博、微信等社交媒体上的林业产业认证和防伪溯源系统接口，使得社会消费者可以随时掌握认证企业的品牌发展和产品信息，并得到持续的诚信保障。

4. 中国林业产业诚信企业信息交流合作平台

(1) 信息发布

通过林业产业指数发布、林业诚信工作白皮书、林业诚信企业风采录、诚信企业表彰等途径，建立健全诚信信息发布机制，加强中国林业产业诚信区域信息交流与合作。

(2) 电子商务

基于品牌和信用平台的成功建设，同时引入电子商务技术，打造林业产业诚信产品 B2C 电子交易推广平台，进行诚信企业品牌产品的推广及交易，实现诚信企业需求及信息的及时发布，满足供需两个市场的迫切需求。

借助全球电商业务大力发展的浪潮，中国林业产业诚信企业信息交流合作平台可以成为行业内高端产品的展厅和主要卖场，结合跨境电子商务的应用，推荐精品产业产品走向世界。

构建绿色、诚信的林业产业体系，以诚信为出发点，以诚信评价体系为标准，以弘扬诚信为动力，以培育林业产业信用环境为目标，打造环境友好型和社会友好型的林业产业，促进现代林业产业健康、快速有序发展，为推进我国生态文明建设进程、实现中国梦做出新贡献。

林产工业企业社会责任报告

一、我国企业社会责任的发展历程及林业企业履行社会责任的方式

（一）我国企业社会责任发展历程

中国关注企业社会责任的现象始于20世纪90年代初期。早期企业社会责任大多是跨国采购商要求中国企业满足其提出的工作条件和工人待遇要求等，针对为数不多的、且主要集中在东南沿海地区的出口加工区企业展开的。到了20世纪90年代中后期，履行企业社会责任的倡议与实践，开始在中国进入加速发展阶段。这一时期，越来越多的企业遇到社会责任问题，跨国采购商对中国企业的劳动条件和安全卫生标准也日趋严格，成为必须满足的条件，这使得中国企业不得不开始重视企业社会责任的切实履行。

随着企业社会责任倡议与实践活动在中国的逐步扩展，中央和地方政府等有关部门也逐步提高了对企业社会责任问题的重视程度。2003年，SA8000开始在中国行业和企业组织的范围内推行其认证标准。事实上，政府主管部门组织的有针对性的调查和研究活动也从2003年年底到2004年年初陆续开始。商务部、劳动保障部以及全国总工会等多次到东南沿海各省进行企业调研，召开座谈会了解情况，初步掌握了企业社会责任在中国的现状，对问题有了比较清楚的认识。

早在20世纪90年代以后，我国在相关立法中就开始孕育企业社会责任的思想，如1993年公司法制定时虽没有在条文中直接出现公司社会责任，但在第14条第1款条文中体现了公司社会责任的思想。在制定相关企业社会责任的法律法规中，虽未直接出现“社会责任”一词，但法律对公司社会责任的规范已隐含于破产法、产品质量法、环境与资源保护法等之中，反映了企业履行社会责任的实质要求。主要包括对消费者的责任、对劳动者的责任、对环境的责任以及对国家的责任等等。2002年1月7日证监会颁布的《上市公司治理准则》第86条中规定“上市公司在保持公司持续发展、实现股

东利益最大化的同时，应当关注所在地社区的福利、环境保护、公益事业等问题，重视公司的社会责任”，首次在法律、法规条文中出现了公司社会责任这一概念。后在公司法修订中，则在第5条规定“公司从事经营活动，必须遵守法律、行政法规，遵守社会公德、商业道德，诚实守信，接受政府和社会公众的监督，承担社会责任”，明确而直接地规定了公司的社会责任。

在企业社会责任运动已成为历史发展趋势的前提下，中国政府准备制定适合中国国情的《企业社会责任标准》，商务部也把推进公司的社会责任作为2006年转变外贸增长方式的一项重要工作。我国林业产业率先垂范，形成了第一个标准化的、行业性的企业社会责任自律机制。

企业社会责任(corporate social responsibility，CSR)已经广泛为社会认可，许多企业把履行企业社会责任作为提升竞争力的战略选择。国有资产监督管理委员会(以下简称国资委)、证券交易所等机构先后颁布相应的文件引导企业履行社会责任。深圳证券交易所于2006年9月制定《深圳证券交易所上市公司社会责任指引》，倡导上市公司积极承担社会责任，并出具社会责任报告。国资委也于2007年12月颁布了《关于中央企业履行社会责任的指导意见》，以推动中央企业认真履行好社会责任，实现企业与社会、环境的全面协调可持续发展。

中国社会科学院经济学部企业社会责任研究中心2009年12月开始先后发布了《中国企业社会责任报告编写指南》和修订后的《中国企业社会责任报告评级标准》。

国资委研究局局长彭华岗在2012年3月13日也表示国资委正在研究出台《央企社会责任管理指引》，希望以此推动央企更好地履行社会责任。

林业产业作为我国国民经济的重要组成部分，对促进经济社会发展和保护生态环境有着特殊的作用。而林业企业是林业产业发展的核心和骨干力量，经过改革开放30多年的发展，我国林业产业发生了翻天覆地的变化。目前，在林业产业发展的带动下，我国已经成为全球最大的木材、锯材进口国，也是最大的林产品出口国。

贸易量的扩大，同时也带来了贸易壁垒的急剧增多，国际上对我国木材原料进口合法性的指责日渐增多，负责任采购在林产工业行业的呼声越来越高。为提升我国林业企业的社会责任，规范企业在遵纪守法、伦理道德、安全、健康、环境等方面的职责、明确企业因气候变化带来的在环境保护、低碳生产、节能减排等方面的义务；引导社会从善和我国林产工业企业的健康发展，同时为有效指导我国林产工业企业编写社会责任报告，规范社会责任报告格式与内容，引导我国林产工业企业编写具有行业特色的社会责任报告，中国林业产业联合会和中国林产工业协会于2011年7月正式发布了《中国林产工业企业社会责任报告指南》(以下简称“指南”)。截至2013年年底已有16家林业企业参照《中国林产工业企业社会责任报告指南》的要求发布了企业社会责任报告，引起了强烈的社会反响。

林业企业作为特定的企业组织，既与一般企业一样，对环境、政府、员工、社区和慈善等众多利益相关者承担相应的社会责任；又因林业企业经营对象的特殊性。它还承担了很多特殊的企业社会责任，如森林的可持续经营、对生物多样性的保护、木材的合法采购、林产品的绿色营销等。林业企业的经营对象是森林及其加工产品，这些与生态环境紧密相连，因而林业企业不仅要满足消费者的物质需求，还承载着保护社会生态环境的重任。

森林资源不同于其他生产用原材料，除了经济效益外，还具有相应的生态效益和社会价值，是社会的公共财产。林业企业作为直接管理和使用森林资源的企业，其企业经营目标就绝不仅仅是利润最大化，而是要更大程度上考虑森林资源的外部性，承担更多的社会责任。研究林业企业的社会责任和诚信问题，不仅有利于促使我国林业企业的健康良性发展，而且对保护我国森林资源，维护生态平衡，推进生态文明建设，实现可持续发展具有十分积极的作用。

（二）林业企业履行社会责任的方式和重点

1. 森林资源培育企业的社会责任

森林具有经济、生态及社会三大效益，它不仅为人类提供木材和其他各种经济产品，而且具有维护生态环境的功能，诸如涵养水源和保持水土、吸收有毒有害气体、阻滞粉尘和减低噪声、防风固沙、调节气候等等，对改善生态环境、维护生态平衡起着决定性的作用。森林资源培育企业社会责任的重点就是致力于提高森林资源的数量和质量。

目前，我国森林资源管理与利用方面存在的突出问题是经营方式不合理、过量采伐以及营林生产中的粗放经营，造成森林资源质量偏低。根据第八次全国森林资源清查结果，我国森林资源的单位面积蓄积量、年均生长量，以及混交林比例、森林植被储碳量等指标虽有所增加，但仍处于偏低的水平。因此，对于森林资源培育业，其履行企业社会责任的重点就在于采取科学合理的经营方式，提高森林资源的质量，保护珍稀森林植物资源，保护生物多样性，更好地发挥森林资源的经济效益和生态服务功能，实行森林认证，继续推行森林可持续经营，实现林区与林业的协调发展。同时，在森林资源的采伐利用方面，森林资源培育企业也应努力在产销整体环节中，实现绿色运作，对采伐迹地及时更新造林，减少对生态环境的负面影响。

森林资源培育企业社会责任的另一个重点领域是对员工的责任。由于森林资源培育企业地处环境艰苦，森林资源培育企业工人的工作地点一般都在林区内，距离住宅区较远，这样就会形成留守家属的安置和子女教育问题。因此对于职工家属的工作以及适龄儿童的受教育问题，是森林资源培育企业的重要社会责任。森林资源培育企业应尽力解决工人家属的就业问题，结合个人因素，保证每位家属都能得到安置。对于适龄儿童，森林资源培育企业应使其就近入学，保证每个儿童的受教育权利。

2. 林产工业企业的社会责任

林产工业企业是以林产品为原材料的加工工业。在林业产业体系中，林产工业处于相对优势的地位。林产工业企业的社会责任与一般企业的社会责任基本一致，包括经济责任、法律责任、道德责任和慈善责任。但由于林产工业企业以木材为主的林产品为加工对象，其需要履行的社会责任也有自己的特殊性。

第一，在对供应商的责任方面，林产工业企业采购木材等原材料，应贯彻负责任采购的理念，并在采购过程中保证木材采购的合法性，实现对高保护价值森林的保护。

我国是木材消耗大国，由于砍伐量受到限制，而需求量却在逐年增加，因此在供需压力下，我国很容易成为非法木材的目的地。在林产品国际贸易的背景下，我国林产工业企业履行原材料采购方面的社会责任，不仅不采购国内非法采伐的木材，还应拒绝采购其他国家的非法木材，维护全球森林资源的合理采伐，在国际伦理规则的范畴内进行交易。林产工业企业应坚持“没有买卖就没有非法砍伐”的理念，主动拒绝利益诱惑，拒绝采购不合法来源木材，维护全球生态保护目标。

第二，在生产环节的责任方面，林产工业企业应通过技术创新不断提高木材等原材料的利用率，在提高经济效益的同时履行环境责任。在采伐量一定的前提下，为进一步满足我国国民经济建设和国民生活对木材的需求，应努力提高木材的综合利用率。通过技术创新、引进国外先进的加工技术等措施，在加工这一环节，节约森林资源消耗，降低木材利用中的损耗，积极实施以木屑、残枝等林木废弃物为原料生产板材、家具等产品，提高林木资产的综合利用率。同时，林产工业企业也要注重自身的节能减排，提高技术水平，降低对能源的消耗和对环境的影响，争取使企业及产品得到绿色认证。

第三，林产工业企业需要积极投资建立原料林基地，通过原料林基地，扩展本企业的产业链，保障原材料供应，同时增加森林覆盖率和生长量，保护企业周边甚至更大区域范围的生态环境，履行林产工业企业特殊的社会责任。林产工业企业建设原料林基地不但是其经营策略的一部分，还能通过定向培育等先进的经营措施，促进林地生产力的提高，从而为森林培育和林产工业的持续经营、共同发展奠定基础。从林业的特点上讲，林业生产周期长，自然灾害、病虫害以及市场变化等都使木材生产的不确定性加大，影响木材的市场供给量。保持一定面积的原料林以满足短期及长期木材原料需求已经成为作为林业发达国家林产工业企业的共同选择。我国林产工业企业也应建立企业原料林基地，保证企业对木材原料的稳定需求，降低各方面因素的影响，使其在企业战略中能够起到稳定作用，并实现环境与企业长期发展的统一。

第四，需要建立超大型木材精深加工开发区，建立超大型木材精深加工开发区也是林产工业企业履行社会责任的另一途径。一般而言，木材精深加工主要包括人造板、家具、木制品、林产化工等部分，通过建立超大型木材精深加工开发区，可以吸纳森林培育、林木产品精深加工等优势明显的产业集群，形成合理的产业链，使开发区成为拉动林产工业发展的龙头，促进林产工业升级换代，促进资源的节约利用，促进林业的可持续发展和经济发展方式的转变。

3. 森林资源服务企业的社会责任

森林资源服务企业依托森林资源本体，在不改变其实物形态的前提下开展经营活动，其效益不仅包括经济效益和生态效益，还包括了社会效益。通过森林公园等其他森林旅游资源的开发，丰富旅游产品，提升旅游业的层次，促进旅游事业健康发展。森林旅游服务企业要在保证经济效益和生态效益的前提下，履行社会效益，力争成为生态效益、经济效益和社会效益同步增长的现代林业企业。为此，森林资源服务企业应科学规划，合理开发，利用森林资源，不断扩大森林资源服务的规模，不断提高经济效益和生态效益。将工作重点放在加强珍贵森林风景资源保护、开展风景林营造、不断改善森林的景观功能、加强森林公园内公益性基础设施建设以及强化森林风景资源资产管理等方面。并加强森林资源的基础设施、自然教育、科普宣传等公益性设施建设，以满足人们日益增长的户外游憩需求和进行自然保护的需要，同时也应增强森林资源服务企业对外招商引资能力和自我发展能力。

随着旅游人数的增多，虽然会使当地经济收入增加，能够促进本地区经济发展。但是森林旅游带来的人类活动的增加，也给森林生态系统和自然保护区的环境带来一定的负面影响，会使森林资源承受的压力加大，可能由此产生森林旅游和自然保护区森林环境的生态功能之间的矛盾，所以森林资源服务企业还应协调处理好开发与保护之间的关系。也是森林资源旅游业应特别关注的问题。

此外，森林资源服务业要采用低碳化运营方式，倡导选用无污染或低污染的交通工具，在建筑设计上引入低碳理念，建设依赖于自然的旅游住宿设施，注重自然通风采光的设计，考虑再生能源和新型建筑保温材料的使用等。

二、林业企业社会责任与诚信现状及存在的问题

（一）调查发现

发现一：中小型企业在社会责任指标表现上与大型企业相比并无显著差异，内资企业的指标表现不逊于外资企业。与普通公众的想象不同，对承担社会责任报以热情的并不仅限于大型企业。以各种社会责任指标来衡量，中小型企业的表现都不逊于大型企业。而且在促进就业和企业经营绩效方面，中小企业表现尤为突出。同样地，国有、民营企业等内资企业的社会责任指标表现并不逊于外资企业，甚至总体表现还优于后者。然而，有外资参与的企业与国内其他所有制类型的企业相比，愿意承担社会责任的比例明显要高。这至少从一个方面说明，外资企业对企业社会责任的参与意识更为强烈。

发现二：企业自身的组织保障和内部制度建设是影响社会责任履行效果的重要因素。调查中发现，对于社会责任的管理体系，大型上市企业普遍给予高度的组织保障，并在战略规划上提到相当明确的位置。在社会责任管理措施保障方面，大型上市企业普遍表现更为正规化、日常化、专门化。上市企业相比而言，更重视活动的持续性和可操作性，组织体系保障到位，社会责任履行的追踪落实以及后续的服务工作都有更为成熟和系统的管理方法，因而所产生的社会效应也更为广泛和显著。例如，在公益慈善活动上，上市企业通常有明显的活动领域和指向，一般以项目形式来运作，注重与权威部门的合作，有专人全程监控和进行效果评估，犹如管理一个投资经营项目一样，管理工作组织相当严格。而一般民营企业则随意性较大，在组织制度建设上明显不足，缺乏管理和宣传。产生的直接后果是，即使民营企业事实上在履行社会责任方面投入更大，但公众的感知明显不如对大型上市企业强烈。

发现三：法律规范与社会监督是企业履行社会责任的强大推动力。在调查中发现，很多企业特别是国企都明确提出，法律、法规和政府各项规定、与社区居民（包括农

民）维持和谐的关系得以获得支持，是企业履行社会责任的重要原动力。

企业在生产经营活动中，必然会与各种利益相关者发生联系，也会受到社会方方面面的密切关注，这些都对企业形成了种种有形、无形的影响与压力。作为一种战略措施，企业主动改进与利益相关者的关系，积极承担社会责任，改善企业社会责任绩效，可以回避、减轻或转移政府、投资者和公众媒体等来自外部利益相关者的直接影响与压力。然而，转型时期的中国市场体系尚不健全，市场进入、竞争和市场交易秩序也不规范。在这种情况下，公众监督、行业协会以及整个市场机制的作用是有限的。特别是由于信息披露手段的缺乏，很多情况下，企业的不良社会责任表现并不直接影响其运营绩效，因此会产生不负责任的机会主义行为，以节省成本、获取利益。彻底消除这些不合理的现象，必须依赖法治建设，尤其需要我国加强以法律的强制性规范来推动企业社会责任意识的形成和实践参与。

发现四：企业与公众对社会责任的理解存在显著偏差。总体上，当前中国企业对社会公益责任认知度最高，其次是经济责任，但在法律责任、环境责任以及企业文化责任上认知偏低。而在对普通社会公众进行的大样本随机抽样调查中发现，公众对企业社会责任的理解集中在环保、员工权益保护、产品质量和售后服务方面。尤为令人惊讶的是，对于几乎所有企业都极为重视的慈善捐助，公众的反应却相当冷淡。公众最为关注的员工权益保护和环保问题恰恰被企业有意无意地回避或忽略。由此可以判断，相当一部分企业对社会责任的理解和履行并没有充分考虑到公众的需求。没有将“以人为本”的原则放在首位，这样就无法实现履行社会责任的真正目的。

（二）现阶段我国林业企业社会责任存在的主要问题

随着我国改革开放的不断深入，经济建设突飞猛进的同时也引发了大量的社会问题。企业社会责任的缺失也是我国经济发展在一定时期内出现的社会问题。在我国，企业社会责任起步较晚，整个社会对企业社会责任的认识较为笼统，企业社会责任意识还没被社会成员普遍接受和认同，因此，在我国企业社会责任在发展过程中存在着许多问题，主要问题有以下几个方面：

1. 企业还没有广泛地树立起社会责任观，企业家责任意识淡薄

事物的发展都需要有其过程，企业社会责任的发展也需要经历一个渐进过程。按照企业社会责任研究者的一般认识，企业社会责任的产生和发展大致要经历如下五个阶段：①消极看待社会责任阶段；②被动应对社会责任阶段；③主动担当企业社会责任阶段；④制定社会责任发展战略阶段；⑤社会责任与企业文明阶段。

我国改革开放以来，企业在社会经济发展中扮演着重要的角色，但是对承担社会责任的认识才刚刚起步。调查显示，我国大多数企业还处于企业社会责任承担的第一阶段，少数企业进入被动应对的阶段，几乎还没有企业踏入主动承担社会责任的阶段。在我国，许多企业仅仅把自身定位于一个经济实体，片面强调企业自身的经济利益，在经营过程中只以经济利益为目标，忘却和否定企业应具有的社会责任，忽视乃至排斥它所具有的伦理意义，导致企业社会责任感缺失。

2. 有关企业社会责任履行的法律法规不完善

我国在加入 WTO 后，制定出台了诸多法律法规，但是不可否认，我国对企业社会责任立法的研究还处在初步阶段，还没有相关的立法对企业社会责任做出有效的具体规范，关于企业社会责任的规定只是散见于一些法律法规和行政性文件中，而且我国关于企业社会责任的立法体系过于分散，有关我国企业社会责任的规定涉及诸多法律法规，没有形成较为完备的立法体系，可操作性不强。如企业在履行社会责任时涉及劳动合同、工资、劳动安全、女职工和未成年工特殊保护和职业培训等行为时，须参照《中华人民共和国劳动法》执行；在涉及股东权利等时，须参照《中华人民共和国公司法》执行；在涉及排污、开采等行为时，须参照《中华人民共和国环境保护法》。这就使得企业既增加了遵守法律的成本，又不能对其行为进行有效的规制。

3. 企业社会责任承担的社会监督机制缺失

公众利益的维护和保障除政府提供法律、行政支持外，社会监督也是很重要的屏障，民间组织或团体、舆论、媒体等对企业社会责任承担的督促作用有时甚至会超越政府力量。在西方发达国家，企业社会责任也是主要靠公众或各种社会运动的推动发展起来的。但是在我国，民间自发性监督组织数量少，没有比较完整的正式组织，组织民众参与的力量有限，监督机构不正式，监督人员素质差，管理水平低，这些原因导致社会监督的影响力非常有限，他们督促企业承担社会责任的效果不明显，再加上中国传统文化积垢的影响，使得人们的维权意识普遍较弱，对民间组织或团体的能量和运作方式知之甚少。因此，就中国企业社会责任承担的现状来说，社会监督的缺失或不力也是很重要的影响因素。

三、中国林业企业社会责任缺失的原因分析

1. 法规不完善、法制建设滞后

我国法律在对企业承担社会责任的立法上仍存在一定缺陷。各国立法的实践证明，公司法及其他相关法律对企业社会责任的规定是企业承担社会责任的重要途径和有力保障，尽管我国现行的公司法和一些专门法中有许多关于公司社会责任的规定，如《公司法》第 5 条规定："公司从事经营活动，必须遵守法律、行政法规，遵守社会公德、商业道德，诚实守信，接受政府和社会公众的监督，承担社会责任。"还有诸如《劳动法》《公司法》《消费者权益保护法》《产品质量法》《环境保护法》《社会保障法》，以及其他一些规范公司的法律法规中，也渗透着企业社会责任的意思，但除了公司法概念模糊地提到社会责任外，其他都没有明确提出这些法律规定的责任就是企业社会责任。而且在《公司法》中所规定的公司社会责任只是道德层面上的要求，并不是法律上的要求，然而在道德上要求企业保护利益相关者的合法权益并对资源和环境履行义务是没有多少约束力的，只有立法设计使企业的违法成本远远高于守法成本，这时企业才会主动约束自我，把守法经营变成一种自觉的行为，才能促进企业履行社会责任。因此，构建系统的法律制度，通过国家强制力来有效遏制企业侵犯社会利益的行为势在必行。

2. 企业自觉履行社会责任的意识不强

中国尚处于社会主义初级阶段，市场经济和企业发展还不够成熟，企业从单纯执行国家计划到强调企业的盈利，想得最多的就是如何追求更多的经济效益，企业为了生存纷纷降低成本，特别是减少在生产安全方面的投资，这给生产安全事故的频频发生埋下了祸根。企业尚未形成重视社会责任的自觉意识，关键在于企业的董事股东和经营管理者缺乏社会责任的自身体察，以至于很难形成一套体现社会责任的规范和行为准则，同时又由于企业员工素质比较低，很难推动“以人为本”的管理理念的确立，从而造成了社会责任的缺失。

中国市场体系尚未发育完全，导致公众监督、行业协会以及整个市场机制的作用是有限的，特别是信息披露手段的缺乏。在很多情况下，企业的不良社会责任表现并不直接影响其生产运营的效果，因此不会引发企业自觉负担社会责任的动力。

3. 企业经营者素质差异与企业社会责任缺失的不均衡性

现代经营理念认为企业在创造利润、对股东利益负责的同时，必须要承担对员工、社会和环境相应的责任。企业社会责任缺失的原因之一就在于现代经营理念并没有渗透到企业的运营中去，导致企业只注重眼前利益，忽视长远利益。改革开放后兴起的本土企业绝大多数未完整接触过企业社会责任的理念，对社会责任的内涵没有统一认识，在履行社会责任时表现出不均衡性。有的企业认为承担社会责任就是付出有损于本企业利益的代价，把社会责任与企业对立起来；有的认为企业责任是在遵循游戏规则的同时赚取利润，因而企业只需要对股东及员工负责。有些经营者则热衷于各种社会活动，认为企业的社会责任就是多捐助。认识的不一致和不全面影响企业社会责任的履行。因而，一个企业如何理解和对待社会责任取决于企业管理者们的经营理念和思想境界。其实，企业既是一个追求利润的经济实体，又是一个在一定社会环境中活动的社会组织。企业在追求自身经济利益时，必须从道德的角度使自己的经营行为符合社会的长远利益。

四、构建我国林业企业社会责任的几点建议

推动企业履行社会责任的事业是一项浩大的系统工程，既包括宏观层面的又包括微观层面的；既包括企业内部，又包括企业外部；既包含道德范畴，又包含法律范畴；既包括企业行为，又包括政府行为。所以发展企业社会责任必须从企业、政府和社会等多方面着手。

1. 企业要树立以人为本的科学发展观，建立和谐的价值观

随着社会经济、文明的进步，企业承担社会责任已成为不可逆转的潮流，也是企业竞争实力的根本体现。企业社会责任的发展是构建和谐社会的重要部分，构建和谐社会要求坚持以人为本的科学发展观，即以人为中心开展工作，把人才放在第一位，真正把人才作为发展与否、发展快慢的核心要素。作为和谐社会建设中的主力军，企业应当真正体现出以人为本，把以人为本的理念渗透到企业管理的每个角落。企业要

强调一切以人为本，一切以人为核心，一切以人为目的，立足于人的素质的提高和积极性的充分调动，充分激发人的创业激情，充分发挥人的多样性创造才能，使企业的各项工作人性化、人文化和人本化，以实现员工生产安全、就业机会均等和薪酬公平等，实现员工与企业共同发展。

建立和谐的价值观，必须从企业的各方面入手。企业应该积极倡导诚信经营，主导拒绝生产假冒伪劣产品，不欺骗消费者，依法纳税，不偷税漏税，以促进社会的和谐发展。企业是资源消耗最大、最容易对环境产生污染的部门，保护生态环境，企业负有不可推卸的责任。因此，企业必须强化资源节约意识，增强资源节约的主动性和自觉性，走新型工业化发展道路，走出一条科技含量高、经济效益好、资源消耗低的工业化新路子。

2. 政府要尽快完善与企业社会责任标准相关的法律法规制度，发挥法律在强化企业社会责任方面的推动和规范作用

政府在市场经济发展过程中作为一只有形的手，有义务对企业提出社会责任方面的规范性要求，通过政策和法律等手段多层次多渠道对企业加以引导。法律作为国家的一种强制性手段，具有崇高的权威，企业作为社会的一员，其行为也处于法律的监督之下。企业社会责任依靠国家法律强制力来执行，可使其获得社会的普遍认同，提高权威性，成为全体社会成员公认的原则，让企业的经营行为有章可循。企业作为市场经济的主体必须主动承担其对国家和社会应尽的法律义务，如缴纳税费、生产质量合格的产品、诚实守信等，也应当依法对国家、社会、生态环境、消费者、员工等利益相关者承担市场秩序维护责任、经济责任、环境保护责任、消费者利益保护责任、员工安全与福利责任和对股东的责任等基本法律义务，这也是现代法治社会的基本要求，企业在这里承担的不仅是法律责任，更是其应尽的法律义务。建设企业社会责任不能只是寄托于社会道德规范，还必须依托法律加以强制执行，因此，政府必须制定和健全与企业社会责任相配套的法律、法规和政策，积极吸取国际上的新规定，在我们原有的立法基础上，对企业社会责任进行比较系统的立法，加快与国际接轨。

随着我国开放程度的快速提高，要尽可能促使现有的有关企业社会责任的法律法规在内容和标准上与国际标准同步。2006 年 1 月 1 日《中华人民共和国公司法》修订案正式施行，在法律上明确规定了企业要承担社会的责任，而目前新的《公司法》中设计一套充分强化企业社会责任的具体制度，强化企业社会责任理念。由于我国企业社会责任立法相对较晚，还需要不断完善。我国还未形成一套完整的规范企业行为的法律，因此，在立法过程中要把企业社会责任作为一个法律概念，将其原则性和一般性的规定纳入《全民所有制企业法》《合伙企业法》《个人独资企业法》等相关法律之中。如对企业经营的目标、企业社会责任的定义、原则以及企业社会责任的制度安排等，最终形成以《公司法》为核心，以《劳动法》《消费者权益保护法》《安全生产保护法》《环境保护法》等相关部门法为补充的法律体系，使这些规定企业社会责任的法律法规构成我国企业经营的刚性底线，从而促使企业承担社会责任。

3. 要充分发挥舆论媒介、行业协会、非政府组织的作用，加强社会公众的监督，建立良好的信息披露机制

实践证明，舆论监督以其发表的公开性、传播的快速性、影响的广泛性、揭露的深刻性、导向的明显性、处置的及时性等特点和优势，可以迅速将人们的注意力聚焦，形成强势舆论，通过对社会舆论的引导，形成对企业社会责任问题的广泛关注。强大的社会舆论、鲜明的民心民意可让责任型企业一举成名，也可让无责任心的企业一落千丈，当然这在很大程度上需要大众传播媒介组成的监督子系统积极参与。因为舆论监督具有极强的监督和控制功能，所以新闻媒体以舆论、宣传、教育影响和引导内外资企业的公众价值观和行为方式，可以预防和制止企业的越轨行为，实现对企业社会责任的有效监督，从而引导企业转变观念，朝着积极履行社会责任的方向发展。构建企业社会责任要充分发挥舆论媒体的作用、提高相关利益者的维权意识与行动能力，加强企业社会责任建设的宣传，加大对企业责任履行状态的信息传递，营造企业社会责任的氛围，逐步形成企业自觉承担社会责任的社会环境。

良好的信息披露制度在很大程度上能起到监督和制约的功能，建立信息披露制度可以加强企业履行社会责任的自觉性和主动性，有利于企业信息的公开透明。从西方国家走过的历程看，企业社会责任信息披露经历了一个由自愿性披露到强制性披露，再到自愿性披露和强制性披露相结合的发展过程。所以，我国必须加快相关法律法规的制定和完善，对企业社会责任信息披露作出强制性规定，从而推进企业社会责任的履行。

4. 借鉴和推行企业社会责任的国际标准，对社会责任标准进行本土化改造，建立新型企业社会责任评价体系

企业社会责任的评价体系应当成为一个国家企业是否承担社会责任及承担社会责任程度的价值标准，科学有序的价值评价标准是企业发展方向的指航标，它能够在一定程度上指引企业实现健康的可持续发展。我国目前社会上对企业的评价标准还往往停留在经济标准上，远远不能在社会经济全球化背景下提高企业竞争力。构建企业社会责任评价体系，最为重要同时也是最为基础的问题是企业社会责任评价体系的规范化问题。SA8000 标准是全球第一个可用于第三方认证的社会责任国际标准，包括对企业禁止使用童工、强迫劳动、安全卫生、结社自由和集体谈判权、歧视、惩罚性措施、工作时间、工资报酬及管理体系等，旨在通过有道德的采购活动改善全球公认的工作条件，最终达到公平而体面的工作条件。SA8000 是一个国际统一标准，不仅适用于发达国家，也适合于发展中国家。目前，企业社会责任在国际上已经形成一场浩浩荡荡的社会运动，而且据悉国际标准组织（ISO）也将成立专门的企业社会责任（CSR）委员会，将企业社会责任正式纳入企业标准化范畴。

建设新型企业社会责任评价体系要从中国实际出发，需要认真研究 SA8000 国际标准，尤其是借鉴其保护劳工利益的科学标准，通过研究和探索，制定出中国企业应当承担的社会责任的基本要素，建立起有中国特色的企业社会责任标准，并以此作为企业社会责任自我评价和第三方评价的依据，从而规范企业行为，提高企业履行社会责任的自觉性和能力，为提升我国企业在国际市场上的竞争力创造条件。

5. 我国企业要以积极的态度应对社会责任国际标准，国家、社会应积极培养企业家慈善捐助的热情

企业实施社会责任国际标准在国际发展过程中已经成为发展的必然趋势，企业管理者只有顺应历史的潮流，才能在日益复杂的国际竞争中处于常胜不败的地位。相反，企业若放弃社会责任，要么被法律所制裁，要么被社会所抛弃。因此，企业管理者必须高度重视社会责任管理，以积极的态度应对社会责任国际标准。

企业公益慈善作为企业社会责任的最高表现形式，可以解决“市场不为政府不能”的事情，可以克服第一次分配的弊端，弥补第二次分配的不足。近年来，我国已颁布实施了一些与慈善事业相关的法律和政策，直接为慈善事业的发展提供了保障和支持。这方面，我国可以借鉴美国的法律制度，把慈善捐助与税收结合起来，建立一套有效的激励企业慈善活动的税收制度。但是企业社会责任不等于慈善捐助，社会慈善捐助不能本末倒置，企业社会责任不只是向红十字会捐款，也不只是建几所学校。三鹿、蒙牛、伊利每年都进行一些社会捐赠活动和公益事件，投入社会资金上千万，但是这些企业最基本的产品质量安全都无法保障，他们将企业社会责任本末倒置，有意或无意的将企业社会责任等同于公益捐赠。

五、推动林业企业履行社会责任的措施

1. 制定林业企业社会责任披露指引

针对林业企业的特点，有针对性地研究制定对林业企业社会责任披露指引。我国目前现有的企业社会责任指引一般都是针对所有上市企业而制定的，由于缺乏针对性，林业企业因其所具有的特殊性的限制，执行起来具有一定的难度。为此我国应针对林业企业的特点及相应的社会责任的特殊性，研究制定对林业企业社会责任披露指引，为我国林业企业社会责任披露提供指导意见和理论依据，以促使林业企业社会责任的履行。

2. 建立林业企业社会责任评价体系

我国应建立林业企业社会责任评价体系，根据林业企业的社会责任特点，建立评价指标体系，并支持社会研究机构开展林业企业社会责任评价。可以通过与国际知名企业进行指标核对，以发现我国林业企业履行社会责任绩效的弱项，不断提高管理水平，并加强宣传，扩大林业企业的社会影响，通过社会责任工作提升企业的核心竞争力。

3. 政府采用低碳激励措施

为推动我国森林旅游服务企业低碳化运营，政府应对企业采取低碳化激励措施。低碳化运营需要政府应用经济手段，采取管理措施，进行宣传教育，要运用市场机制和经济手段，通过税收优惠、政策鼓励、资金扶持、经济补偿等方式，影响林业企业经营者开展低碳经营；对高能耗、高排放、高污染的企业，按照其开发利用资源的程

度，污染破坏资源与生态环境的程度，征收排污税等。

4. 对林产工业企业进行企业环境审计

企业环境审计是通过对企业的环境报告以及经营管理情况的环境影响评价，监督其环境保护和管理责任的履行，并对其环境保护和管理责任的履行状况进行评价和鉴证，同时对其提出的有关环境管理问题提供咨询，从而实现对其环境保护和管理责任履行过程进行控制的一种特殊的控制活动。对林产工业企业进行环境审计，可以使林产工业企业在生产经营活动中有履行社会责任的压力，若将环境审计结果与财政划拨将结合，更可以促使林产工业企业主动承担社会责任，积极创新科学砍伐模式，倾向于使用设计科学节能环保的设备，建立资源环保制度，促使林产工业企业生产良性循环。

第五部分 附　录

2017 年中国林业采购经理指数（FPMI）

采购经理指数（PMI）是世界公认的判断行业发展状态的风向标。中国林业采购经理指数（FPMI）是根据国家林业局指示，由国家林业局经济发展研究中心和中国林业产业联合会承担，于 2013 年在全国重点林业产业地区开展的，涵盖了胶合板、刨花板、纤维板、木地板、细木工板、木门窗、木质家具、造纸、竹产品、指接板等 10 个行业的针对林业产业发展态势的调查。FPMI 将为国家和企业提供判断林产加工行业发展、停滞和萎缩状态的直接依据。下面为 2017 年中国林业采购经理指数分析成果。

地区	行业	指标	2017 年											
			1 月	2 月	3 月	4 月	5 月	6 月	7 月	8 月	9 月	10 月	11 月	12 月
全国	全国林业企业综合指数（F0）	全国林业采购经理指数	42.04	48.12	59.98	55.59	51.31	49.19	47.77	47.43	53.26	55.79	58.42	51.87
		生产指数	41.05	46.53	64.42	59.81	53.38	50.00	46.91	46.53	55.41	57.59	62.80	55.52
		订单指数	39.58	45.24	64.51	60.19	52.35	48.95	47.30	46.46	56.21	60.64	64.33	53.53
		库存指数	41.47	48.91	54.90	49.15	49.06	45.53	45.45	42.53	44.44	46.09	51.91	49.54
		雇员指数	39.16	49.80	58.65	52.45	49.81	49.12	46.99	47.00	50.73	55.16	59.60	50.54
		供货指数	52.84	53.77	48.69	47.83	49.25	50.88	52.70	54.70	53.00	50.39	42.07	45.78
	全国胶合板指数（F1）	全国胶合板采购经理指数	39.23	45.17	57.64	53.63	46.69	43.87	42.29	42.28	46.08	47.09	49.03	47.82
		生产指数	34.29	42.59	62.78	56.60	45.71	41.96	38.22	35.99	44.91	44.04	47.48	47.44
		订单指数	35.90	41.67	62.50	60.38	47.24	42.56	39.81	41.40	47.31	50.33	51.89	49.36
		库存指数	41.99	45.06	50.00	45.60	47.24	40.77	42.68	36.62	42.81	39.74	45.91	47.44
		雇员指数	38.78	47.53	57.10	50.31	45.71	44.94	41.08	41.08	43.71	46.03	45.60	43.59
		供货指数	52.88	53.40	45.17	44.97	48.16	50.30	55.41	59.87	50.90	51.99	52.52	51.28
	全国刨花板指数（F2）	全国刨花板采购经理指数	27.19	59.50	64.67	50.00	47.05	51.47	44.25	57.73	48.00	44.32	46.04	48.13
		生产指数	25.00	65.00	66.67	50.00	54.55	64.71	50.00	63.64	40.00	18.18	37.50	50.00
		订单指数	18.75	55.00	70.00	50.00	45.45	47.06	40.00	63.64	50.00	59.09	50.00	45.83

（续）

地区	行业	指标	2017 年											
			1 月	2 月	3 月	4 月	5 月	6 月	7 月	8 月	9 月	10 月	11 月	12 月
全国	全国刨花板指数（F2）	库存指数	31.25	55.00	50.00	60.00	40.91	47.06	35.00	45.45	40.00	31.82	37.50	58.33
		雇员指数	18.75	65.00	70.00	45.00	40.91	47.06	40.00	50.00	50.00	50.00	45.83	45.83
		供货指数	56.25	55.00	53.33	50.00	50.00	47.06	55.00	54.55	60.00	59.09	58.33	45.83
	全国木地板指数（F3）	全国木地板采购经理指数	32.80	43.35	57.35	55.05	54.15	51.06	44.11	45.43	48.19	49.42	51.73	42.99
		生产指数	25.00	38.64	59.80	61.32	57.00	50.96	39.58	39.36	40.43	43.02	52.56	41.46
		订单指数	23.81	36.36	63.73	59.43	56.00	50.00	43.75	42.55	50.00	55.81	55.13	37.80
		库存指数	40.48	39.77	51.96	42.45	51.00	55.77	40.63	43.62	39.36	45.35	47.44	45.12
		雇员指数	35.71	48.86	52.94	50.00	54.00	49.04	46.88	46.81	47.87	44.19	46.15	42.68
		供货指数	54.76	60.23	50.00	50.94	48.00	52.88	51.04	60.64	63.83	56.98	53.85	54.88
	全国纤维板指数（F4）	全国纤维板采购经理指数	43.75	51.33	62.57	56.96	55.69	49.64	43.52	41.48	46.33	46.80	48.83	48.24
		生产指数	40.63	48.44	69.12	60.71	62.07	45.71	37.04	37.04	39.06	46.00	45.00	44.44
		订单指数	42.19	53.13	70.59	64.29	60.34	50.00	46.30	38.89	51.56	48.00	53.33	50.00
		库存指数	43.75	59.38	64.71	48.21	50.00	42.86	31.48	27.78	32.81	42.00	46.67	42.59
		雇员指数	45.31	46.88	52.94	53.57	46.55	52.86	50.00	44.44	42.19	46.00	48.33	46.30
		供货指数	50.00	53.13	47.06	46.43	51.72	55.71	48.15	59.26	62.50	50.00	48.33	57.41
	全国细工木板指数（F5）	全国细工木板采购经理指数	39.91	40.00	55.78	50.40	40.83	45.48	39.63	51.43	57.67	49.62	41.98	49.91
		生产指数	44.44	30.00	53.13	53.23	31.67	43.55	31.48	51.79	66.67	48.08	39.66	55.56
		订单指数	44.44	33.33	48.44	53.23	35.00	45.16	31.48	51.79	68.33	55.77	39.66	53.70
		库存指数	12.96	55.00	68.75	41.94	50.00	40.32	57.41	46.43	31.67	36.54	39.66	29.63
		雇员指数	33.33	45.00	56.25	48.39	43.33	50.00	42.59	50.00	46.67	44.23	39.66	50.00
		供货指数	50.00	53.33	65.63	48.39	58.33	46.77	53.70	55.36	53.33	55.77	55.17	46.30
	全国木门窗指数（F6）	全国木门窗采购经理指数	26.88	49.69	62.70	54.53	58.11	48.49	53.68	60.00	58.21	57.05	51.39	49.58
		生产指数	18.06	48.75	68.42	59.46	60.81	48.68	55.26	63.89	58.57	59.09	51.39	54.17
		订单指数	15.28	50.00	69.74	55.41	60.81	50.00	55.26	63.89	60.00	59.09	51.39	48.61
		库存指数	23.61	41.25	51.32	52.70	56.76	46.05	47.37	55.56	52.86	51.52	50.00	41.67
		雇员指数	37.50	52.50	59.21	51.35	55.41	50.00	51.32	52.78	54.29	56.06	54.17	50.00
		供货指数	52.78	52.50	51.32	50.00	52.70	44.74	55.26	58.33	62.86	54.55	48.61	48.61
	全国木质家具指数（F7）	全国木质家具采购经理指数	52.69	50.68	61.42	59.62	54.89	55.60	53.09	48.92	58.86	64.46	70.83	56.17
		生产指数	62.26	53.60	65.63	64.89	60.00	60.88	55.54	51.10	65.12	72.08	82.85	64.34
		订单指数	54.72	46.85	64.93	64.12	56.30	57.48	55.17	47.43	62.81	70.99	82.67	59.68
		库存指数	49.06	55.41	58.68	55.73	51.11	49.66	48.34	44.30	48.75	51.10	58.84	52.87
		雇员指数	41.51	48.20	62.15	56.87	54.44	53.06	50.92	49.82	56.94	65.15	76.17	55.73
		供货指数	50.00	53.60	48.26	48.09	46.67	50.34	50.92	50.18	49.82	46.72	27.98	38.35

（续）

地区	行业	指标	2017年											
			1月	2月	3月	4月	5月	6月	7月	8月	9月	10月	11月	12月
全国	全国造纸企业指数（F8）	全国造纸企业采购经理指数	56. 50	43. 33	62. 81	54. 29	63. 50	59. 50	39. 38	50. 63	47. 86	40. 50	56. 00	52. 50
		生产指数	50. 00	41. 67	75. 00	64. 29	70. 00	70. 00	37. 50	50. 00	57. 14	30. 00	60. 00	62. 50
		订单指数	70. 00	33. 33	75. 00	64. 29	70. 00	60. 00	37. 50	50. 00	50. 00	50. 00	60. 00	50. 00
		库存指数	60. 00	41. 67	50. 00	28. 57	60. 00	50. 00	37. 50	62. 50	21. 43	30. 00	60. 00	50. 00
		雇员指数	40. 00	50. 00	50. 00	42. 86	50. 00	50. 00	37. 50	37. 50	28. 57	30. 00	40. 00	37. 50
		供货指数	60. 00	58. 33	43. 75	50. 00	60. 00	60. 00	50. 00	62. 50	71. 43	60. 00	60. 00	62. 50
	全国竹产品指数（F9）	全国竹产品采购经理指数	51. 04	58. 26	63. 28	55. 00	50. 05	49. 59	44. 15	45. 45	53. 35	53. 88	54. 15	55. 39
		生产指数	54. 88	60. 87	69. 61	60. 64	55. 10	51. 02	45. 45	46. 59	59. 57	57. 45	59. 09	57. 78
		订单指数	53. 66	61. 96	69. 61	55. 32	52. 04	50. 00	37. 50	43. 18	55. 32	56. 38	53. 41	56. 67
		库存指数	51. 22	55. 44	56. 86	53. 19	38. 78	41. 84	46. 59	42. 05	40. 43	45. 75	51. 14	58. 89
		雇员指数	43. 90	61. 96	62. 75	52. 13	47. 96	50. 00	44. 32	43. 18	53. 19	54. 26	54. 55	54. 44
		供货指数	48. 78	43. 48	45. 10	50. 00	47. 96	51. 02	53. 41	53. 41	47. 87	47. 87	48. 86	47. 78
	全国指接板指数（F10）	全国指接板采购经理指数	38. 64	45. 11	60. 87	58. 06	56. 09	44. 83	44. 55	49. 67	48. 39	49. 48	45. 80	48. 30
		生产指数	29. 55	34. 78	65. 22	59. 26	58. 70	39. 66	38. 64	47. 83	46. 43	47. 92	38. 00	42. 00
		订单指数	27. 27	41. 30	65. 22	62. 96	56. 52	39. 66	43. 18	50. 00	46. 43	47. 92	42. 00	46. 00
		库存指数	45. 45	39. 13	47. 83	50. 00	54. 35	46. 55	43. 18	47. 83	50. 00	47. 92	50. 00	52. 00
		雇员指数	36. 36	50. 00	58. 70	59. 26	54. 35	46. 55	45. 45	52. 17	46. 43	47. 92	50. 00	52. 00
		供货指数	75. 00	67. 39	56. 52	50. 00	54. 35	60. 34	56. 82	50. 00	57. 14	58. 33	58. 00	56. 00
地区	文安指数	文安采购经理指数	21. 75	55. 33	70. 83	49. 92	35. 17	42. 17	40. 78	51. 00	43. 71	36. 00	32. 83	41. 83
		生产指数	10. 00	51. 67	78. 33	40. 00	25. 00	40. 00	34. 48	56. 67	41. 94	18. 33	23. 33	40. 00
		订单指数	18. 33	48. 33	80. 00	58. 33	28. 33	35. 00	37. 93	56. 67	43. 55	38. 33	25. 00	43. 33
		库存指数	26. 67	46. 67	51. 67	41. 67	43. 33	45. 00	43. 10	43. 33	38. 71	38. 33	31. 67	36. 67
		雇员指数	6. 67	70. 00	76. 67	50. 00	36. 67	43. 33	39. 66	35. 00	40. 32	36. 67	36. 67	33. 33
		供货指数	65. 00	61. 67	45. 00	55. 00	58. 33	56. 67	56. 90	56. 67	54. 84	58. 33	60. 00	56. 67
	邳州指数	邳州采购经理指数	40. 17	46. 49	54. 42	48. 26	44. 83	46. 63	39. 01	45. 00	56. 45	49. 82	50. 28	52. 50
		生产指数	38. 37	45. 24	58. 14	48. 48	44. 19	43. 02	32. 56	39. 53	61. 63	46. 43	46. 59	54. 65
		订单指数	36. 05	46. 43	58. 14	46. 97	43. 02	46. 51	36. 05	43. 02	59. 30	55. 95	55. 68	52. 33
		库存指数	41. 86	39. 29	50. 00	43. 94	41. 86	39. 53	38. 37	37. 21	46. 51	38. 10	48. 86	50. 00
		雇员指数	43. 02	46. 43	52. 33	48. 48	44. 19	48. 84	38. 37	45. 35	54. 65	48. 81	44. 32	52. 33
		供货指数	46. 51	53. 57	46. 51	53. 03	52. 33	54. 65	56. 98	62. 79	51. 16	52. 38	54. 55	51. 16
	安吉指数	安吉采购经理指数	54. 08	57. 70	65. 56	55. 56	49. 95	47. 11	43. 07	44. 43	51. 41	51. 67	56. 30	53. 80
		生产指数	58. 16	61. 22	73. 47	63. 27	55. 10	44. 12	44. 79	43. 75	54. 17	52. 08	62. 50	56. 25

（续）

地区	行业	指标	2017年											
			1月	2月	3月	4月	5月	6月	7月	8月	9月	10月	11月	12月
地区	安吉指数	订单指数	58.16	59.18	71.43	56.12	51.02	45.10	38.54	42.71	51.04	51.04	57.29	54.17
		库存指数	54.08	52.04	64.29	55.10	40.82	44.12	41.67	42.71	42.71	48.96	51.04	55.21
		雇员指数	42.86	61.22	62.24	51.02	47.96	50.98	41.67	40.63	53.13	53.13	55.21	53.13
		供货指数	54.08	47.96	45.92	47.96	47.96	52.94	52.08	55.21	51.04	52.08	48.96	48.96
	南浔指数	南浔采购经理指数	35.48	45.54	63.30	52.74	50.25	58.58	43.15	53.61	50.50	53.29	55.50	52.62
		生产指数	26.19	39.29	67.86	54.84	48.33	63.33	37.04	51.85	48.00	55.26	62.50	54.76
		订单指数	26.19	39.29	69.64	53.23	51.67	65.00	40.74	51.85	50.00	55.26	57.50	54.76
		库存指数	42.86	48.21	55.36	40.32	48.33	60.00	44.44	59.26	52.00	50.00	52.50	54.76
		雇员指数	35.71	50.00	60.71	56.45	51.67	50.00	50.00	50.00	48.00	50.00	47.50	47.62
		供货指数	64.29	60.71	51.79	51.61	50.00	48.33	48.15	61.11	58.00	52.63	52.50	50.00
	江山指数	江山采购经理指数	34.48	49.96	63.01	54.33	55.05	48.75	50.82	56.98	56.68	53.78	49.65	49.81
		生产指数	26.42	46.43	70.41	58.65	57.69	46.15	49.04	58.49	55.77	53.92	47.37	48.08
		订单指数	24.53	51.79	70.41	55.77	55.77	47.12	50.96	59.43	56.73	52.94	47.37	47.12
		库存指数	38.68	42.86	52.04	51.92	54.81	49.04	50.96	51.89	50.96	51.96	52.63	49.04
		雇员指数	41.51	51.79	57.14	51.92	53.85	51.92	51.92	52.83	54.81	54.90	53.51	51.92
		供货指数	55.66	54.46	51.02	49.04	50.96	51.92	51.92	58.49	64.42	54.90	50.88	55.77
	临沂指数	临沂采购经理指数	35.58	41.56	59.05	57.54	50.28	46.03	41.09	38.41	47.66	51.34	51.71	46.35
		生产指数	28.33	36.89	65.87	63.11	50.81	43.65	37.90	26.19	45.08	52.59	52.38	43.65
		订单指数	30.83	38.53	69.84	65.57	55.65	49.21	40.32	36.51	54.92	57.76	57.14	49.21
		库存指数	37.50	45.08	47.62	49.18	49.19	40.48	35.48	30.95	38.52	33.62	45.24	49.21
		雇员指数	37.50	40.16	53.97	53.28	45.97	47.62	38.71	42.06	43.44	50.00	46.03	43.65
		供货指数	53.33	54.92	40.48	43.44	45.16	45.24	54.84	62.70	49.18	50.00	51.59	46.83
	茌平指数	茌平采购经理指数	45.87	53.24	56.48	56.67	54.23	35.48	41.07	28.61	38.61	43.45	50.19	42.40
		生产指数	46.15	55.56	57.41	62.96	59.62	28.85	33.93	12.96	16.67	26.19	42.31	38.46
		订单指数	38.46	51.85	62.96	64.81	55.77	28.85	41.07	22.22	42.59	54.76	57.69	34.62
		库存指数	57.69	48.15	50.00	44.44	50.00	34.62	32.14	14.81	27.78	35.71	51.92	48.08
		雇员指数	51.92	51.85	53.70	51.85	57.69	40.38	46.43	33.33	44.44	45.24	48.08	46.15
		供货指数	44.23	57.41	50.00	44.44	40.38	53.85	51.79	70.37	66.67	52.38	50.00	55.77

后记 AFTERWORD

中国林业产业联合会受国家林业和草原局委托，承担组织编写《中国林业产业重大问题调研报告》(下称《报告》)的项目。本次《报告》编写的目的在于指明新形势下林业产业的新任务，推动我国林业产业的升级和转型，提升中国林业企业的国际形象和竞争力，促进我国林业产业健康、快速、有序和科学发展，为建设生态文明、建设美丽中国做出应有的贡献。在《报告》编撰过程中，我们以优质和前瞻为主要前提，以有利于林业产业决策为主要原则，借鉴和收录了多名林业产业一线同志的研究成果和文稿，在此深表敬意并致以谢意，同时希望《报告》有助于读者更加详细地了解我国林业产业在当前时期发展的新趋势和新方向。

由于时间仓促和水平有限，缺点和谬误在所难免。敬请读者就本报告的整体策划、内容编排及编校质量等提出宝贵意见和建议，以便我们在今后的工作中进一步改正和提高。编辑部办公室设在中国林业产业联合会秘书处，地址和联系方式如下，欢迎各界人士与我们联系与合作，也欢迎业内专家和学者多多指教。

地　　址：北京市东城区和平里东街18号国家林业和草原局院内
邮政编码：100714
电　　话：010－84238687
传　　真：010－84238372

中国林业产业重大问题调研组
2018年11月